话说世界

TALKING ABOUT THE WORLD

18

冷战时代
Cold War Age

刘国菊 ◎ 著

主 编：陈晓律 颜玉强

人民出版社

主　　编：陈晓律　颜玉强
作　　者：刘国菊

编　　委：

高　岱
北京大学世界史教授

梅雪芹
清华大学世界史教授

秦海波
中国社会科学院世界历史研究所
研究员

黄昭宇
中国现代国际关系研究院研究员
《现代国际关系》副主编

任灵兰
中国社会科学院世界历史研究所
《世界历史》编审

姜守明
南京师范大学世界史教授

孙　庆
南京晓庄学院外国语学院
世界史副教授

策　　划：杨松岩
特邀编审：鲁　静
　　　　　杨美艳
　　　　　陆丽云
　　　　　刘可扬

图片提供：
中国图库
广州集成图像有限公司
视觉中国

《话说世界》目录

① 《古典时代》

② 《罗马时代》

③ 《王国时代》

④ 《封建时代》

⑤ 《宗教时代》

⑥ 《发现时代》

⑦ 《扩张时代》

⑧ 《启蒙时代》

⑨ 《革命时代》

⑩ 《民族时代》

⑪ 《工业时代》

⑫ 《劳工时代》

⑬ 《帝国时代》

⑭ 《一战时代》

⑮ 《主义时代》

⑯ 《危机时代》

⑰ 《二战时代》

⑱ 《冷战时代》

⑲ 《独立时代》

⑳ 《全球时代》

《话说世界》出版说明

希望与探索

为广大读者编一部普及世界历史的文化长卷

今日世界植根在历史这块最深厚文化土壤中。要了解世界首先要从学习世界历史开始。学习世界历史不仅有助于我们借鉴外国历史上的成败得失，使我们在发展的道路上少走弯路；而且还有助于我们养成全球视野，自觉承担起作为大国对人类的责任；同时还有助于我们更深入地理解和贯彻构建人类命运共同体理念。人类文明发展5000多年来，各地区和各民族国家的文明差异性很大，都有自己独特的发展轨迹和文化，在交往日益密切的今日世界，我们更要努力学习世界历史与文化。因此我们策划出版这套《话说世界》。

世界史方面的读物出版了不少，但一般教科书可读性不足，专题类知识读物则不够系统全面，因此我们在编撰这套《话说世界》时，主要考虑普及性，在借鉴目前已有的世界历史读物的基础上，进行了新的尝试：

首先，史实准确。由著名世界史专业教授和研究员组成的编委会保证学术性，由世界史专业教授和博士为主的创作队伍保证史实的准确性。

其次，贯通古今。从史前一直到2018年12月，目前国内外尚没有时间跨度如此之大的历史读物。本套书内容丰富，传奇人物、探险故事、艺术巨作以及新思潮、新发明等，无所不包，以独创的构架，从政治、经济、文史、宗教、思想、艺术、科学、生活等多维度地切入历史，从浩瀚庞杂的史料中，梳理出扼要明晰的脉络，以达到普及世界史知识的作用。

再次，图文并茂。采用新颖的编排手法，将近万张彩图与文字形成了有机组合。版面简洁大方，不失活泼，整体编排流畅和谐，赏心悦目。

最后，通俗易懂。作者秉持中肯的观点，采取史学界主流看法，立论中肯、持平、客观，文字深入浅出，绝不艰涩枯燥，流畅易懂。

这套书总计20卷，各卷书名分别为：《古典时代》《罗马时代》《王国时代》《封建时代》《宗教时代》《发现时代》《扩张时代》《启蒙时代》《革命时代》《民族时代》《工业时代》《劳工时代》《帝国时代》《一战时代》《主义时代》《危机时代》《二战时代》《冷战时代》《独立时代》《全球时代》。

十几年前，上海锦绣文章出版社出版的《话说中国》，以身体作为比喻说还缺少半边身子，缺失世界历史的半边，因此《话说世界》的策划项目在七年前孕育而生。经过近七年的努力，这套图文并茂的普及性世界史《话说世界》（20卷）陆续出版。今年又适逢新中国成立70周年，这套书被列入国家出版基金资助项目，作为一个从事36年出版工作的出版人感到由衷的喜悦。

在本套书行将付梓之际，特别感谢陈晓律、颜玉强、秦海波、刘立群、黄昭宇、任灵兰、鲁静、杨美艳、陆丽云、刘可扬等十几位世界史专家的辛勤劳作，感谢所有参与《话说世界》（20卷）本书的作者、专家、学者、编辑、校对为此作出的贡献。最后，谨以两位世界史专家对本套书的点评作为结束：

徐蓝（中国史学会副会长）：首先要说这套书使得我眼睛一亮。这不是我们通常说的以政治经济为全部内容的世界历史，而是多维度的世界历史解读，其内容涵盖了政治、经济、文史、宗教、思想、艺术、科学、生活等，使世界历史更加充盈饱满相生相成。特别是将其每卷书的类别单独合在一起，相当于一部部专题史。这在国内世界历史读物中是仅见的，具有很高的出版价值。《话说世界》又是一套通俗读物。全套书5000篇左右的文章，通过人文地理、重回历史现场、特写、广角、知识链接等拓宽了内容的容量，增强了趣味性。可以说这是一套具有"广谱"特性的世界历史普及读物。这套书的社会效益不仅会普及国民的世界历史知识,也拓宽了国际视野,将世界历史作为基础知识之一,才能具备大国的胸怀和责任担当。

吴必康(中国社会科学院世界史所,国家二级研究员):历史题材类的通俗读物一向是热门读物,富有意义。但其出版物主要是中国史,世界历史通俗读物出版甚少。而且,这些不多的世界历史出版物也多为受众少的教科书式作品。《话说世界》可以说弥补了这方面的缺憾。今天,中国正处民族复兴之时,作为世界第二大经济体,其世界影响越来越大,责任也更大,广泛了解世界,具有国际视野成为大势所趋。广大人民需要了解世界,知晓世界历史,已是必不可少之举。世界历史虽然内容浩如烟海,但作为文明历程有规律可循,有经验教训可资借鉴。《话说世界》的专业作者梳理千古,深入浅出,从容不迫地娓娓道来,使世界历史清晰明了,趣味盎然。这套丛书应该说是一套全民读物也不为过,可谓老少咸宜,可谓雅俗共赏。尤其是其文体具有故事性,很适合青少年。也望通过这套书能激发青少年阅读世界历史的广泛兴趣,兴起热潮,为我国的各类国际人才打下知识基础,更好地立足祖国走遍世界。知晓天下,方可通行天下。

人民出版社编审　杨松岩
2019 年 8 月 27 日

《话说世界》序一

读史使人明智
在世界历史的洪流中寻找人类的智慧

  不知不觉,现在已经是2019年了。在人类几千年有文字记载的历史中,这个时间点或许并没有什么特别之处,但对于处于改革开放进程中的中国而言,这样一个年代显然具有不同寻常的意义。那就是,历经磨难成立新中国以后,中华民族在对外开放的过程中,重新找到了一个与自己国力吻合的位置。

  中国是一个历史悠久的国度,创造了十分丰富的物质与精神的财富。尤其是在东亚这一范围,中国几乎就是文明的代名词。然而,在近代以来,中国却被自己过长的衣服绊倒了,结果从鸦片战争开始,中华民族经历了一段屈辱的历史,不仅使天朝上国的心态遭受沉重打击,也迫使我们重新认识外部世界。

  从历史的角度看,中国人如何看世界,并不是什么新问题。古代中国人对周边"蛮夷"的看法千奇百怪,但无论是否属实,对自己的生活似乎影响不大。不过近代以来情况有所变化,自1840年始,中国人想闭眼不看世界也难。然而,看似简单的中国人应该如何睁眼看待外部世界,尤其是西方国家,却并不简单,因为它涉及"华夷"之间的重新定位,必然产生重大的观念与思想碰撞,所以它经历了一个几起几落的变化。

  从传统的中国视角考察,以中国为天下中心的历史观一直在我国的史学领域占主导地位。因此,在1840年以前,中国还没有今天意义上的世界史,有的只是《镜花缘》一类的异域风情书,或是一些出访周边国家的记录,严肃的史书则只在中国史的范畴内。鸦片战争之后,中国被迫接受中国之外还存在一个世界这一事实。但对外部世界，主要是西方的研究是以急功近利的原则为出发点，缺少系统的基础研究。直到新中国成立前夕，我国的高校中，世界史都还不能算是能与中国史相提并论的学科，一些十分有名望的老先生，也必须有中国史的论文和教中国史的课程才能得到承认。这一事实反映出一种复杂的民族心态和文化背景。人总是从自己已有的知识基础上去发现和分析外部世界的，没有对外部世界知识的系统了解，要正确地看世界的确不易。

实际上，早在 100 多年以前，张之洞就认为，向西方学习应该是学习西艺、西政和西史。但是如何以我为主做到这一点，则是至今尚需继续解决的问题。

在一个开放的时代，任何一个试图加入现代发展行列的国家都必须尽量地了解他国的情况，而了解他国最主要和最基本的途径，除开语言外，就是学习该国的历史。就笔者所接触的几所学校看，美国一些著名大学的历史系往往都是文科最大的系，而听课的学生也以外系的学生居多。我的体会是，出现这样的现象无非两点原因：通识教育的普及性与本科教育的多样性，以及学生的一种渴望了解和掌控外部世界的潜意识。相比西方，我们的教育课程设置显然还有许多需要完善的地方。

按北大罗荣渠老师的看法，中国在向西方学习的过程中经历了三次大的起伏。一次是鸦片战争前后，中国是在战争的威胁中开始了解西方的，这种了解带有表面的、实用主义的性质，对西方的了解和介绍都十分片面，社会的大部分人对此漠不关心，甚至国家的若干重要成员对此也十分冷漠。与此相反，日本却密切地关注着中国的情况，关注着中国在受到西方冲击后所作出的反应，以致一些中国介绍西方的书籍，比如《海国图志》，在中国本身尚未受到人们重视时，日本已在仔细地阅读和研究了。尽管如此，第一次学习还是在中国掀起了洋务运动。

由于甲午战争的失败，中国开始了第二次向西方的学习，即体用两方面都要学。但不想全面改革而只想部分变革的戊戌变法因各种原因失败了，最终是以辛亥革命作了一次总结。从此以后，中国的政治实践大体上是在全面学西方，但是又由于历史的机遇不好，中国的这种学习，最终也未成功。尽管我们不能完全说它是失败的，但要成为一个强国的愿望却始终未能实现。

新中国成立以后由于西方的封锁和我们自己的一些政策，使中国经历了一个主动和被动地反对向西方学习的过程。直到改革开放以后，我们才再次开始了向世界强国——主要是西方国家学习的第三次高潮。而这次持续的时间显然要长得多，其内涵也要丰富得多。其中一个最重要的标志也许是，在沉默了几十年以后，中国的学术界终于开始出版一批又一批的世界史教材和专著，各种翻译的世界史著作也随处可见。这是一个令人欢欣鼓舞的现象。在这个意义上，中国人重新全方位看世界是改革开放的产物。

从中国人看世界的心态而言，也先后经历了三种变化：最初是盲目自大式的看世界，因为中国为中央之国，我们从来是当周围"蛮夷"的老师，尽管有时老师完全打不过学生，但在文化上老师终归是老师，我们从未丧失自信心。所以，对这些红毛番或什么其他番，有些"奇技淫巧"我们并没有真正放在心上。然后面临被列强瓜分的危机，我们的心态第二次变化，却是以一种仰视的方式看世界——当然主要是看西方国家，这种格局直到新中国成立后才开始逐渐改变。而改革开放后，中国重回世界舞台中心，成为GDP第二大国，自信心再次回归，看世界的态度又一次发生了变化——中国人终于可以平视外部世界了。

心平气和地看外部世界，需要的是一种从容和淡定，而这种心态，当然与自己的底气有关。随着物质生活的丰富和对外交流的日渐频繁，国人已经意识到，外国人既不是番鬼，也不是天使，他们是与我们一样，生活在这个地球上的人类。当然，由于历史、文化、地域、宗教乃至建国的历程各不相同，差异也是明显的，甚至是巨大的。如何客观地认识外部世界，对有着重新成为世界大国抱负的国人而言，已经具有了某种紧迫性。而互联网时代的信息爆炸，对较为靠谱的学理性知识的需求，也超过了任何一个时代。因此，无论于公于私，构建一个起码的对外部世界认识的合理框架，都成为一门必修课而非选修课了。

应该说，国内学界为此做了大量的工作，从学术论文到厚重的专著，从普及型的读物到各类期刊，乃至各种影视作品，有关西方的介绍都随处可见，一些过去不常见的国家和地区的研究成果也开始出现。同时，为了增进国人对这些问题的了解，国内出版界也做了很好的工作，出版了很多相关的著作。

大体上看，这些著作可分为以下几类：第一类是关于西方国家、政府等有关政治机构的常识性问题。这些现象我们虽然十分熟悉，但并不等于我们已经从理论上了解了它们。因此很多国内的著作对一些概念性的东西进行了提纲挈领的解析，有深有浅，大致可以满足不同人群的需求。第二类是关于各个国家的地理旅游的书籍，这类书籍种类繁多，且多数图文并茂，对渴望了解国外情况的人群，读读这些书显然不无裨益。第三类是各国的历史著作，这些著作大多具有厚实的学术根基，信息量大，但由于篇幅原因，或许精读的读者不会太多。最后一类则是对各种国际组织和机构的介绍，包括各国概况一类的手册，写作的格式往往是一条一款，分门别类，脉络清晰，这类知识对于我们了解外部世界尤其是西方世界应该也很有帮助。

然而，总体上看，在我国历史学教育中，严格意义上的"世界历史"还是属于小众范畴，由此这个领域的普及出版物相对较少，这与现在日新月异的我国国情和日益全球化的国际形势很不契合。

对于这种不合拍的情况，原因很多，但学界未能及时提供合适的历史读物，尤其是世界史读物，难免是一种遗憾。这不是说目前没有世界史普及读物，而是说我们的学者和出版界未能完全跟上时代对世界史知识的需求，尤其是广大普通民众对世界史知识的需求。随着我国经济实力的不断增强，出国求学和旅游对普通中国民众而言已经不是一种可望而不可及的事情。而踏出国门，中国人通常会有一个共同的感受：在各种聚会或是宴请的活动中，只要有"老外"在，哪怕是一个人，气氛就很难避免那种浓厚的"正式"味道；而一旦没有"老外"，都是华人，气氛会一下轻松起来，无论是吃喝还是交谈，人们的心态转瞬之间就已经完全不同。我常与一些朋友讨论这一现象，大家的基本看法是，中外之间，的确有一种文化上的隔膜。这种隔膜十分微妙，甚至并非是相互不能沟通的问题，而只是一种"心态"。

这种心态往往是只可意会，却难以言传。其难以言传的根源在于，人是生活在一个由文化构筑起来的历史环境中的，这种长期浸润，会不知不觉地对一个人的行为方式、心态产生巨大的、具有强烈惯性的影响，这种影响往往也不是通过一两本学术著作而能轻易加以归纳的东西。

因此，要体验这种微妙的文化隔膜，最好的方式就是对世界的历史文化有一种"全景式"的了解，除开去所在国进行深度体验外（当然，这对很多人而言有些奢侈），读一些带有知识性、系统性和趣味性的世界史读物，应该也是一种不错的选择。而这类读物恰好是我们过去的短板，有必要尽快地将其补上。

为了满足国人这类迫切需求，本套丛书的策划编辑团队怀着强烈的家国情怀和对中华民族特有的忧患意识，一直在积极地筹编这样一套能满足时代需求的世界史读物。他们虽然是在筹编一套普及性读物，却志存高远，力图要将这样的一套读物做成精品，那就是不仅要使普通读者喜欢，还要经得起学界的检验。历经数年，颜玉强主编总算在全国的世界史学界找到了合乎他们要求的作者团队。这些作者当中，既有早已成名的学术大家，也有领军一方的中青年学者，更有留学归国的青年博士群体。而尤为重要的是，这些学者，都长期在我国的高校从事世界史的教学和科研工作，他们对我国学子乃至一般民众对世界史知识的需求有着更深的感受，因此，由这样的一支作者队伍来完成这样的一部大型作品，显然是再合适不过了。

历经数年的讨论和磨合，几易其稿，现在《话说世界》总算问世了。以我的一管之见，我觉得这套书有这样一些特点值得关注。

首先是体例方面的创新。历史当然是某种程度上按照时间顺序发展的，但作为一种世界历史的视野，人们的眼光当然不可能横视全球，而是自然地落在一些关键性的区域和事件上。这样，聚焦和分类就是一个基础性的工作。作者对历史的分类不仅显示出作者的学术功力，也会凸显作者的智慧。本套丛书的特点是将"时代"作为历史发展的主轴，比如古典时代、罗马时代等等。这样的编排，读者自应一目了然。然而，作者的匠心就此展现：因为一些东西并不仅仅是纵向而是横向的，所以，王国时代、宗教时代、民族时代、主义时代这样的专题出现了。

这样的安排十分精巧，既照顾了历史的时代顺序，又兼顾了全球性的横向视野。相对于一般教科书的编排，比如在人类起源部分，从两河文明到尼罗河文明，再到希伯来、印度和中国文明，然后再到古典时代的希腊罗马文明、希腊化文明，固然十分系统，但对于非专业的读者恐怕也有点过于正规，索然无味。所以，丛书的安排看似随意，却有着精心的考虑和布局，在目前的类似书籍中，应该是不可多得，别具一格。

而对有着更多需求的读者，《话说世界》则又是一种趣味盎然的教科书，因为它将各个时代的内容分门别类，纵向来读，可以说是类别的世界通史。比如可以将政治、经济、文化等串联下来的就是该类别的世界通史，这样读者能够全景式地看到每个历史切面，还能了解整个历史线索和前因后果。

其次是《话说世界》为了达到可读性强的效果而采取了图文并茂和趣味性强的杂志书编撰方式，适合以各种休闲的方式阅读。《话说世界》的图片不仅与文章内容结合紧密，还有延伸文字内容的特点，特别是每本书都有数张跨页大图呈现了历史节点的宏大场面或艺术作品的强烈感染力。这样的布局，显然能使读者印象深刻。实际上，国外的历史教科书，往往也是图文并茂，对学生有着很强的吸引力，使学生即便不是上课也愿意翻阅。我们目前的教科书尚达不到这一水准，但《话说世界》能够开此先河，应该是功德一件。

第三则是强烈的现场感，这是为了增进读者真正理解国外历史文化所做的一次有价值的尝试。从这套丛书的内容看，其涉及面很广，并不单单是教科书式的历史，而是一部全景式乃至百科全书式的历史：从不同文明区域之间的人员交往到风俗习性，从军事远征到兵器工艺，从历史事件到地标和教堂，从帝国争霸心态到现代宣传套路，从意识形态到主义之争，可以说林林总总，斑驳杂陈，十分丰富，具有很强的可读性。一个也许对编辑并不十分重要，但对读者而言却十分重要的事实是，这些读本的作者都是"亲临视察"了所写的对象的,所以除去知性之外,还多了难得的感悟。因为这套丛书的作者,都是亲临所在对象的国家和地区进行过求学乃至工作的。他们对这些对象的了解,或许还做不到完全学理意义上的深刻,但显然已经早就超越纸上谈兵的阶段了。因此,在这个意义上,他们是真正的"中国人看世界"。这种价值,在短期内或许并不明显,但随着时光的流逝,它肯定会越来越闪烁出学术之外的瑰丽光芒。

值得指出的是,今天移动互联的势不可挡,知识碎片化也日益严重,需要学者和出版社联袂积极面对,克服互联网内容的不准确性,做到价值恒定性;克服互联网知识的碎片性,做到整体性。《话说世界》于上述的三个特点,显然是学者和出版社共同合作的成功范例。

如果你是一个依然保持着好奇心,对问题喜欢打破砂锅问到底的人,那么,请阅读这套匠心独具的丛书吧!它既能增加你的知识,又能丰富你的生活,也或许能在紧张的工作与生活中给你带来一丝和煦的清风。

当你拿到这套书,翻开第一页的时候,我们衷心地希望你能够从头至尾地读下去,因为这是在一个全球化时代,使你从知识结构上告别梦幻童年、进入一个绚丽多彩的成人世界的第一步——读史使人明智。

愿诸君在阅读中获得顿悟与灵感。

南京大学历史学院教授、
博士生导师 陈晓律
2019 年 2 月 15 日

《话说世界》序二

立足学术　面向大众

献给广大读者的具有国际视野的世界历史全景图书

2019年我国的经济总量腾飞为世界第二大经济体，社会经济文化都日益成为地球村重要的一部分，了解世界成为必要。正如出版说明所言，了解世界首先要从世界历史开始，我们不仅可以从外国历史的成败得失中得到借鉴，而且还能从中培养国际视野，从而承担起作为大国对人类的责任。人类文明发展5000多年来，各地区和各民族国家的文化差异性很大，都有自己独特的发展轨迹，在日益融为一体的今日世界，我们在世界历史知识方面也亟须补课。

我国史学界编撰世界史类图书内容有不包括中国史的惯例，加之上海锦绣文章出版社已经在2005年出版了取得空前成功的20卷《话说中国》，所以我们这套《话说世界》就基本不包括中国史的内容，稍有涉及的只有为数几篇中国与外国交集的内容。

《话说世界》共20卷，分别是20个时代，时间跨度从史前一直到2018年。基本囊括了各个时代的政治、经济、文史、思想、宗教、艺术、科学和生活娱乐等。

参与《话说世界》编写的作者有教授和博士共30多人，都是名校或研究所的世界史专业学者。学有专攻的作者是《话说世界》质量的保证。我们还邀请了一些世界史的著名专家教授作为编委，确保内容的准确性。

今天读者阅读的趣味和习惯都有变化，业界称为"读图时代"。所以我们在文章的写法和结构都采取海外流行的"杂志书"（MOOK）样式。我曾经为台湾地区的出版社主编过300本杂志书，深得杂志书编撰要领。杂志书的要素之一是图片，《话说世界》以每章配置3—4幅图的美观标准，共计配置了10000张左右的图片，有古代的历史图片，也有当今的精美图片。在内容的维度上也进行拓展，引入地理内容，增加了历史的空间感；每本书基本都有"重回历史现场"，以增强阅读的现场感；同时每篇文章都有知识链接，介绍诸如人物、事件、术语、书籍和悬案等，丰富了文章内容，使文章更流畅、可读性更强。

当然，不能说《话说世界》就十全十美，但是不断完善是我们的追求。

启动编撰《话说世界》工程之时，我们就抱定了让《话说世界》成为既有学术含量又有故事可读性这个目标，使世界史知识满足大时代的需要。

结笔之际，感蛰居七年，SOHO生活，家人扶助，终成书结卷。这里要感谢各位作者的辛勤笔耕，特别感谢人民出版社通识分社社长杨松岩慧眼识珠以及编辑们兢兢业业、精雕细刻的工作。"幸甚至哉"！

资深出版人　颜玉强
2019年10月28日

《冷战时代》简介

第二次世界大战结束后，国家利益上的分歧迅速在美、苏、英、法等战胜国之间出现。猜忌与怀疑导致美国与苏联之间的对立，进而形成东西方阵营。世界虽然陷入了局部冲突之中，但是始终没有爆发如一战、二战般大规模的军事对抗，两大阵营的斗争通过相对冷静的方式处理，如"局部代理人战争""科技和军备竞赛""太空竞赛""外交竞争""争夺盟友""文化竞赛"等。从1947年至1991年，这段东西方阵营之间相互遏制、不动武力的争霸时期被称为"冷战时代"。

要读懂冷战时代的世界历史，需厘清以下三方面问题：

首先，为什么会出现东西方两大阵营？二战以后，美国和苏联成为超级大国。为争夺霸权，双方在政治、经济、军事、外交、思想、文化和社会等诸多领域展开了较量。但是，由于核武器的出现及避免第三次世界大战爆发等原因，美苏之间难以通过武力征服对方，两国发生大规模战争和相互兼并领土的可能性也极小。国际形势的变化迫使美苏权力竞争的方式发生转变，双方通过拉拢盟友来扩大势力范围，以换取盟国的支持和追随。因此，美苏从各自的战略利益出发，分别建立了区域性的经济集团和政治军事联盟。

其次，美苏争霸的态势如何？美苏争霸共经历三个阶段：第一阶段（20世纪50年代中期至60年代初期），美苏双方既有缓和又有争夺，战略优势在美国方面；第二阶段（20世纪60年代中期至70年代末），其特点是苏联处于攻势，美国转攻为守；

第三阶段（20世纪80年代），美国转守为攻。1981年里根出任美国总统以后，开始对苏联采取强硬态度，遏制苏联在全球的扩张势头。

最后，冷战时期有哪些标志性事件？1946年，英国首相丘吉尔在美国富尔顿发表"铁幕演说"，拉开了冷战的序幕；1947年杜鲁门主义出台，是美苏"冷战"正式开始的标志；1948年柏林危机和1949年德国分裂，出现了第一次冷战高潮；1950—1953年的朝鲜战争和1955年越南战争的爆发，表明冷战已经从欧洲扩展到了亚洲；1955年"华约"成为与"北约"比肩而立的军事同盟，标志着两极格局的形成；1962年，美苏在古巴导弹危机中的对峙被看作冷战的"顶峰"，也是人类历史上的第一次核对抗。与此同时，亚非拉民族解放运动经过几十年的发展，最终使帝国主义殖民体系崩溃，彻底改变了现代世界的政治版图。获得独立和解放的发展中国家，开始进行艰苦的理论和实践探索，走上了不同的发展道路，第三世界国家逐步兴起；东欧剧变和苏联解体，宣告了东西方冷战对峙局面瓦解，以雅尔塔体系为基础的两极格局亦不复存在。至此，冷战时代结束。

《冷战时代》全书分为七个部分，包括世界的分裂、为现实服务的经济、冷战思维、为外交政策服务的宗教、经典频现的文史哲、现代性的艺术、生活百态。本书以唯物史观为指导，所使用的外文资料除俄语、英语档案文献资料外，还包括大量乌克兰文、波兰文文献。这突破了以往冷战史书写的政治史和经济史的藩篱，还用大约三分之一的篇幅研究了冷战时期社会和文化领域的状况，将冷战作为完整的历史加以考察，是这部书的最大亮点。

目录

23 世界的分裂

- 24 罗斯福蓝图——美国称霸世界的三部曲
- 28 遏制政策——美苏从合作走向对抗的先声
- 30 冷战的"第一枪"——丘吉尔发表铁幕演说
- 32 跨页大图：美国国会大厦
- 34 从盟友到敌手——杜鲁门主义出台与冷战的开始
- 38 重建与联合——拯救西欧的"特效药"
- 42 美国对西欧各国的经济援助——马歇尔计划
- 46 美国和西欧国家军事联盟——北大西洋公约组织
- 50 美国向拉美扩张的桥头堡——美洲国家组织
- 52 风云新途——苏联崛起为世界强国
- 56 跨页大图：克里姆林宫
- 58 新型联盟——东欧国家加入社会主义阵营
- 62 区域性经济集团——经济互助委员会
- 64 比肩而立的军事同盟——华沙条约组织
- 66 冷战风云——冷战背景下的印度支那战争
- 68 "一边倒"——新中国加入社会主义阵营
- 72 跨页大图：柏林墙
- 74 柏林危机——冷战时期美苏第一回合的激烈较量
- 78 从敌手到同盟——日美同盟体系建立
- 80 夹缝中另辟蹊径——欧洲经济共同体的建立
- 82 初次缓和——日内瓦四国首脑会议
- 84 一波三折——日本同苏联恢复外交关系
- 86 稳中有变——苏联与东欧社会主义国家的关系
- 88 美苏北非角力——第二次中东战争
- 90 蓝湾行动——美国军事干涉黎巴嫩
- 92 U-2折戟——美苏缓和濒临破灭

94	差点开启的末日之门——古巴导弹危机	126	第三世界的发展之痛——债务危机
98	另立山头——欧洲自由贸易联盟	128	主权之争——马尔维纳斯群岛战争
100	迎难而上——法国的独立外交政策	130	中东博弈——美苏暗中插手两伊战争
102	外交破局——联邦德国的"新东方政策"	132	以巴分治
106	苏联挑起边界冲突——珍宝岛事件		——巴勒斯坦国的诞生与美国中东政策的变化
108	捷克斯洛伐克改革——"布拉格之春"	136	苏联解体的先声——东欧剧变
110	中美关系破冰	140	苏联解体
	——冷战背景下中美关系的发展和变化		——美苏两极格局的瓦解和冷战的结束
114	田中角荣的贡献——日本"多边自主外交"		
116	新局面——第三世界联合反帝反殖反霸斗争	**143**	**为现实服务的经济**
118	和平之门——戴维营协议	144	以美元为中心的国际货币体系
122	美苏争夺的新态势		——布雷顿森林体系
	——"星球大战计划"与"新思维外交"	146	世界两大金融机构
124	泥足巨人——苏联出兵阿富汗		——国际货币基金组织与世界银行

148 冷战时期西方主要的经济学理论 　　　——凯恩斯主义经济学	**170** 挑战美国霸权——戴高乐主义
	172 苏联对外扩张理论——勃列日涅夫主义
150 计划经济体制——斯大林模式	**174** 改弦更张——戈尔巴乔夫改革的"新思维"
152 赶超欧美——苏联第四个"五年计划"	

155　冷战思维

156 填补中东"真空"——艾森豪威尔主义

158 收缩美国全球义务——尼克松主义

162 新波斯湾战略——卡特主义

164 美国与苏联争夺第三世界的新政策——里根主义

166 从合作到防御
　　　——战后初期苏联外交理论的调整

168 审时度势，共同主宰
　　　——赫鲁晓夫的"三和路线"

177　为外交政策服务的宗教

178 信仰之剑——冷战时期美国与苏联的宗教外交

180 俄罗斯东正教殿堂——圣瓦西里大教堂

182 苏联时期的博物馆——彼得保罗大教堂

184 唯一通往天堂之路——圣母升天大教堂

187　经典频现的文史哲

188 丘吉尔的文学作品
　　　——《第二次世界大战回忆录》

190 叙事艺术的代表作——《老人与海》

192	特写：英国马克思主义学派代表人物 ——霍布斯鲍姆	212	破败与新生——战后德国重建的城市
194	基辛格的经典著作——《大外交》	214	苏联第三大城市——基辅
196	爱智慧——法兰克福学派	216	文化工厂——蓬皮杜国家艺术文化中心
		220	欢乐之城——布加勒斯特

199 现代性的艺术

200	重回历史现场：镜头里的冷战——柏林墙纪实
202	新的艺术家群体崛起——"伦敦画派"
204	艺术与政治的互动——兰斯顿·休斯的诗歌
206	冷战史诗小说——《地下世界》
208	舞动奇迹——迈克尔·杰克逊
210	风靡全球——摇滚乐与嘻哈乐

223 生活百态

224	休闲与娱乐——二战后苏联人的业余生活
226	时尚与美味——苏联人服饰与饮食
228	住房与交通——苏联人们日常的生活
232	特写：天使在人间——奥黛丽·赫本
234	漫画界的传奇之作——《守望者》

一话一说一世一界

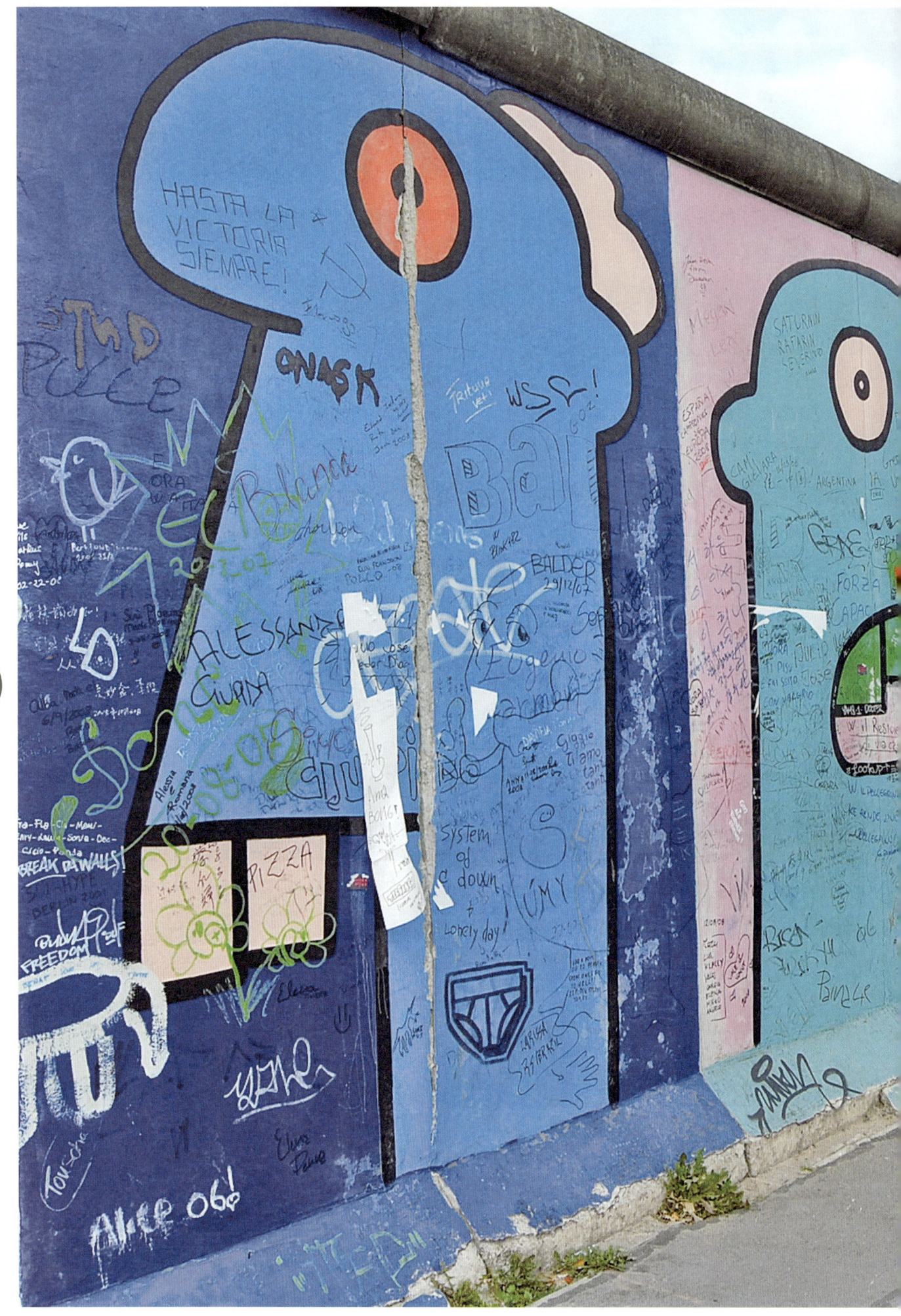

世界的分裂

冷战主要表现为以美国和苏联为首的东西方两大阵营之间的对峙。这种对峙造成冷战时期整个世界被政治与意识形态撕裂。一方面，美国及其盟友将共产主义视作对民主的威胁，它们指责苏联试图将共产主义推行到全世界；另一方面，苏联强烈抨击美国推行帝国主义，妄图扼杀社会主义革命。

冷战时期，东西方阵营的关系纵横交错。一是美苏关系曲折跌宕，既有三次缓和，又有围绕柏林、古巴、阿富汗问题发生的危机。二是两个阵营内部皆发生不同程度的动荡。波匈事件、中苏关系的恶化以及苏军对捷克斯洛伐克的入侵，表明了东方阵营内部矛盾乃至冲突的剧烈化，而苏伊士运河战争、法国退出北约、英国申请加入欧共体被否决以及西欧和日本自主倾向的加强，则说明西方阵营裂痕的加深。

到20世纪90年代初，世界政治格局发生重大变化，东欧剧变苏联解体，两霸相争成了美国一家独大，标志着雅尔塔体系彻底破产。冷战结束后，世界各国人民反思第一次世界大战、第二次世界大战以及冷战带来的磨难，更加渴望和平、反对战争。

冷战时代

罗斯福蓝图
美国称霸世界的三部曲

战后旧的世界格局被打破，传统大国逐渐衰弱；美国一跃成为头号大国，称霸世界的野心昭然若揭。

二战结束后，德国、意大利、日本等战败国几乎成了一片废墟，战胜国英国、法国、中国也是遍体鳞伤。唯独美国在战后强势崛起，本土远离战场使其免受大规模战争的破坏，战时《租借法案》的实施为美国的军火和过剩农产品打开了销路。这种一枝独秀的压倒性优势，为美国争夺世界霸权奠定了物质基础，使美国得以按照自己的设想构筑战后世界体系。为达目的，美国总统富兰克林·罗斯福积极推进称霸世界计划：筹组联合国组织、国际货币基金组织和世界银行。美国企图凭借这三步计划来实现其领导战后世界政治、经济秩序的构想。

维持战后世界秩序

早在二战初期，罗斯福总统就在积极谋划战后世界秩序问题。他认为美国在二战后有可能成为世界上实力最为强大的国家，美国应当利用在战争中取得的优势地位，推动组建由它控制的国际组织——"联合国"。美国参战后，罗斯福就利用各种机会发表其对建立战后国际组织的看法，他认为，小国缺乏抵御强敌、保卫自己的能力，只有少数大国才能维持战后的世界秩序。

在罗斯福绘制的联合国蓝图中，大国合作是保证新的全球性国际组织在战后发挥作用的重要前提。一战后成立的国际联盟之所以失败，主要原因

> **知识链接：轴心国和同盟国**
>
> 轴心国是指在第二次世界大战中结成的法西斯国家联盟，领导者是纳粹德国、意大利和日本以及与他们合作的一些国家和占领国。同盟国是为反对法西斯而建立的联盟，中、美、英、苏等26个盟国于1942年元旦签署了《联合国家宣言》，标志着国际反法西斯战线的正式形成。

在于它没有囊括世界主要大国，所以显得软弱无能。鉴于此，罗斯福认为，战后国际组织应该把主要大国包含在内，而且要设法使它们同意使用自己的力量来维护和平。他所设想的大国合作主要是美、英、苏三国合作，其中美苏两国合作在大国关系中占据着重要地位。二战时期，面对德、意、日轴心国的共同威胁，促使苏联与美英建立了战时同盟关系，战后共同威胁虽然不存在了，但仍面临着维护世界和平的共同任务。而苏联为重振本国遭严重破坏的经济，也需要获得美国的援助，因此，继续保持同盟国的合作关系是可能的。同时，罗斯福把中国列为世界四大国之一，后来又同意把法国作为大国看待，罗斯福企图使中、法分别在亚洲和欧洲作为牵制苏联的平衡力量，以利于确立美国在五大国中的盟主地位。

为了体现联合国作为大国合作的组织，罗斯福提出了"大国一致"的原则，即只有大国拥有否决权。这也是吸取了国际联盟的教训。按照国联盟约的规定，实际上每一个成员对国联的决议都有否决权，使其无法迅速作出决定并采取有效行动。罗斯福认为，新的国际组织必须把权力集中到由少数几个大国组成的国际安全机构中，这个机构有权使用武力制止侵略和处理任何威胁和平的行动。但"大国一致"并非大国平等，美国决不甘心与苏、英、中、法四国平起平坐，只是企图利用大国合作的形式，实现美国在战后的世界政治霸权。

1945年4月25日，在美国旧金山举行的联合国国际组织会议中，有50个国家政府和1个非政府组织参与了联合国宪章的起草。联合国成立伊始，安全理事会五大常任理事国中，美国控制着4票，而51个创始会员国中绝大部分是支持美国或者亲

> **知识链接：罗斯福家族**
>
> 罗斯福家族是蜚声世界的精英世家。该家族曾诞生过两位美国总统，分别是西奥多·罗斯福和富兰克林·罗斯福，以及一位著名的第一夫人埃莉诺·罗斯福。除政治领域外，罗斯福家族在其他领域同样声名显赫。在美国的大都市以罗斯福家族命名的道路、高速公路和大厦随处可见，连美国海军有名的航空母舰也以"罗斯福号"命名。

联合国总部大楼位于美国纽约市曼哈顿区的东侧，它始建于1947年，于1952年落成。美国政府为其提供了6500万美元无息贷款，整个建筑亦正好用去全部贷款

冷战时代

1945年12月27日，国际货币基金组织在华盛顿成立。国际货币基金组织与世界银行同时成立，并列为世界两大金融机构之一，其职责是监察货币汇率和各国贸易情况，提供技术和资金协助，确保全球金融制度运作正常。总部设在华盛顿

西方的。站在苏联一边的只有少数国家，这致使苏联虽然拥有否决权，但在联合国中明显处于劣势地位。联合国在其成立初期，实际上成为美国称霸世界的政治工具。

夺取世界金融霸权

罗斯福总统在筹建联合国的同时，还积极筹划建立由美国主导的国际经济秩序，企图从金融、投资和贸易三个方面，进行全球经济扩张。

第二次世界大战前，世界金融霸权掌握在英国手中。美国若想实现经济扩张目标，需从本国黄金储备量大的现实出发，设立一个国际货币稳定基金机构，由美国在其中起主导作用。1943年4月，美国政府抛出了由财政部长助理哈里·怀特（Hary White）草拟的"联合国平准基金计划"，简称"怀特计划"。"怀特计划"的实质是由美国控制"联合国平准基金"，通过"基金"使会员国的货币"钉住"美元。

1944年7月，美、苏、英、中等44个国家的代表在美国举行国际货币金融会议。大会常任主席由美国财政部部长摩根索担任，会上虽然发生了一些争吵，但基本上仍然是按照美国的方案通

> 知识链接：《冷战是这样开始的——冷战起源专题研究》
>
> 余伟民教授主编的《冷战是这样开始的——冷战起源专题研究》一书，利用新解密的多国档案，以重大事件和重大政策为主线，对冷战开始过程中美苏在亚洲和欧洲的政策及其互动进行多维度的研究，探索美苏对欧亚政策的矛盾、协调及其对冷战发生的影响，该书可作为研究冷战起源的重要参考书。

过了《联合国货币金融会议的最后议定书》以及《国际货币基金组织协定》和《国际复兴开发银行协定》两个附件，这一系列文件总称为《布雷顿森林协定》。

随后，罗斯福政府企图建立一个由美国操纵的"国际贸易组织"。从1943年初开始，美国同英国等许多国家签署了一个标榜贸易自由的《国际贸易组织宪章》，但由于参与国意见分歧较大，这项计划没有实现。直到1947年10月30日，美国又同其他22个国家在日内瓦签订了一个多边贸易协定，即《关税及贸易总协定》。该协定于1948年1月1日正式生效。它的主要职能是制定国际贸易规章制度，进行国际贸易谈判，解决国际贸易争端。它的基本原则是：相互提供优惠，反对歧视性保护，主张平等竞争等。当时，美国是在国际贸易中最大的出口国，因此，《关税及贸易总协定》首先是符合美国的利益。

1945年12月27日，世界银行在布雷顿森林会议后正式宣告成立。1946年6月25日，世界银行开始运行。世界银行成立的目的是帮助欧洲国家和日本在二战后的重建，世界银行的贷款主要用于大规模的基础设施建设，如高速公路、飞机场和发电厂等。

由于国际货币基金组织和世界银行均实行按缴纳资金份额的多少决定各国投票权力大小的原则，美国凭借资金优势稳操胜券，从而保证了对这两个金融机构的控制。罗斯福总统为美国绘制的战后称霸世界的蓝图基本上得以实现。美国正是在筹组联合国、国际货币基金组织和建立世界银行这三块"基石"之上，问鼎战后资本主义世界的霸主地位。

> **知识链接：《缔造霸权：冷战时期的美国战略与决策》**
>
> 牛军、王缉思教授编写的《缔造霸权：冷战时期的美国战略与决策》一书出版于2013年。这本书深入论述了冷战时期的美国大战略与大决策，旨在探讨美国在国内事务中是如何应对冷战的长期冲击和影响，包括战略与决策的制定、实施等问题。

世界银行由国际复兴开发银行、国际开发协会、国际金融公司、多边投资担保机构和国际投资争端解决中心五个机构组成，其总部设在华盛顿。图为世界银行总部大楼

遏制政策
美苏从合作走向对抗的先声

一封电报，美国遏制苏联的政策出台。是偏见，还是外交谋略？

1945年4月12日，罗斯福总统逝世，杜鲁门成为美国第33任总统。这时，第二次世界大战已接近尾声，反法西斯同盟取得了决定性的胜利。随着法西斯力量的崩溃，战时美苏同盟逐渐失去了存在的基础。美苏在战后世界安排等一系列国际问题上的利益矛盾和冲突日益尖锐化，并逐渐从合作走向对抗。

乔治·凯南与苏联的恩怨纠葛

乔治·凯南（George Kennan）是美国著名的外交家和历史学家，普利策新闻奖获得者。1904年，凯南出生在美国威斯康星州的一个偏远山区。他的父亲是一位律师兼工程师，母亲则很早就过世了。家境虽不富裕，凯南自幼却受到了良好的文化教育熏陶。21岁那年，凯南毕业于普林斯顿大学，随后进入美国外交部工作，接受俄语和苏联事务方面的专门培训。1928—1933年，凯南在德国柏林和波罗的海沿岸国家深造，并研究学习俄罗斯的历史与文化。

学成之后，凯南随威廉·布利特大使前往莫斯科，创立了自1917年以来首个美国驻苏大使馆。在苏联首次任职时，凯南对苏联领导人的态度极不信任。不过该时期他并不担心苏联对西方国家的军事威胁，他赞成苏联与西方国家达成有限的妥协。凯南在莫斯科担任几年领事和秘书后，返回美国国务院苏联办公室工作了一年，接着又被派往布拉格和柏林。凯南在柏林时正好碰上美国对德宣战，他被关了几个月后遣送回美国。1944—1946年，凯南被派往莫斯科任代办，但他对苏联意识形态的偏见越来越深。

遏制政策的主要内容

1946年2月22日，凯南从莫斯科向国务院发回了一封8000字的"长电报"。这是美国国务院有史以来接到的最长的电报，它使乔治·凯南从此声名鹊起。这份报告尽管没有使用"遏制"一词，但对遏制思想作了初步的阐释，电报对苏联的社会内

乔治·凯南是20世纪知名外交思想家，是美国深受关注的战略家。他塑造了冷战时代的游戏规则，又不遗余力要打破美苏僵局

《凯南日记》生动地记录了这位外交官的思想和他经常陷入矛盾的各种观点，他的看法影响了美国整个冷战时期的外交政策。深刻而雄辩的凯南，为他所经历并塑造的重大历史事件留下了一份动人的私人记录

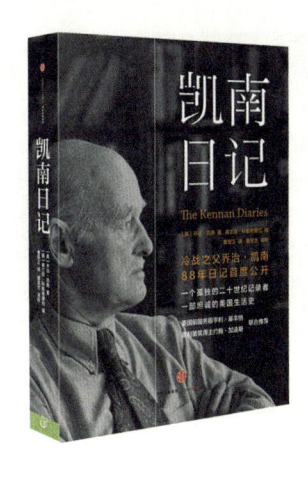

知识链接：美国中央情报局

1947年9月18日，杜鲁门组建了情报组织——美国中央情报局，其总部位于美国弗吉尼亚州兰利。中央情报局是美国从事情报分析、秘密人员情报搜集和隐蔽行动的重要机构，为全方位实施遏制政策提供信息保障。

部和对外政策进行了深入分析，并提出了美国的战略对策。

1947年7月，乔治·凯南以"X"的署名在美国《外交事务》上发表文章《苏联行为的根源》，内容包括苏联行为动机的根源、苏联行为的理论根据、苏联的政策目标、美国对苏政策、遏制苏联的目标等部分。凯南指出，美国不可能指望在可预见的将来同苏联享有政治上的亲善关系，美国必须继续在政治舞台上把苏联当作对手，而不是伙伴。美国对苏联政策必须是一种长期的、耐心而坚定的，并且时刻保持警惕的遏制苏联扩张倾向的政策。乔治·凯南认为，苏联"对理智的逻辑性无动于衷，但对武力的逻辑十分敏感"。由于这个缘故，当苏联在任何地方遇到强大的阻力时，它都可以轻易地退却。因此，美国若拥有足够的实力，并表明准备使用实力时，几乎用不着动武，便可遏制住苏联。

这位被称为"苏联通"的外交官所撰写的文件，为美国"已经采用的'强硬'政策提供了一个完美的逻辑依据"。美国海军部长福莱斯特尔读到它时如获至宝，立即将电报文本作为几百名高级军官的必读文件。国务院为此还表扬了凯南，并立即将其调回华盛顿任职。福莱斯特尔要求国务卿允许派一支特遣舰队前往地中海，支持土耳其抵抗苏联势力

的渗透。从此一直到冷战结束，美国对苏战略，乃至整个对外大战略都被称为"遏制战略"，凯南本人也因此获得了"遏制之父"的称号。乔治·凯南的遏制理论对战后初期美国政府对苏战略和政策的确立和执行，产生了直接的重大影响，为杜鲁门主义提供了理论基础。

Telegram, George Kennan to George Marshall ["Long Telegram"], February 22, 1946. Harry S. Truman Administration File, Elsey Papers.

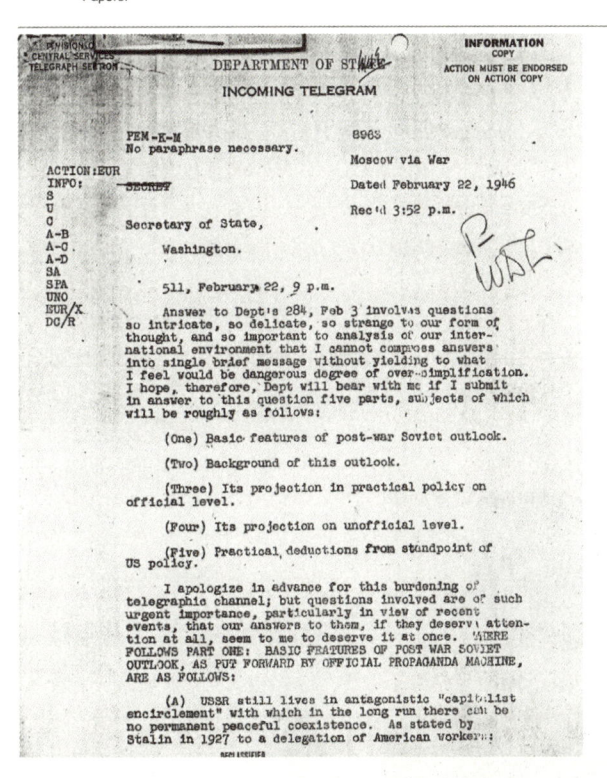

图为乔治·凯南的"长电报"。此电报以富于感染力的笔触将苏联视为美国的威胁

冷战时代

冷战的"第一枪"
丘吉尔发表铁幕演说

> 如果你想发表一个重要的观点,不要让人难以理解也不要故作聪明。要像一个打桩机,一下击中要点,然后回头再次打击目标,然后第三次打击它,一锤定音。
> ——温斯顿·丘吉尔

二战后,美国为独霸世界,采用除直接武装进攻以外的一切手段和行动来遏制共产主义。美国政府利用丘吉尔演说,继续大放反苏联烟幕,制造紧张氛围。冷战的大幕在以美国为首的资本主义国家和以苏联为首的社会主义国家之间悄悄拉开。

1946年1月,丘吉尔应邀访美。3月5日,他在美国总统杜鲁门陪同下抵达密苏里州富尔顿,在杜鲁门的母校威斯敏斯特学院发表了题为《和平砥柱》的演说

演说的历史背景

温斯顿·丘吉尔曾于1940—1945年和1951—1955年两度出任英国首相。丘吉尔被认为是20世纪最重要的政治领袖之一,对英国乃至于世界均产生过重要影响。丘吉尔第一任期正值第二次世界大战时期,英国是欧洲战场上反抗法西斯的重要力量,在战争中遭受了重创。二战结束后,英国不仅面临恢复国内经济发展的重任,同时也要积极应对美国和苏联日益强大的威胁,为此丘吉尔首相审时度势,试图打造美英合作抗苏的国际新格局。

为了在美国内外制造苏联"扩张"和"威胁"的舆论,美国政界人士将斯大林1946年2月4日对选民的一个演讲,渲染为

温斯顿·丘吉尔领导英国人民赢得了第二次世界大战,是"雅尔塔会议三巨头"之一

"第三次世界大战的宣战书"。斯大林在演讲中指出,马列主义原理没有过时,资本主义发展不平衡会造成极大混乱,这将使资本主义世界分裂成"两个敌对阵营,进而打起仗来"。西方国家将这次演讲视为东方国家发表的冷战宣言。不久,丘吉尔在杜鲁门的陪同下,于1946年3月5日在富尔顿城的威斯敏斯特学院发表了题为《和平砥柱》的演说。

富尔顿的冷战"枪声"

演说前,杜鲁门向在场的3000名听众介绍丘吉尔时,称他是"当代伟人之一"。丘吉尔对杜鲁门总统给他的"非凡的礼遇"表示感激,并声称他此行"并无官方任务",演讲"只代表自己"。丘吉尔演说的核心内容是呼吁美英合作,建立军事联盟,以共同对付苏联的威胁。这篇演说以"铁幕"一词而闻名,丘吉尔蛊惑人心地描绘了一幅当时世界受共产主义"暴政"威胁的情景。他宣称:"从波罗的

世界的分裂

2002年，捷克计划建造以冷战时期把欧洲一分为二的"铁幕"为主题的博物馆，馆址选在邻近德国和奥地利的小镇克维尔达

> **知识链接：诺贝尔文学奖获得者丘吉尔**
>
> 1948年6月，由丘吉尔编撰的《第二次世界大战回忆录》正式出版，当年印数达20多万册。由于该回忆录的巨大成功，1953年瑞典文学院授予他诺贝尔文学奖，颁奖词这样说道："一项文学奖本来意在把荣誉给予作者，而这一次却相反，是作者给了这个奖项以荣誉。"

海的斯德丁（什切青）到亚得里亚海边的里亚斯特，一幅横贯欧洲大陆的铁幕已经落下来。在这条线的后边，坐落着中欧和东欧古国的都城。华沙、柏林、布拉格、维也纳、布达佩斯、贝尔格莱德、布加勒斯特和索菲亚——所有这些名城及其居民无一不处在苏联的势力范围之内，不仅以这种或那种形式屈服于苏联的势力影响，而且还受到莫斯科日益增强的高压控制。"在铁幕后面，几乎每处都受到"包罗万象的警察政府"的控制，"根本没有真正的民主"；在铁幕前面，"还有其他令人焦虑的因素"；在远离俄国边界、遍布世界各地的许多国家里，"共产党第五纵队已经建立，它绝对服从来自共产主义中心的指令，完全协调地工作着"。他攻击苏联所追求的目标是"权力和主义的无限扩张"。

丘吉尔以"预言家"的口吻说："上一次我曾目睹大战来临，对自己本国同胞和全世界大声疾呼，但是人们都听不进去。结果，所有我们这些国家，一个接一个都被卷入可怕的漩涡中了。"言外之意是，如果人们这次仍然听不进他的"忠告"，世界会面临同样的危险。在丘吉尔的演说过程中，杜鲁门多次带头鼓掌喝彩。

实际上，丘吉尔的演说反映了第二次世界大战后英国统治集团因大英帝国日趋没落，已不能在国际舞台上单独起决定性作用，企图借助美国在欧洲抗衡苏联的心理，来满足英国谋求重返大国地位的需要。同时，丘吉尔演说也道出了杜鲁门想说又不便公开说出的话，符合美国战后企图遏制苏联、称霸世界的战略需要。美国统治集团利用丘吉尔的演说，继续大放反苏联烟幕，制造紧张氛围。总而言之，丘吉尔的演说揭开了冷战的序幕，为杜鲁门主义的形成作了舆论准备。

第12—13页：美国国会大厦

美国国会所在地，位于美国首都华盛顿-哥伦比亚特区。美国人把国会看作民有、民治、民享政权的最高象征。

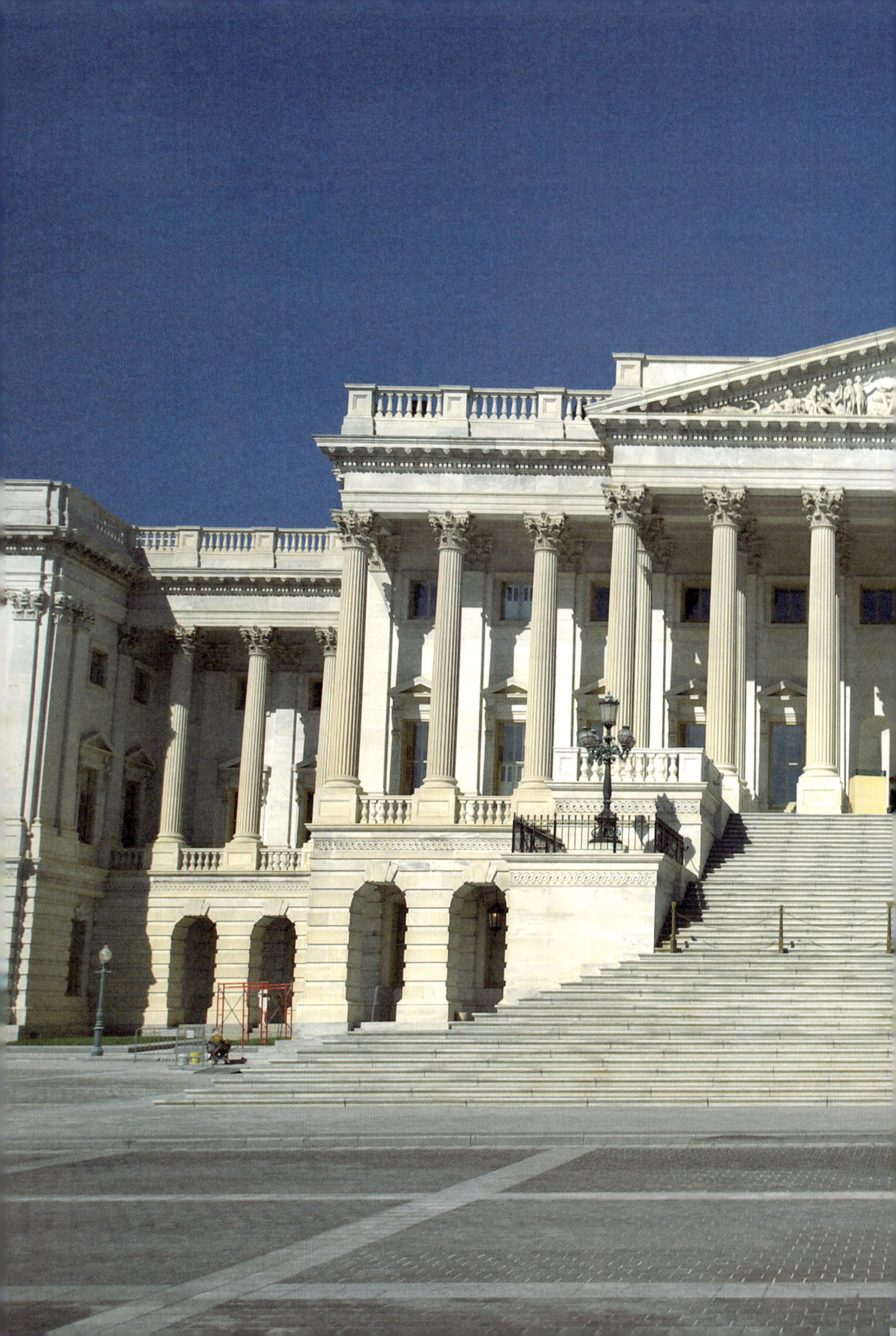

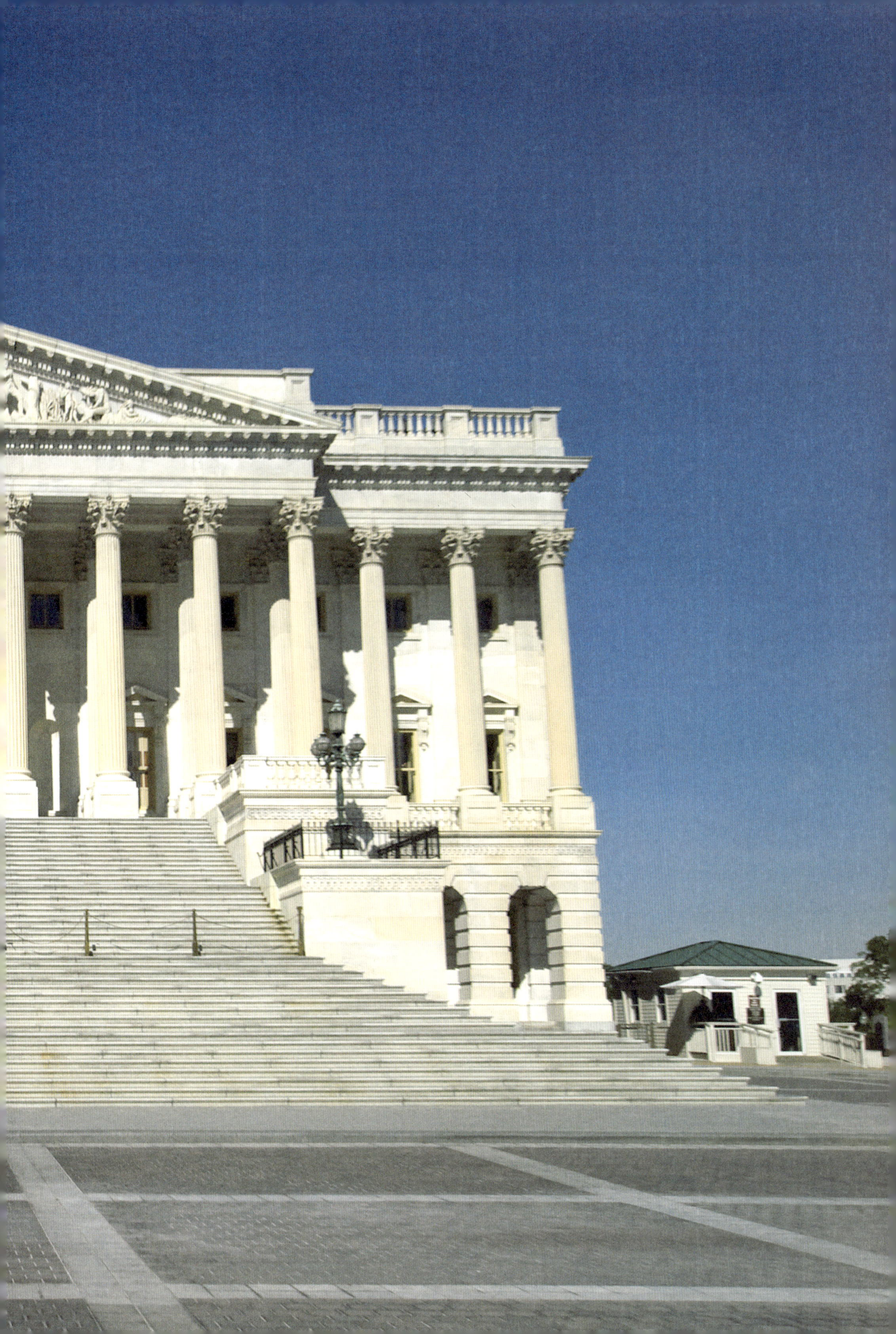

冷战时代

从盟友到敌手
杜鲁门主义出台与冷战的开始

丘吉尔演说揭开冷战序幕，希腊内战送来绝佳机遇。

杜鲁门主义出台日，美苏战时同盟破裂时。

在丘吉尔发表铁幕演说之后，美国谋求世界霸权的指导方针和扩张计划进一步明确。希腊内战爆发后，杜鲁门主义的出台标志着冷战的开始，隔洋相望的美国和苏联最终走向敌对。

美国插手希腊内战

二战中，原属英国势力范围的希腊沦陷，其政府和国王皆流亡国外。1941年9月，希腊成立了以共产党为核心的民族解放阵线，并于1942年根据共产党倡议建立希腊人民解放军，开展对法西斯占领军的抵抗运动。1944年10月，当希腊解放时，希腊共产党领导的民族解放阵线几乎控制了全国。但是，英国为阻止民族解放阵线取得全国政权，公开支持流亡回国的右翼政府镇压人民革命力量，致使希腊人民革命事业遭受严重挫折。1946年，希腊人民武装斗争再度兴起，并接连粉碎英国和希腊反动派大规模的军事进攻，取得了阶段性胜利。英国虽然倾注了大量人力、物力和财力，希腊右翼反动政府的统治仍然岌岌可危。

1947年2月21日，英国向美国递交了内容大致相同的两份照会，分别涉及希腊和土耳其两国。照会宣称，英国在3月31日以后将无法对希腊和土耳其提供进一步的财政援助，为了不使这两个国

马科斯·瓦菲阿迪斯（Markos Vafiades, 1906—1992年），另翻译为马尔科斯·瓦菲亚德斯，希腊人民解放军总司令，出生于小亚细亚卡斯塔莫尼。1947年希腊危机爆发后，希共被宣布为非法，他组织成立临时民主政府，自任希腊总理，1948年因被政府军亚历山大·帕帕戈斯击败，被迫率军退入阿尔巴尼亚境内，1949年被解除希腊人民解放军总司令职务后，流亡苏联。

家落入苏联控制之下，希望从 4 月 1 日开始由美国承担援助希腊和土耳其的义务。这两份照会表明，"英国此刻已将领导世界这一任务，连同其全部负担和全部光荣，一齐移交给了美国"。

英国政府发布的照会内容正中美国下怀。同年 2 月 27 日，杜鲁门同国会两党领袖会谈，商讨援助希、土问题。会上，副国务卿艾奇逊详细阐释了援助希、土两国的必要性。他回顾了大战结束一年半以来的美苏对立局势，并指出，美国不但试图使中欧某些国家摆脱苏联控制，支持土耳其、希腊对抗苏联，还在伊朗挫败了苏联的"阴谋"。艾奇逊表示，当前苏共的压力集中在希腊，几个星期内希腊就可能出现全面崩溃的局面。如果希腊和东地中海被苏联所控制，从那里向南亚和非洲渗透的可能性极大。艾奇逊由此认为，假如苏联成功地控制了包括世界 2/3 的土地和世界 3/4 的人口，那么，美国就没有安全可言。鉴于此种情况，美国除了采取有力的行动之外，别无选择。事实上，苏联对希腊内战的态度并不积极，早在 1944 年，苏联为巩固在东欧的势力范围，与英国签订了《五月协议》和《百分比协定》，放弃了在希腊的利益。

> **知识链接：草根总统杜鲁门**
>
> 1884 年 5 月 8 日，杜鲁门出生于美国密苏里州拉马尔，家中靠农场干活和贩卖家畜为生。幼时为上好学校读书，母亲带着他和弟弟妹妹搬迁至密苏里州独立城。1901 年高中毕业后，杜鲁门因家道中落未能进入大学读书。为求生计，他先后从事铁路计时员、银行职员、戏院引位员等工作。几年后，父亲要求杜鲁门回农场帮忙干活，这一干就是 10 年。农场的生活是极其艰苦的，但杜鲁门的努力、细致使他锻炼成胆大心细的人。1918 年，他从第一次世界大战的战场归来，而且还获得了上尉军衔。1945 年杜鲁门登上总统宝座，成为美国历史上第九位没有学位的总统。

"杜鲁门主义"的出台与冷战全面展开

1947 年 3 月 12 日，杜鲁门在国会两院联席会议上宣读一篇咨文。咨文宣称，今天希腊国家的安全，受到了几千名武装人员"恐怖主义活动的威胁"，一旦希腊被苏联控制，这对它的邻国土耳其的影响将是直接的、严重的。混乱和无秩序状态很可能扩及整个中东地区。不仅如此，还会给欧洲一些国家带来深刻的影响，甚至对全世界都具有"灾难性"影响。杜鲁门指出，通过直接或间接侵犯而建立起来的极权政体，削弱了国际和平的基础，

1945—1946 年冬，希腊民族解放阵线和希腊人民解放军的一些成员，被迫重新拿起武器，转入山区开展游击战

邮票中的人物为美国第 33 任总统哈里·杜鲁门

因而也危害着美国的安全。所以，杜鲁门要求国会授权，在 1948 年 6 月 30 日以前，向希腊和土耳其提供 4 亿美元的援助，并选派美国文职和军事人员前往这两个国家，全面地援助两国。杜鲁门在解释这篇咨文时称，"这就是美国对共产主义暴君扩张浪潮的回答，是向全世界说明，美国在这个新的极权主义的挑战面前所持的立场"。他进一步表示，"我相信，这是美国外交政策的转折点，我现在宣布，不论什么地方，不论直接或间接侵略威胁了和平，都与美国的安全有关"。杜鲁门的这项政策声明被称为"杜鲁门主义"。这是二战以后，美国政府第一次正式宣布把"冷战"作为国策，它充分暴露了美国借反共的幌子拉拢英法两国，遏制苏联占领中间地带，实现世界霸权的野心。

1947 年 4 月 22 日和 5 月 9 日，美国国会参众两院分别通过《援助希腊、土耳其法案》。5 月 22 日，杜鲁门总统签署该法案，表明杜鲁门主义已正式

> **知识链接：银幕上的冷战**
>
> 美苏冷战也是美国好莱坞电影的重要拍摄素材，不同历史时期好莱坞对冷战的表现内容和方式也不同，这反映了美国和苏联势力对比的形势。冷战时期，这类电影多以反苏、反共以及与冷战有关的一些事为主题。例如：《我为联邦调查局充当共党分子》《大个子杰姆·麦克莱恩》《我的儿子约翰》《死亡之吻》《冲破铁幕》《我们的人在哈瓦那》《奇爱博士》等。

付诸实施。随后,美国趁机大规模插手希腊内战。1947 年 6 月 20 日,美国同希腊签订了关于美国援助希腊的协定。美国立即派遣庞大的军事代表团前往希腊,助其训练和重新武装希腊政府军,并成立了由美国人领导的美希联合总参谋部,策划镇压希腊人民武装力量。同时,大量"美援"不断流向希腊,拨款也陆续增加。到 1949 年中,希腊共得到6.48 亿美元的援助,其中绝大部分用于内战中的军事需要。1949 年末,在美军将领范佛里特(James Award Van Fleet)的亲自指挥下,希腊人民革命被扼杀。

同时,根据援助希、土法案,美国将给土耳

> **知识链接:沃尔特·李普曼**
>
> 李普曼(1889—1974 年)是美国新闻评论家和作家。传播学史上具有重要影响的学者之一,在宣传分析和舆论研究方面享有很高的声誉。这位世界上最有名的政治专栏作家在其 1922 年的著作《公众舆论》中,开创了今天被称为议程设置的早期思想。此书被公认为是传播学领域的奠基之作。作为一部传播学经典著作,该书第一次对公众舆论做了全景式的描述,让读者能细细地体会到舆论现象的种种内在与外在联系。此书自 1922 年问世以来,在几十年中已经被翻译成几十种文字,至今仍然保持着这个领域中的权威地位。

其 1 亿美元的援助。美国的势力也渗透到土耳其。1947 年 7 月 12 日,美、土签订关于美国援助土耳其的协定,紧接着美国军事代表团抵达土耳其,改组并控制了土耳其军队,攫取了海空军基地。1948 年,美、土签订了经济合作协定。1949 年,双方又签订了文化合作协定。

这样,美国就实现了把希、土两国纳入自己的全球战略体系的目标,在东地中海建立了抵抗苏联侵略的屏障和美国势力的前哨阵地。美国著名评论家李普曼在谈到杜鲁门主义的真实目的时指出:"我们选择希腊和土耳其不是因为它们需要援助,也不是因为它们是民主的光辉典范,而是因为它们是通向黑海和苏联心脏的战略大门。"可见,杜鲁门主义实质上是美国遏制苏联、称霸世界的全球扩张主义政策,它是美国公开推行对苏冷战政策的重要步骤,标志着美苏战时同盟的正式破裂,从此,美苏长达近半个世纪的冷战全面展开。

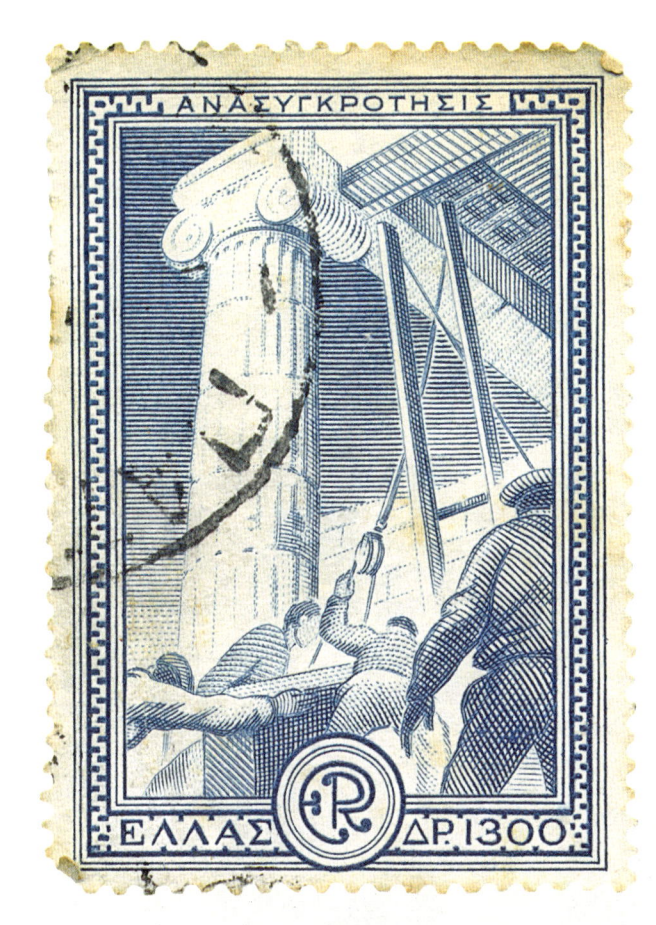

二战后,希腊开始国家的新建设,1967 年,希腊发生政变,实权落入军人手中。1974 年,希腊政治又出现了一次大变革,军人政府改为民选政府,召开国民会议,废除君主制,成立共和政体。这张邮票表现了战后希腊重建的情景

冷战时代

重建与联合
拯救西欧的"特效药"

到处是一派衰败破落的景象，
战后西欧的出路在哪里？
唯有联合起来，寻道图强。

二战后，以欧洲为中心的多国争雄的国际格局不复存在，西欧各国普遍遭到战争的巨大破坏，到处呈现一派衰败破落的景象。欧洲如何才能恢复昔日的荣光呢？

二战后欧洲的内外形势

二战后，经济困境是扼住西欧咽喉的重要因素。经济困境主要表现为：工业凋敝、农业歉收；黄金外汇储备枯竭、资金拮据、债台高筑；原料、燃料和生活必需品极度匮乏。屋漏偏逢连夜雨，西欧在1946年底又遭遇百年罕见的严寒，使原本困难不堪的经济雪上加霜。在英国，运输系统实际上陷入瘫痪状态，半数以上的工厂停产，甚至连煤矿也停工了，失业人数高达600多万，人民啼饥号寒。

1947年，欧洲民众大多处于饥寒交迫的状态，德国数千人发起抗议活动（1947年3月31日）。牌子上写着：我们要煤，我们要面包

世界的分裂

1947年，法国为防止德国法西斯势力再起，实行西欧联合政策，提出《英法同盟互助条约》，又称《敦刻尔克条约》。图为条约签字场面

1947年1月20日，英国政府发布白皮书称："不列颠处于极其危险的境地。"相比英国，西欧其他国家的经济状况更为糟糕。

法国自1944年入冬以来，官方食物配给量严重不足。这一年冬天巴黎儿童的死亡率比1943年纳粹占领时期增长40%。到1945年春，食物短缺现象更为严重。另外，由于燃煤不足造成无煤可供民用，法国因而爆发大规模的社会骚乱。百年不遇的寒冬，加上食物供给不足，迫使大多数法国人哆

英法联合之路：《英法同盟互助条约》

丘吉尔"将欧洲联合起来"的思想与法国总统戴高乐不谋而合。戴高乐执政初期，他主张在经济上成立一个西欧集团，这个集团的动脉可能是英吉利海峡、地中海和莱茵河，从政治、经济和战略观点出发，把靠近莱茵河、阿尔卑斯山和比利牛斯山的国家联合起来，使这个组织成为世界三大势力之一。这些国家将成为美、苏间的仲裁者，他明确提出，法国领导欧洲是当仁不让的。戴高乐的这一政策思想，既是法国重振大国地位的需要，也是对德政策的需要。

法国为了防止德国法西斯势力再起，实行西欧联合政策，首先希望与英国加强合作。1946年3月4日，英法两国在法国敦刻尔克签订《英法同盟条约》。1947年1月，法国总理布鲁姆（Adré Léon Blum，1872—1950年）赴伦敦同英国首相艾德礼就缔结同盟条约问题进行会谈。同年3月4日，双方在敦刻尔克又签订了《英法同盟互助条约》，又称《敦刻尔克条约》。条约规定：缔约双方中任何一方的安全受到来自德国的威胁时，彼此将"采取一致行动"予以制止；倘缔约一方再度卷入对德冲突或者受到德国的武力攻击时，另一方将立即给予"一切所有的军事和其他的支援力量"；任何一方保证不签订或加入反对另一方的同盟或者联盟，并不得承受与本条约相抵触的任何义务。这个条约标志着英法在建立西欧联盟的道路上迈出了重要的一步。

《英法同盟互助条约》是以防止德国侵略势力的复活为目的的。但是，实际上，英法领导人的注意力这时已经开始东移了，即联合对付苏联和"共产主义的危险"。西欧一些领导人认为，联合的欧洲不可能成为独立于美、苏之外的"第三种力量"，因为西欧无法靠自身的力量抵御俄国，欧洲的复兴和繁荣也离不开美国的援助，所以，西欧各国不得不执行依赖美国的政策。

冷战时代

1946年9月19日，丘吉尔在苏黎世大学发表呼吁欧洲联合起来的演讲，为马歇尔计划的出台做了良好的铺垫。图为苏黎世大学塔楼

和其他原料，以满足德国人的需要。

严重的经济困难，导致社会动乱和阶级矛盾激化。1947年4月，法国雷诺汽车厂工人率先举行罢工，紧接着在五六月间，迅速发展为遍及各行各业、声势浩大的全国性罢工浪潮。英国、意大利、比利时等国的工人运动也风起云涌，动摇了西欧各国资产阶级的统治地位。苏联的崛起和东欧一系列人民民主国家的建立，以及法、意等西欧国家共产党力量的蓬勃发展，更使西欧国家的执政者惶惶不安。

英国的"三环外交"

面对严酷的现实，西欧国家为了争取经济好转，对付"共产主义威胁"，稳固自己的统治，探索着西欧联合自强的道路。在这方面，英国发挥了带头作用，首先举起了联合的旗帜。早在第二次世界大战后期，丘吉尔就萌生了欧洲联合的思想。1946年9月19日，他在瑞士苏黎世大学发表了题为《欧洲的悲剧》的演说，主张欧洲各国应该捐弃前嫌、面向未来。"重建欧洲大家庭"才是拯救欧洲的"特效药"。他还提出，英法两国必须接近，这可以使法国人忘记曾被法西斯入侵和占领的阴暗岁月。1947年5月14日，丘吉尔在艾伯特纪念堂的演讲中表示："如果要使欧洲的统一及早实现，那从一开始就需要法国和英国为之付出诚心诚意的努力。它

嗦着渡过了那漫长的冬季。眼前的苦难不过是深层创伤的表象，解放后的法国已成为一片废墟。战争中，法国不仅有520万座建筑物遭到严重破坏，更有63.5万人丧生，600万人无家可归。炸弹、地雷破坏以及修战壕造成近250万英亩土地不能耕种。此外还有3700万英亩土地因无人耕种而荒芜。农具、种子和肥料都很缺乏。法国所遭受的损失还不只是生灵涂炭和房屋倒塌。德国依据停战条款中"占领军的一切费用概由法国政府负担"的规定，掠夺所需的生产资料，并且迫使法国人出钱进口煤

们必须携手前进。"他还主张,英、法"必须以一种友好方式,共同把德国人民带回到欧洲的圈子里"。

1948年10月9日,丘吉尔正式提出了英国"三环外交"的总构想,其中重要的一环就是"联合起来的欧洲"。他说道:"当我在人类命运的变化万千的图景中眺望我国的未来时,我感到在自由和民主国家中存在着三个大环,第一环自然是英联邦和大英帝国及其所包括的一切。第二环包括我国、加拿大、其他英联邦及其自治领地在内,还有美国起着如此重要作用的英语世界。第三环就是联合起来的欧洲,我们是在这三环里唯一一个在每一环中都占有重要地位的国家。"由此可见,丘吉尔的战略构想是,以第一环英联邦和大英帝国作为力量的基础,利用第二环英美特殊关系,借助美国的力量重建世界大国地位,进而利用第三环联合起来的欧洲,谋求西欧的领导权,并利用西欧的力量对抗苏联。英国不仅要依靠英联邦的力量,而且要借助美国和西欧的力量来恢复它过去的国际地位。英国恰恰居于三环的交接点,起着重要作用。丘吉尔提出的"三环外交"思想,被当时英国艾德礼工党政府所接受,作为英国外交的指导方针,它对维护战后初期英国的大国地位起到一定的作用,但却挽回不了大英帝国衰落的趋势。

西欧五国签订《布鲁塞尔条约》

《英法同盟互助条约》的签订标志着英、法在建立西欧联盟道路上达成共识。该条约签订之后,英国企图以《英法同盟互助条约》为核心,进一步把西欧国家联合起来,建立起以英国为首的西欧国家政治军事联盟。

1948年1月,英国外交大臣欧内斯特·贝文(Ernest Bevin, 1881—1951年)发表演说,正式提出西欧联盟的建议。法国、比利时、荷兰、卢森堡四国表示响应。3月5日,英、法、比、荷、卢五国的代表在布鲁塞尔举行缔约谈判,缔结的同盟条约全称为《比利时、法兰西、卢森堡、荷兰和大不列颠及北爱尔兰联合王国间的条约》,又称《经济、社会、文化合作和集体防御条约》。3月17日,五国外长举行《布鲁塞尔条约》的签字仪式,条约为期50年,自1948年8月25日生效。该条约组织的最高领导机构是外长协商委员会。此外还设立西欧联盟防务委员会、西方联盟参谋部和西方联盟司令官委员会。

条约由序言和10条正文组成,主要内容有:协调相互间的经济活动,磋商社会问题,促进文化交流;倘任何一个缔约国在欧洲成为武装攻击的目标,其他缔约国应依照《联合国宪章》第51条的规定,向受攻击的缔约国提供他们力所能及的一切军事或其他援助;缔约各国将不缔结任何同盟或联合反对任何其他缔约国;设立咨询理事会,磋商条约所涉及的一切问题;任何缔约国提出要求,理事会都应对可能构成威胁和平或危及经济稳定的任何情势,以及遇到德国侵略势力复活时应采取的态度和步骤等问题进行磋商。

《布鲁塞尔条约》是在英国倡议下签订的,既有防止德国侵略势力复活的意图,也有对抗苏联的目的,是推动西欧防务及政治联合的一个重要步骤。在《布鲁塞尔条约》的形成过程中,美国政府不仅积极鼓励,而且还表示将着手向西欧提供军事保护和军事援助。《布鲁塞尔条约》组织的建立是北大西洋军事联盟形成的前奏。

美国对西欧各国的经济援助
马歇尔计划

战后西欧各国满目疮痍,欧洲经济复兴路在何方?
美国援助西欧一箭双雕,西欧接受援助一举两得。

战后初期,西欧面临艰难的政治、经济形势,为美国控制西欧提供了十分有利的条件。美国援助西欧的初衷有两个:一是为了给自己过剩的商品和资本寻找出路,夺取和占领西欧市场,扶植西欧经济复兴;二是稳定西欧政局有利于增强遏制苏联的力量,离间苏联同东欧国家的关系。经过反复酝酿,美国抛出了援助欧洲经济复兴的计划。

美国与西欧一拍即合

二战结束不久,美国政界精英就指出有必要对欧洲开展援助重建计划。但是,美国官方出台的政策尚不明确,直到马歇尔发表演讲后这项欧洲援助政策才正式拍板。

1947年6月5日,美国国务卿马歇尔在哈佛大学发表演说。马歇尔演说的主要内容为:强调欧洲的经济困难,说它今后三四年内所需要进口的物品远远超过它的支付能力,如无大量额外的援助,就得面临非常严重的经济、社会与政治形势的恶化;因此,美国应该尽其所能,帮助世界恢复正常的经济状态,从而使自由制度赖以存在的政治和社会条件能够出现;他宣布,任何愿意协助完成恢复工作的政府都将得到美国政府的充分合作,任何企图阻挠别国复兴的政府,都不能指望得到我们的援助;他还呼吁欧洲国家应该主动,首先提出倡议,然后,美国将在实际能够做到的范围内给予支持;这个计划是联合性质的,即使不能获得所有欧洲国家的同意,也应取得一部分国家的同意。这个演说发表后,很快就被舆论界称为"马歇尔计划"。杜

1947年6月5日,马歇尔在哈佛大学的毕业典礼上发表了演讲。他站在哈佛园纪念教堂的台阶上,宣告美国已为帮助欧洲复兴做好了准备。马歇尔计划援助的国家有:奥地利、比利时、卢森堡、丹麦、法国、德国、希腊、冰岛、爱尔兰、意大利、荷兰、挪威、葡萄牙、瑞典、瑞士、土耳其、英国等。图为马歇尔计划在英国的宣传海报

世界的分裂

乔治·卡特莱特·马歇尔（George Catlett Marshall，1880—1959年），美国军事家、政治家、外交家、陆军五星上将

> **知识链接：马歇尔**
>
> 1880年12月31日，马歇尔出生于宾夕法尼亚州。1901年，21岁的马歇尔毕业于弗吉尼亚军校，随后参加了第一次世界大战。1924年夏到1927年春，他在美军驻天津第15步兵团任主任参谋，期间他学习了汉语。1939年任美国陆军参谋长，二战中他帮助富兰克林·罗斯福出谋划策，坚持先攻纳粹德国再攻日本，为美国在二战的胜利作出不可磨灭的贡献。1945年退役。后出任美国国务卿和国防部长，以出台马歇尔计划闻名，1953年获诺贝尔和平奖。1959年10月16日，马歇尔去世于华盛顿哥伦比亚特区，享年79岁。

鲁门总统表示："我很高兴看到他的名字同这个计划连在一起。"

马歇尔计划提出后，西欧一些国家特别是英、法很快作出反应。英国外交大臣贝文公开赞扬马歇尔演说是"世界历史上最伟大的演说之一"，并呼吁美、英、法联合起来。法国外长皮杜尔（Georges Bidault，1899—1993年）通过法国驻美大使转告马歇尔，法国对马歇尔建议颇感兴趣。同时，法国总统奥利奥尔（Vincent Auriol，1947—1954年）向新闻界透露，法国准备"毫不迟疑"地加入欧洲经济计划。

苏联拒绝加入马歇尔计划

苏联是横跨欧亚的大国，欧洲复兴计划难以越过苏联暗自展开。1947年6月19日，英、法两国邀请苏联参加商讨欧洲响应马歇尔计划的预备会。这是美国精心设计的一个"策略"：如果苏联和东欧国家接受马歇尔计划，美国可以依靠经济优势对其进行渗透，并从政治上软化苏联，离间东欧国家与苏联的关系；如果苏联拒绝加入，那就意味着苏联"自外"于欧洲复兴计划，难免要承担欧洲分裂的责任。6月22日，苏联表示接受英、法两国的邀请。

1947年6月27日，英、法、苏三国外长正式在巴黎会晤，讨论马歇尔建议。会上，法国外

马歇尔计划中欧洲各国复苏计划支出

43

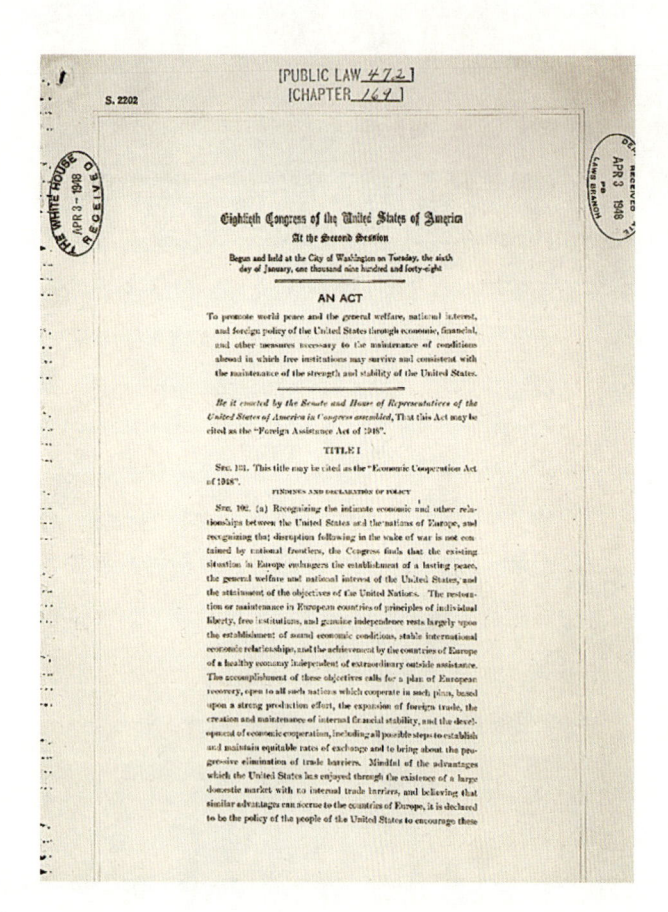

马歇尔计划的第一页

长皮杜尔提议：在欧洲各国首先提出各自的国内经济资源报告的基础上，拟定欧洲国家统一的"经济复兴计划"大纲。苏联外长莫洛托夫对法国建议制定欧洲统一经济计划表示"严重地怀疑"。他认为，欧洲统一经济计划要求各国泄露其本国的经济情报，其结果必然会造成某些国家实行干涉另一些国家内部事务的政策。他要求查明美国对欧洲实行经济援助的可能性、性质和条件。英国外交大臣贝文则坚持说，欧洲必须先拿出计划，然后再由美国讲清援助的方式和条件。莫洛托夫在摸清了马歇尔计划的真实目的是要控制受援国后，严正指出，此种行动的结果将不是欧洲的统一和重建，而是"把欧洲分裂为两个集团"，因此，苏联宣布退出会议。马歇尔对莫洛托夫的退席表示高兴，他认为，在苏联退出后，西欧应该"单独"迅速贯彻他的计划。

马歇尔计划的执行

1947年7月12日，巴黎经济会议开幕。参加会议的有：英国、法国、奥地利、比利时、丹麦、希腊、冰岛、爱尔兰、意大利、卢森堡、荷兰、挪威、葡萄牙、雅典、瑞士和土耳其共16国。苏联、东欧国家和芬兰均未参加会议。会议实际上是在美国的监督和指导下进行的。根据美国的意图，巴黎经济会议成立了常设联合机构——欧洲经济合作委员会。美国告诫与会的各国政府，不要过多依赖外界援助，不要提出过高的款额要求。9月22日，16国代表签署了欧洲经济合作委员会的总结报告，要求美国在4年内提供224亿美元的援助。

1947年12月19日，杜鲁门向国会提交了"美国支持欧洲复兴计划"的咨文，要求国会在1948—1952年拨款170亿美元。1948年4月2日，美国国会通过了《1948年对外援助法》。次日，经杜鲁门签署，马歇尔计划正式开始执行。该法案规定，美国的首个援助期为4年，在前15个月内拨款53亿美元，援助西欧各国复兴战后经济，以后逐年审批援助额，不确定马歇尔计划的援助

> **知识链接：西欧有哪些国家？**
>
> 从区域范围来看，西欧位于亚欧大陆西部、大西洋东岸，大部分位于北纬35°—60°。狭义上指欧洲西部濒临大西洋的地区和附近岛屿，包括英国、爱尔兰、荷兰、比利时、卢森堡、法国和摩纳哥。通常也把德国、意大利、奥地利、瑞士、西班牙、葡萄牙等欧洲发达资本主义国家归为西欧。广义上的西欧位于欧洲西半部，面积约500万平方千米，包括30多个国家，占欧洲的一半左右。

总额。法案规定：凡接受援助的国家都必须同美国政府签订协定，接受援助条件，即：受援国必须购买一定数量的美国商品，但禁止购买美国的"紧张物资"；必须尽快撤销关税壁垒，取消或放松外汇限制；为美国提供生产所需要的战略物资；向美国提供使用援助的情况报告，允许美国对其内部预算作某种程度的控制；保障美国私人投资和开发的权利；限制同苏联和东欧国家的贸易，并在政府中排挤和压制进步力量。法案还规定，设立管理马歇尔计划执行的经济合作署，负责援助的分配和使用，并有权批准"特别项目"。

马歇尔计划在一定程度上帮助西欧经济渡过了战后最困难的时期，促进了西欧经济的恢复和发展，巩固了西欧的资本主义统治。但是，马歇尔计划最大的受惠者是美国，美国从中获得了经济、政治和战略多方面的好处。首先，在经济上促进了美国商品和资本对西欧的输出，为美国用经济手段控制西欧铺平了道路；其次，从政治上抑制了西欧各国人民的革命运动，削弱了意大利和法国共产党在国内的影响；最后从战略上促进了西欧和美国在对抗苏联战略上的接近和协调，增强了遏制苏联的力量，并为西方政治军事联盟的正式形成奠定了基础。可以说，美国通过对西欧国家的经济援助，实现了马歇尔计划设立的目标。

> **知识链接：道奇路线**
>
> 二战后，美国对日本也采取了扶植的政策。1949年，美国为日本制定了经济复兴的"道奇路线"，在"占领地区救济基金"和"占领地区经济复兴基金"的名义下，向日本提供了大量贷款和援助，同时迫使日本在经济上对美国开放，为美国控制日本打下了基础。

1948年之后，在马歇尔计划帮助下西柏林开始大规模建设。牌匾上写着：应急计划柏林——在马歇尔计划的帮助下。

冷战时代

北大西洋公约组织

美国和西欧国家军事联盟

美国称霸野心昭然若揭,仅《布鲁塞尔条约》难成霸业。建立北大西洋公约组织,部署合围苏联的军事包围圈。

北大西洋公约组织简称"北约",它是美国为了对抗苏联在军事上和意识形态上的扩张而建立的,也是美国在第二次世界大战后向欧洲推行的世界霸权政策,企图从军事上控制西欧而建立的政治、军事组织。北约的成立分为三个阶段:签订《范登堡决议》,打破美国孤立主义传统;美国在华盛顿会议中维护本国利益;《北大西洋公约》确立美国在北约中的领导地位。

北约成立之初只有12个成员国,后来经过六次扩大,成员国逐渐达到29个:1952年2月,土耳其和希腊加入;1955年5月,联邦德国加入;1982年5月,西班牙加入;1999年3月,波兰、匈牙利和捷克加入;2004年3月,爱沙尼亚、拉脱维亚、立陶宛、斯洛伐克、斯洛文尼亚、罗马尼亚和保加利亚加入;2009年4月,阿尔巴尼亚和克罗地亚加入;2017年6月,黑山加入

布鲁塞尔条约组织是北约建立的前奏

《布鲁塞尔条约》签订后,缔约五国均认为,西欧的安全保障离不开美国。比利时外交大臣斯巴克(1899—1972年)指明:此种防务性的安排,倘无美国参加,将毫无实际价值。法国外长皮杜尔(Gerorges Bidault,1899—1983年)进一步表示,只有美国的帮助才能有效地解决欧洲国家"抵御侵略的问题"。英国外交大臣贝文则认为,除非制定一个包括美国在内的"集体抵抗侵略的协定",否则欧洲不能保住自己。

美国尽管全力支持《布鲁塞尔条约》,但作为控制西欧、遏制苏联的工具,仅有该条约仍远远达不到目的。杜鲁门提出,纵使《布鲁塞尔条约》已经签订了,事情仍很明显,必须采取更具有意义的政治行动来消除西欧各国间所存在的恐惧,从而恢复它们的充分信心。

《范登堡决议》打破美国孤立主义

美国自华盛顿任第一届总统以来,除独立战争时期同法国结盟、两次世界大战中同欧洲国家有军事合作关系之外,一直避免同欧洲大陆缔结军事政治联盟。杜鲁门政府要改变美国这一对外政策传统,在和平时期同西欧建立联盟,就必须得到国会的充分支持。为此,杜鲁门派国务卿马歇尔和副国务卿洛维特与国会领袖进行密切磋商,并争取到参

英国前首相卡梅伦（左）与北约前秘书长拉斯姆森

议院外交委员会主席、共和党人范登堡的支持。1948年6月11日，美国参议院通过了范登堡提出的议案，后被称作《范登堡决议》。它规定，在持续与有效的自助与互援的基础上，以及在涉及美国国家安全的情况下，美国可以通过宪法程序参加这些区域性和其他集体协定。这个决议实际上使美国外交政策脱离了传统的轨道，是美国国会第一次在和平时期同意美国政府同美洲大陆以外的国家缔结军事同盟条约。《范登堡决议》表现了美国既欲与西欧国家结盟，壮大其实力的企图，又妄想避免自身直接卷入战争与军事冲突的矛盾心理。它为美国政府出面筹组北大西洋公约组织"亮了绿灯"。

华盛顿会议中的博弈

1948年7月6日，美国与布鲁塞尔条约组织成员国英、法、比、荷（卢森堡不单独派代表参加，由比利时代表代理）和加拿大在华盛顿举行了第一次正式会议。这次会议直到1949年3月15日才结束，为时8个月。

这次会议分为两个阶段：第一阶段起草关于建立北约组织的备忘录，以便供参加国政府讨论；第二阶段研究推敲北约组织运行条款。

在第一阶段会议上，讨论的焦点是缔约国承担的义务问题，特别是美国如何保卫西欧的安全。英法代表反复强调西欧普遍存在"不安全感"，认为美苏在欧洲的对峙，使西欧成了两个铁锤之前的砧板，一旦两家冲突，苏联的首选进攻目标便是西欧。美国若不能保证西欧的安全，就无法制止西欧的"对苏绥靖主义"。西欧国家的意图是让美国明确承担保卫西欧的义务，以减轻自身的防务开支，尽快复兴本国经济。美国深知西欧国家的用意，但它既想向西欧扩张，又不愿付出过多的代价，特别是不能被西欧拴住。美国代表强调，西欧应加强自身防务，重申《范登堡决议》中"自助和互援"的原则。

在讨论拟议中的北大西洋公约与布鲁塞尔条约的关系时，比利时代表表示，可以用扩大布鲁塞尔条约体系的办法，也可以搞一个新的防务安排，但美国参加是关键。美国代表认为，布鲁塞尔条约组织范围太窄，没有包括对大西洋安全必不可少的一些国家和地区，而其承担的义务又太宽，除了共同防务，还涉及经济、文化等方面的合作，这样会冲淡共同防务的义务。美国代表强调，不管防务安排采取什么样的形式，关键是否符合美国的国家利益。美国不能参加目前形式的布鲁塞尔条约组织，主张在扩大此条约组织的同时，另建新的且更大的防务体系，然后以此为桥梁，与布鲁塞尔条约国家联结起来。最后，会议基本上采纳了美国代表的意见。

1948年9月9日，与会国代表一致通过了"华

冷战时代

2016年7月8日、9日，在波兰首都华沙举行北约首脑峰会，会议讨论了包括北约向波兰和波罗的海三国派遣四个营兵力的决议

盛顿文件"。文件对即将建立的北大西洋公约组织的性质、范围、缔约国承担的义务及其与欧洲其他组织的关系等，都作了具体而明确的规定。文件认为，北大西洋安全体系若只包括美国、加拿大与布鲁塞尔条约缔约国是不会有充分效用的，还应包括丹麦、挪威、冰岛、葡萄牙和爱尔兰。此外，还应为瑞典和意大利的加入作出"特殊安排"。在条件成熟时，还必须就西班牙和联邦德国同北大西洋体系的关系作出决定。文件还附有"北大西洋安全公约宜于规定的条款概要"，一并提交各国政府讨论。

1948年12月10日，会议进入第二阶段，与会国代表讨论条约文本。在磋商中遇到最棘手、争议最多的是条约的第五条内容。西欧各国以面临苏联"威胁"为由，要求美国承诺在它们遭到攻击时立即给予有力的和毫不含糊的援助，并且希望将美国承担的义务规定得越明确越好。美国国会的主导意见是，不能给西欧开一张"空头支票"，不然的话，美国很可能被拖进一场并非出于自愿的战争。美国代表借国会议员的反对意见迫使西欧国家让步。美

北约拥有大量核武器和常规部队，是西方的重要军事力量。图为演习中的北约士兵

世界的分裂

> 知识链接：《北大西洋公约》的缔结

1949年4月4日，美国、英国、法国、荷兰、比利时、卢森堡、加拿大、丹麦、挪威、冰岛、葡萄牙、意大利12国外长在华盛顿正式签订了《北大西洋公约》。《公约》包括一个简短的序言和十四项条款。主要内容是：缔约国应以不断的而有效的自主及互助方法，维持并发展其单独及集体"抵抗武装攻击之能力"；任一缔约国的领土完整、政治独立或安全受到威胁时，各缔约国应共同协商，对于一个或数个缔约国之武装攻击，应视为对缔约国全体之攻击，如此种武装攻击发生，每一缔约国应单独并会同其他缔约国采取视为必要之行动，包括武力之使用；《公约》生效20年后，任何缔约国可在通知废止本条约一年后，停止作为本公约的缔约国。该《公约》于1949年8月24日开始生效。

《公约》签订后，筹建北约组织机构的工作基本上由美、英、法三国操纵。1949年9月17日，在华盛顿举行的北约理事会第一次会议上决定设立下列机构：1.北大西洋理事会——北约最高权力机构，由各缔约国外长组成；2.防务委员会，由各缔约国国防部长组成，负责制定统一的防务计划；3.防务委员会下设各国参谋长组成的军事委员会；4.在军事委员会内设立由美、英、法三国代表组成的常设小组；5.设立5个地区性军事计划小组：北大西洋地区计划小组、加—美地区计划小组、西欧地区计划小组、北欧地区计划小组和南欧—西地中海地区计划小组。这些小组负责制定和协调本地区内的防务计划。美国参加了所有上述五个地区计划小组。以后，北约组织又陆续增设了其他一些机构。

北约组织是美国第一次在和平时期同美洲大陆以外的国家建立的军事集团，杜鲁门把它看作战后美国外交政策的基础之一。美国通过其在北约的领导地位，加强了对西欧政治和军事控制，并在欧洲大陆组成了一个遏制苏联的弧形包围圈，标志着美国以欧洲为重点的全球战略部署已基本完成。

国表示，按照美国宪法规定，总统虽然是陆海空三军总司令，但宣战权属于国会，因此，美国政府不能事先对西欧承担军事行动的义务，希望把美国承担的义务规定得越含糊越好。后加拿大代表提出相对的折中方案，被与会各国代表所接受，成为北约的第五条。根据该条内容规定，美国既承担了使用"武力"援助西欧的义务，又保持了一定的"行动方式"自由。

2014年北约峰会举行，反战示威者在场外集会申诉

冷战时代

美国向拉美扩张的桥头堡
美洲国家组织

> 美国在拉美惯用伎俩：挥舞大棒加胡萝卜。

第二次世界大战后，美国为加紧推行全球扩张政策，进一步加强对拉美国家的经济渗透、政治干涉和军事控制，迫切需要巩固和加强泛美体系，以对付所谓的"共产主义威胁"。

巩固美洲后院

1948年3月30日至5月2日，在哥伦比亚首都波哥大举行了第九届美洲国家会议。会议的主旨是加强和改组泛美联盟，讨论的主要问题是：如何把泛美联盟改组为美洲国家组织；如何应对来自本半球以外的"共产主义威胁"；如何开展美洲国家间的经济合作。

出席本届会议的有21个美洲国家的代表。美国代表团由国务卿马歇尔任团长，其成员包括政府

华盛顿泛美联盟总部大厦。1890年4月，美国同拉美17国在华盛顿举行的第一次美洲国际会议上，决定建立美洲共和国国际联盟及其常设机构——美洲共和国商务局。1910年在布宜诺斯艾利斯举行的第四次会议上，美洲共和国国际联盟改名为美洲共和国联盟，美洲共和国商务局改名为泛美联盟

财政部长、商务部长、助理国务卿和进出口银行行长等重要人物，足见美国非常重视这次会议。

马歇尔在代表团团长预备会议上公开表示，他最关心的是美洲各共和国的"颠覆活动问题"，企图策动拉美国家通过反共决议。这一呼吁仅得到少数国家支持，多数拉美国家则犹豫不决。不久，由于美国煽动并以外来势力威胁施压，大会于4月23日最终通过了美国、巴西、智利和秘鲁4国提出的"维护美洲民主宣言"。宣言称国际共产主义的活动具有所谓"干涉主义"倾向，敦促美洲各国政府在各自国境内采取适当措施，以管制在"外国诱发"下的极权类型的颠覆活动，并就此类活动交换情报。

美洲国家组织建立

拉美国家迫切关心的是经济问题，希望取得美国的"援助"，以解决它们的经济困难。但马歇尔则公开表示，鉴于美国在全世界的巨大负担及其自身的能力，只能够资助拉美所需大量开发资金的一小部分。他希望拉美国家"鼓励私人企业和公平对待外国资本"，其目的是使美国私人资本大量流向拉美，以加强对拉美的经济渗透。由于美国与拉美国家意见迥异，所以在讨论《美洲国家间经济合作协定》草案时，争论激烈，互不相让。厄瓜多尔提出采取必要措施，以补偿原料和制成品之间经常出现的不等价差额；古巴提出反对经济侵略问题，均遭到美国的抵制和反对。最后，虽然勉强达成了一项协定，但由于严重违背拉美国家的意愿和要求，递交批准书的国家不足参与国的2/3，协定未能生效。

这次会议的主要议程是把泛美联盟改组为美洲国家组织。在这个问题上，美国同拉美国家同样存在严重分歧。美国力图把美洲国家组织变成一个受美国控制的、权力高度集中的政治军事机构，而拉

美洲国家组织的旗帜

美国家则反对美洲国家组织职权过大，成为"超国家"性质的机构。经过多番博弈，最后通过了《美洲国家组织宪章》。

根据宪章规定，美洲国家组织设立了一套复杂而庞大的组织机构：其中，美洲国家会议是最高机构，每5年召开一次。在必要时经2/3美洲国家政府的同意，可举行特别会议；外交部长协商会议，是和平安全方面的协商机构，在发生紧急性问题及其共同利益的问题时召开，特别是在发生武装进攻时必须召开；美洲国家组织理事会，由每个会员国派大使级代表组成，有权处理任何由美洲会议或外交部长协商会议提交的任何事宜，理事会下设经济及社会、法律和文化三个理事会；泛美联盟成为美洲国家组织的中央常设机构，并在此处设立联盟秘书处。泛美联盟同理事会活动场所皆设在华盛顿，表明美国在该组织中的主导地位。《美洲国家组织宪章》于1951年12月13日生效。

美洲国家组织的建立是美国为实现其称霸世界的野心而建立的第一个地区性政治和军事集团。美国企图以此巩固其在西半球的霸主地位，加强对拉丁美洲国家的控制和干涉，同时把拉美作为向"美洲以外"扩张的桥头堡。

冷战时代

风云新途
苏联崛起为世界强国

二战硝烟散尽，美苏两国从战时盟友转变为竞争对手。隔洋相望，美苏之间冷战风云笼罩。

苏联在第二次世界大战中付出了巨大的牺牲，但也赢得了崇高的荣誉与尊严，在战后国际政治舞台上的声望大大提高。苏联人民在苏联共产党和苏维埃政府的领导下，通过英勇奋斗和艰苦劳动迅速恢复了被战争严重破坏的国民经济，大大加强了自身的经济实力。苏联拥有强大的军事力量，积极推行和平外交战略，扩大了国际影响力。在战后世界格局中，苏联成为美国称霸全球最强劲的对手。迫于苏联实力的增强，美国并不敢贸然越过战时双方划定的势力范围。二战对世界造成毁灭性打击的历史记忆犹在，美苏两国这时都不敢冒"破坏和平"的天下之大不韪。于是，美国采取了遏制苏联的冷战政策，苏联则成为美国最大的竞争对手。美苏从战时盟友到竞争对手这一角色的转换，是二战前后两国关系发生的重大变化。

战后苏联经济的恢复

二战后，苏联面临的首要任务是迅速医治战争创伤，恢复和发展国民经济。从20世纪40年代中期至50年代中期，苏联进行了国民经济的恢复与重建，逐渐发展成为世界强国。苏联与实行资本主义制度及自由市场经济的美国不同，其经济模式是按照高度集权的社会主义中央计划经济模式发展的，国家垄断生产资料。国家通过五年计划的方式对经济实行控制和调整。

在1928年至1932年的第一个五年计划后，苏联的工业产值在国民经济中所占的比重由48%上升到70%，苏联成为一个先进的工业国。但是苏联的工业发展不平衡。事关国防的军事工业、重工业、化学工业和航空太空工业非常发达，其水平在世界上处于领先的地位，但是与民生息息相关的轻工业和农业则相对落后。这也导致了苏联解体后俄罗斯轻工业发展的严重不足。苏联的主要工业地带集中在莫斯科、列宁格勒、顿巴斯、乌拉尔山脉等地区。次要的工业地区包括波罗的海沿岸、西西伯利亚和伏尔加河中下游。苏联的工业部门实行集中管理和国家调控，工厂生产的产品、种类、规格和

1961年版10卢布，主体颜色为棕红色，花纹比较复杂，正面为列宁侧身像，左上方为苏联国徽

世界的分裂

苏联有三大钢铁厂：马格尼托哥尔斯克钢铁厂、库兹涅茨钢铁厂和扎波罗热钢铁厂。图为马格尼托哥尔斯克钢铁厂建立100周年纪念邮票。

> **知识链接：苏联**
>
> 苏联是社会主义联邦制国家，全称是苏维埃社会主义共和国联盟。1922年12月30日，苏联由俄罗斯苏维埃联邦社会主义共和国、白俄罗斯苏维埃社会主义共和国、乌克兰苏维埃社会主义共和国、外高加索苏维埃社会主义联邦共和国合并而成。苏联是当时世界上国土面积最大的国家和人口第三多的国家。至二战结束，苏联由15个权利平等的苏维埃社会主义共和国按照自愿联合的原则组成。

价格都由隶属于中央和加盟共和国部长会议下设的国民经济委员会决定。苏联在第二个五年计划末期完成了农业集体化，农业生产以集体农庄为基本单位，通过归属于集体农庄机械站的拖拉机、汽车和联合收割机实行机械化播种与耕作。1938年，苏联推行集中发展军事工业的第三个五年计划。计划推行初期，苏联飞机生产达7500架，翌年开始更是保持在1万架以上；1940年，苏联的武器生产额达50亿美元，仅次于德国。第三个五年计划在1941年因德军入侵而被迫中断。

1945年8月19日，联共（布）中央委员会和苏联人民委员会委托国家计划委员会制定了1946—1950年恢复和发展国民经济五年计划。1946年3月，苏联最高苏维埃通过了这一计划。该计划规定的基本任务是"重

1977年，苏联汽车产量突破了200万辆，20世纪80年代初达到230万辆，居世界第五位，轿车产量比重从20世纪40年代的8%上升到64%。到80年代，苏联汽车工业达到了发展历史的高峰。但是整个80年代没有建立新的汽车厂，产量也徘徊不前。图为20世纪50年代苏联经济型轿车

冷战时代

苏联时期发行大量邮票，其题材多以工业为主题，印刷精美，许多邮票成为经典作品

建苏联受害地区，使工业和农业恢复到战前水平，然后再大大超过这个水平"。苏联人民以忘我的劳动，用四年零三个月的时间提前完成了五年计划所提出的指标。

苏联的工业

1948年，苏联的工业总产值超过了战前水平，1950年工业生产水平超过1940年的73%，6200个修复和重建的工业企业投入了生产。重工业取得了特别重大的成就：1950年铁产量1900万吨，钢2700万吨，采煤量2.61亿吨，原油3800万吨。工业部门所取得的成就大大加强和巩固了社会主义的物质技术基础。

军工发展以良好的工业发展为基础，苏联核武

> **知识链接："大国"与"强国"概念之辨**
>
> 中外学者基于不同的研究视角、历史理解和现实观照，对冷战时期"大国"和"强国"概念的界定各抒己见。笔者从国家的二元属性出发，尝试辨析两者之间的区别。国家的二元属性是指，国家对内要以维护大多数民众的利益为己任，对外要在国际社会中与其他主权国家竞争，使自己的外部行为符合实现生存与安全的行为逻辑。在此基础上，"大国"与"强国"的概念不可混淆。
>
> 大国之"大"，于内体现为国家领土疆域辽阔、人口众多以及由于本国公民组成的社会规模大，利益集团构成多元化；于外则主要体现为本国相对于其他国家在人口、国土面积、地理区位等方面所具有的优势。大国之"大"在于规模优势。
>
> 但具备规模优势的大国并不一定是强国。强国之"强"，于内体现在可持续地增加社会财富和资源，调控社会并以稳定促发展；于外则表现为有效地将财富和资源运用于国际领域，抵御风险，应对挑战。因此强国之"强"有两重含义：国内层面表现为资源的可持续产出，国际层面表现为竞争优势的积累。
>
> 综上所述，"大国"与"强国"是两个不同的概念，两者的区别在于规模优势和竞争优势。从这个角度看，大国崛起为强国的关键是规模优势能否以国家为载体顺畅地转化为持续的竞争优势。因此，从"大国"和"强国"概念的辨析，可以理解二战后美国为什么把苏联作为遏制的对象，即在于战后苏联已具有成为世界强国的竞争优势。

器的发展就是在苏联工业体系恢复后取得的重要成就。1945年8月20日，在美国向日本投下第一颗

世界的分裂

切尔诺贝利核电站位于乌克兰北部，距首都基辅以北 130 公里，它是苏联时期在乌克兰境内修建的第一座核电站。切尔诺贝利曾经被认为是最安全、最可靠的核电站。1986 年一声巨响彻底打破了这一神话。由于操作人员违反规章制度，核电站的第 4 号核反应堆在进行半烘烤实验中突然失火，引起爆炸，其辐射量相当于 400 颗美国投在日本的原子弹。爆炸使机组被完全损坏，8 吨多强辐射物质泄漏，尘埃随风飘散，致使俄罗斯、白俄罗斯和乌克兰许多地区遭到核辐射的污染。切尔诺贝利核事故被称作历史上最严重的核电事故。核电站所在的普里皮亚季城因此被废弃

原子弹之后，苏联国防委员会立即决定建立一个以贝利亚为首的特殊委员会，受斯大林的直接领导，启动苏联的核武器研制计划。在战后经济十分困难的情况下，苏联集中人力、物力和财力，在 1945—1953 年间确立和发展了苏联的原子能工业。1949 年，苏联实验成功了它的第一枚原子弹；1953 年，又成功发射了氢弹；1957 年，苏联发射了世界上第一颗人造地球卫星，这标志着苏联在太空领域的巨大突破。同年 8 月，苏联成功发射了它的第一枚二级弹道导弹，被看作一次令人瞩目的军事示威，表明苏联已有能力向竞争对手美国本土投掷弹头。

苏联军事力量的恢复

二战结束后，苏军总人数达 1100 万，拥有坦克 1.5 万多辆，飞机 1.2 万多架。苏联武装力量的最高领导是苏共中央、最高苏维埃和部长会议。实行普遍义务兵役制，海军服役 3 年，其他军兵种为 2 年。在 1917 年十月革命后，苏维埃俄国即开始建设一支无产阶级的军队，其名称被定为"工农红军"，这一名称一直被沿用到 1946 年。在此期间，苏联海军被称为"红海军"，除海军以外的其他苏联军队被称为"红军"。1946 年起，苏联的军事力量的正式名称被确定为"苏联武装力量"，简称"苏军"。但人们仍然习惯上沿用红军、红海军的称呼。苏联红海军是苏联重要的海上武装力量（海军），其主要舰队有"北方舰队""太平洋舰队""黑海舰队"及"波罗的海舰队"，另外还设有海军航空队、海军步兵（海军陆战队）及海岸炮兵。

综上所述，苏联崛起为世界强国，成为美国最强劲的竞争对手，主要原因在于苏联在二战后经济恢复快，建立起良好的工业体系，并拥有一支强大的军事力量。苏联综合竞争优势明显强于英、法两国，使美国颇为忌惮。因此，二战后美国出台了一系列针对苏联的遏制政策，美苏从战时盟友最终走向竞争对手。

> **第 36—37 页：克里姆林宫**
>
> "克里姆林"在俄语中意为"内城"。蒙古语中，有"堡垒"的含义。克里姆林宫是一组建筑群，位于莫斯科中心区，是俄罗斯联邦的象征、总统府所在地。

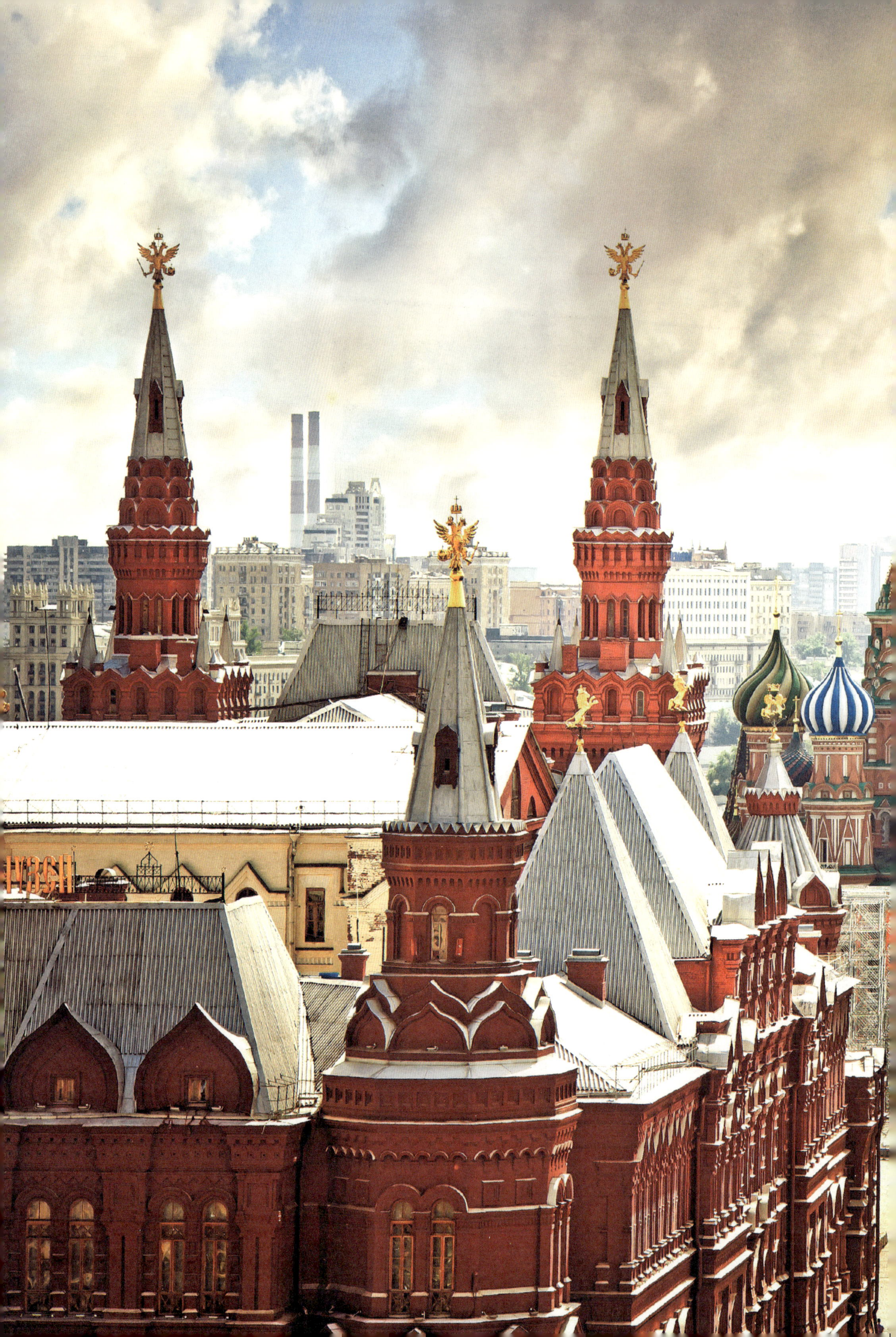

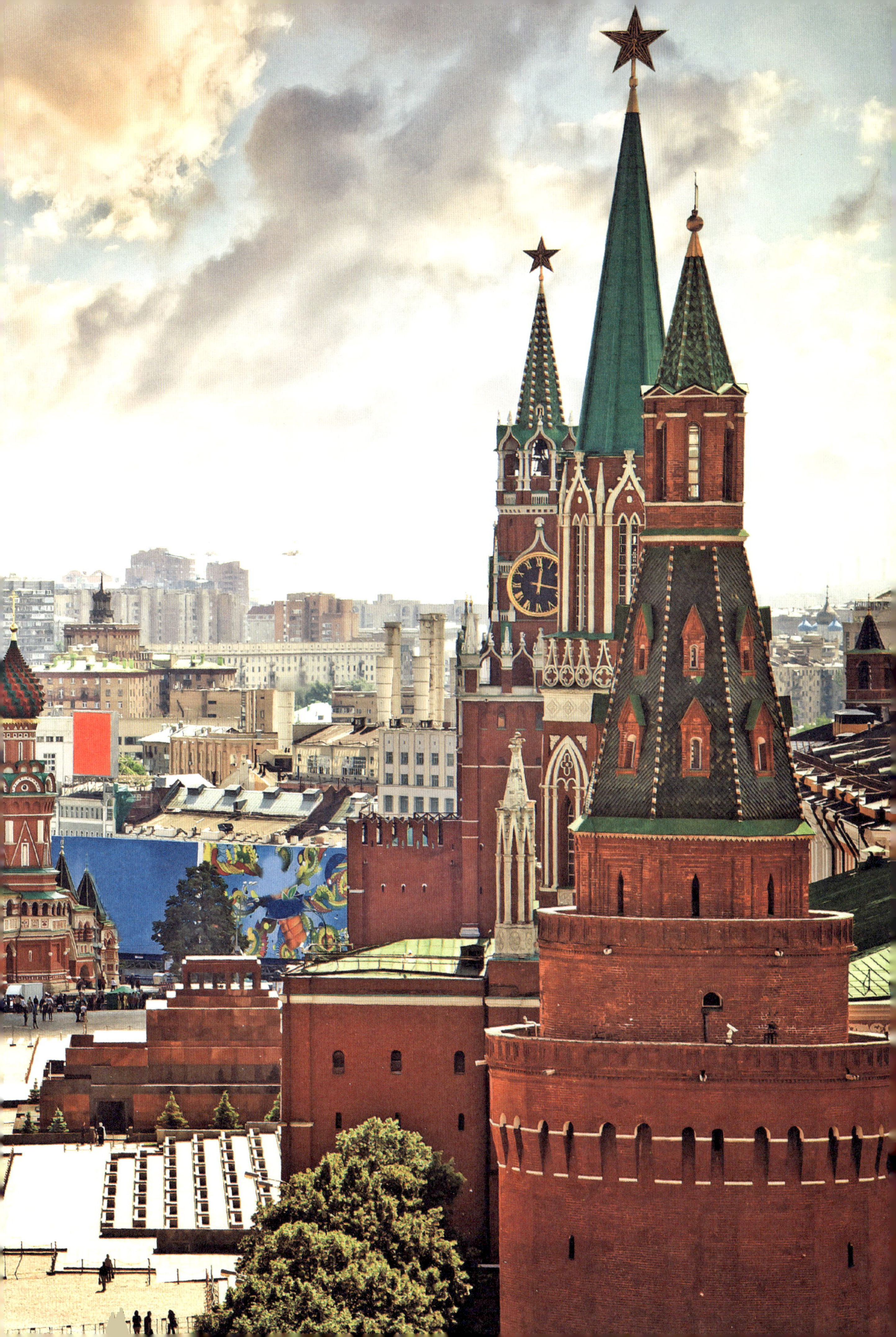

冷战时代

新型联盟
东欧国家加入社会主义阵营

二战对世界的重大影响之一,就是社会主义超出了一国范围,并在东欧连成一片,史称"东欧国家"。

"东欧国家"不是一个单纯的地理概念,而是特指冷战时期加入社会主义阵营的八个欧洲国家:波兰、南斯拉夫、阿尔巴尼亚、匈牙利、保加利亚、罗马尼亚、捷克斯洛伐克和民主德国。

波兰加入社会主义阵营

1947年,波兰举行议会选举。苏联支持的贝鲁特当选为波兰新总统,社会党人西伦凯维兹(Jozef Cyrankiewicz,1911—1989年)任政府总理。从此,波兰走上了社会主义的发展道路,西方的流亡政府基本被排斥在权力中心之外。1948年12月,波兰工人党和波兰社会党合并,成立了波兰统一工人党,贝鲁特任总书记。人民政府把大中工业、交通运输、银行收归国有。实行土地改革,动员人民完成恢复国民经济的三年计划(1947—1949年),促使国家经济状况和人民生活水平有了较大改善。1949年10月7日,波兰同新生的中华人民共和国建立了外交关系。从1950年起,波兰开始执行发展国民经济六年计划(1950—1955年)。1952年10月26日,成立了波兰人民共和国议会,并通过波兰人民共和国宪法,萨瓦茨基(Aleksander Zawadzki,1899—1964年)当选国务委员会主席,贝鲁特被任命为部长会议主席。1956年3月,贝鲁特病逝于莫斯科,奥哈布(Edward Ochab,1906—1989年)

约瑟普·布罗兹·铁托(Иосип Броз,1892—1980年),南斯拉夫政治家、革命家、军事家、外交家,曾任南斯拉夫社会主义联邦共和国总统、南斯拉夫共产主义者联盟总书记、南斯拉夫人民军元帅

继任第一书记。

南斯拉夫联邦人民共和国成立

在德国法西斯占领南斯拉夫后,以铁托为首的南斯拉夫共产党领导武装起义,开始了4年艰苦卓绝的反法西斯游击战争。在二战中,南斯拉夫的游击战争是最大的敌后战场,它牵制了德国法西斯的兵力,南共领导的游击队也发展到了80万人。1943年11月,铁托率领的南斯拉夫游击队在波黑亚伊策市召开了南斯拉夫人民解放委员会会议,决定成立以铁托为首的临时政府——南斯拉夫全国解放委员会,在战后建立各民族平等的联邦共和

世界的分裂

1952年《波兰人民共和国宪法草案》(俄语)，上面有斯大林的批注

> 知识链接：波兰简史
>
> 波兰共和国，简称波兰，位于欧洲东部，首都华沙。面积321677平方公里。人口3750万，98%为波兰人。太阳中心学说的创始人哥白尼、世界著名音乐家肖邦、发现镭元素的女科学家居里夫人等，都是波兰人。城市人口约占全国人口的59.8%，92%以上的居民信仰天主教。在波兰，几乎所有的人都参加圣诞节和复活节弥撒。波兰天主教会派出800多名传教士，在24个国家从事传教活动。波兰于公元965年建国，曾三次被邻国瓜分。直至1918年第一次世界大战结束才恢复独立。1918年11月10日，毕苏斯基在华沙宣布波兰独立。1944年7月22日成立波兰人民共和国，1989年12月29日改国名为波兰共和国。

国，剥夺流亡政府的权力，禁止彼得国王重返南斯拉夫，授予铁托元帅军衔。1945年5月，在苏联红军的支援下，南斯拉夫全境获得解放。在反法西斯战争中，南斯拉夫人民承受了巨大的民族牺牲，4年中共牺牲了170万人，占当时南斯拉夫人口的11%。1945年11月29日，南斯拉夫联邦人民共和国正式成立。1963年的新宪法又改国名为南斯拉夫社会主义联邦共和国，铁托成为终身总统。新南斯拉夫按照民族平等的原则由塞尔维亚、克罗地亚、斯洛文尼亚、波斯尼亚－黑塞哥维那、马其顿和黑山6个自治共和国以及属于塞尔维亚共和国的科索沃、伏伊伏丁那两个自治省组成。

阿尔巴尼亚、保加利亚和罗马尼亚

1944年11月29日，阿尔巴尼亚在共产党领导下进行的反法西斯民族解放战争中夺取政权，并解放全国。第二次世界大战期间，阿尔巴尼亚共产党人领导的抵抗运动蓬勃兴起。后来，共产党人与民族主义者为夺取政权而斗争了一段时间，共产党最终夺取了政权。1945年，阿尔巴尼亚国内举行了选举，阿尔巴尼亚共产党的领袖恩维尔·霍查（Enver Hoxha，1908—1985年）获胜，成为政府首脑。1946年，阿尔巴尼亚人民共和国宣布成立。

1946年，在苏联帮助下，保加利亚废除君主制，建立保加利亚人民共和国，宣布建设社会主义。保加利亚共产党长期处于执政党地位。保共总书记格奥尔基·季米特洛夫当选为第一任部长会议主席。自1954年开始，托多尔·日夫科（1911—

冷战时代

1960—1990 年间，捷克斯洛伐克社会主义共和国国徽

知识链接：共产党和工人情报局

第二次世界大战后，社会主义国家由一国发展到多国。在苏共的授意下，波兰领导人哥穆尔卡在 1947 年 9 月邀请苏、南、波、罗、捷、匈、保、意、法 9 国的共产党和工人代表，赴波兰参加会议，成立共产党和工人党情报局，其目的是加强各国共产党之间的联系，协调各党的行为。同时，苏共也借此加强了对东欧各国的控制。

1998 年）先后任保共中央第一书记、总书记、部长会议主席、国务委员会主席。

第二次世界大战时，罗马尼亚安东内斯库（Antonescu，1882—1946 年）政权参加德、意、日法西斯同盟。1944 年苏联红军进入罗马尼亚，同年 8 月 23 日，罗马尼亚共产党领导发动反法西斯武装起义，推翻了安东内斯库政权，罗马尼亚转而加入了反德国法西斯战争。1945 年 3 月 6 日成立联合政府。1947 年 12 月 30 日宣告成立罗马尼亚人民共和国。1965 年通过新宪法，改国名为罗马尼亚社会主义共和国。

捷克、匈牙利和东德局势

1945 年 4 月，捷共与国内各民主党派的代表汇集莫斯科，各方一致同意在科希策成立了以捷共为领导的民族阵线联合政府。同年 5 月 9 日，在苏联帮助下，捷克斯洛伐克全境获得解放，捷克和斯洛伐克再度合并，割让匈牙利的领土重新划归捷克斯洛伐克，但外喀尔巴阡州则割让给苏联的乌克兰苏维埃社会主义共和国。1946 年 5 月，捷共领导人克莱门特·哥特瓦尔德（Klement Gottwald，1896—1953 年）为总理的联合政府成立，贝奈斯（1884—1948 年）任总统。政府没收了外国资本家

匈牙利人民共和国时期一度爆发骚乱。图为 1956 年布达佩斯被摧毁的苏联坦克

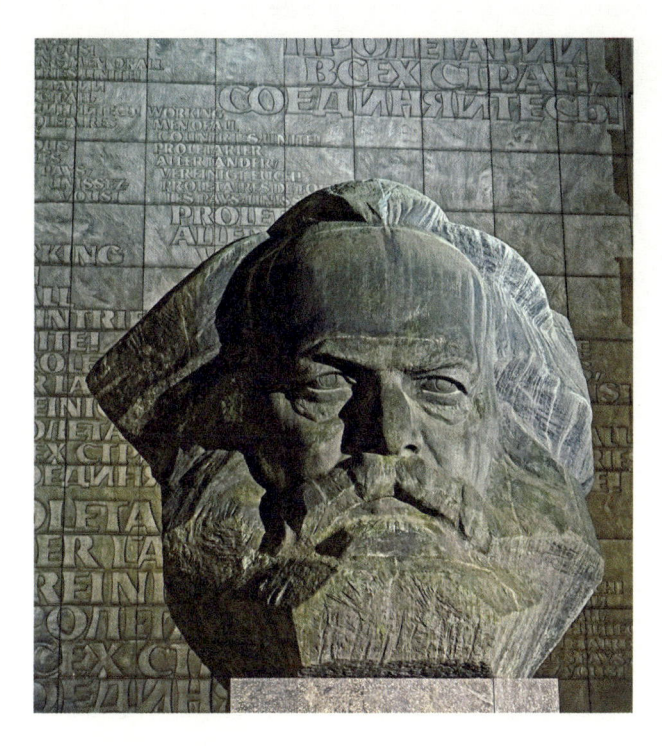

德意志民主共和国时期，开姆尼茨市马克思纪念碑

知识链接：《东欧各国社会制度转型档案文献编目》

冷战结束以后，东欧各国（阿尔巴尼亚除外）对历史档案进行了全面开放和解密，并按照事件、专题、人物、时段编撰出版了不同系列的档案文献集，数量之多，令人目不暇接。借此机会，沈志华教授对东欧各国社会制度转型档案文献进行收集、整理和编目，并编写《东欧各国社会制度转型档案文献编目》一书。全书为东欧八国及俄罗斯总计4万多条档案的目录汇编，这些文件来自东欧各国的档案馆、图书馆和已经出版的档案文献集。在编目中，以东欧八国从20世纪40年代进入苏联模式到80年代摆脱苏联模式的社会制度转型的历史为主线，侧重冷战时期东欧八国在政治、经济体制变化过程中发生的重大事件和危机，如1948年苏南冲突、1953年东柏林事件、1956年波匈事件、1968年布拉格之春、1989年东欧剧变等。全书共9卷，按内容可分为匈牙利篇、保加利亚篇、波兰篇、东德篇、阿尔巴尼亚篇、捷克斯洛伐克篇、罗马尼亚篇、南斯拉夫篇，以及副篇一（苏联与东欧关系俄国档案）、副篇二（东欧各国档案文献：英译文）、副篇三（东欧各国档案文献：中译文）。

和官僚的财产，颁布了工业、银行和私人保险公司国有化法令，并进行土地改革。1948年2月，发生二月事件，参加联合政府的民族社会党等党派因接受美国的马歇尔计划而与捷共发生对立，事件以捷共的胜利而告终。随后捷共完成了土地改革，废除了大土地所有制，消灭了封建残余。同年5月9日通过宪法，定国名为捷克斯洛伐克共和国，哥特瓦尔德当选为总统。

1945年4月，匈牙利人民在苏联红军帮助下全境解放。1946年2月1日，宣布废除君主制，成立匈牙利共和国。1949年通过宪法，改称为匈牙利人民共和国。1949年8月20日宣布成立匈牙利人民共和国。

德意志民主共和国，简称"民主德国"，俗称"东德"，1949年10月7日在德国苏占区成立，首都为东柏林，实行社会主义制度和计划经济体制。东德位于现今德国的东北部，面积为10万多平方公里，与捷克斯洛伐克、德意志联邦共和国、波兰人民共和国接壤，北部为波罗的海。除建立德国国内边境外，1961年东德政府沿西柏林边境修建了柏林墙，以阻止东德居民通过西柏林逃往西方，并对越境者加以射杀。另外，东德的国家安全部"史塔西"对整个社会的异见者及其社会活动进行着严密的监控和压制，阻止或扼杀所有阻碍社会主义成功的企图。

区域性经济集团
经济互助委员会

马歇尔计划援助西欧，经互会实行东欧经济一体化。两种经济模式如同利剑，开辟美苏争霸新战场。

为了对抗马歇尔计划，1949年1月，苏联、保加利亚、捷克斯洛伐克、匈牙利、波兰、罗马尼亚六国代表在莫斯科举行会议，讨论苏联与东欧各国之间的经济合作问题。会议发布《关于成立经济互助委员会的公报》，决定成立经济互助委员会（简称"经互会"）。在平等的基础上，交流经济经验，相互给予技术上的援助，并在原料、粮食、机器、装备等方面提供协助。

经互会成立的背景

二战后，美国凭借其雄厚国家实力提出"马歇尔计划"，帮助欧洲盟国恢复战后濒临崩溃的经济，并同时抗衡苏联和共产主义力量在欧洲的渗透和扩张。马歇尔计划遭到时任苏联领导人斯大林的强烈反对，斯大林认为该计划会严重威胁到苏联对于东欧的控制，随后苏联便推出了著名的"莫洛托夫计划"。该计划主要包括苏联对东欧社会主义国家的经济援助以及发展与东欧国家的经济贸易，并以当时苏联外长莫洛托夫的名字来命名。"莫洛托夫计划"也就是后来经互会的雏形。1949年1月5日至8日，苏联、保加利亚、匈牙利、波兰、罗马尼亚、捷克斯洛伐克等国政府代表在莫斯科通过会议磋商后，宣布成立经济互助委员会。

> **知识链接：莫洛托夫计划**
>
> 1947年苏联为了防止东欧"离苏倾向"，加强与东欧经济联系，援助东欧经济发展而与东欧各国签订的经济协议，总称"莫洛托夫计划"。在冷战时期，面对美国的遏制战略和冷战政策，苏联采取了针锋相对的反击措施。1947年7—8月，苏联分别与保加利亚、匈牙利、波兰等东欧国家签订了贸易协定，以此来抵制和反击马歇尔计划，西方把这一系列贸易协定称为"莫洛托夫计划"。这一计划的提出是苏联针对杜鲁门主义和马歇尔计划作出的首个反击，它加强了苏联与东欧的经济联系，也限制了东欧同西方的经济往来，使其日益成为一个游离于世界市场之外的封闭经济集团。

经互会的主体建筑经济互助委员会大楼，位于莫斯科加里宁大街，1969年建成，由波索欣等人设计

经互会的旗帜图案

> **知识链接：经互会成员国**
>
> 经互会创始国包括：苏维埃社会主义共和国联盟、波兰人民共和国、罗马尼亚社会主义共和国、捷克斯洛伐克社会主义共和国、保加利亚人民共和国、匈牙利人民共和国。后期加入的有：阿尔巴尼亚社会主义人民共和国（1949年2月加入，1961年12月停止参与活动，1987年正式退出）、德意志民主共和国（1950年9月加入）、蒙古人民共和国（1962年加入）、古巴共和国（1972年加入）、越南社会主义共和国（1978年加入）。

经互会各成员间的合作

经互会成立后，对各成员国的经济发展起到了一定的推动作用，各成员国国民经济有了较大发展。1951—1983年，经互会国家的国民总收入增长了7.6倍。经互会国家的人口占世界人口的10%左右，国民收入占世界的25%，工业生产占世界的33%。经互会成员国的经济实力逐渐增强，已成为当时世界上一支重要的经济力量。

事实上，经互会的经济体制是苏联经济模式的扩大，在苏联的控制之下，把经互会的主要目标确定为在国际分工的原则基础上，实行全面的经济合作和专业化与协作，大力推行经济一体化。要求其他成员国的经济计划必须同苏联的计划相协调，并先后建立了近30个超国家的国际合作组织和一些双边及多边合营的"联合公司"。经互会主要机构的负责人均由苏联人来担任，会议工作语言也是俄语。

经互会各成员国之间的合作也是矛盾重重。在实行经济一体化的同时，一些成员国存在着维护国家主权和民族利益的强烈愿望。经互会各成员国之间由于发展水平的差异和对各自利益的考虑，相互之间也有分歧和矛盾。另一方面，经互会国家同其他发达国家和发展中国家的贸易和信贷等经济联系日益扩大。1970—1984年，经互会国家同欧洲经济共同体的贸易额增长了6.2倍。

经互会从成立到其解散之前，是世界上贸易额仅次于欧共体的区域性经济组织，对经互会各国之间的经济交流和经济发展起到很大的促进作用。但是，经互会也在客观上加强了苏联对其他成员国的经济控制，削弱了其他成员国的经济独立性。

1989年，民主德国发行的庆祝经互会成立40周年邮票

比肩而立的军事同盟
华沙条约组织

华沙条约组织是东欧社会主义阵营为对抗北大西洋公约组织而成立的政治军事同盟。

二战结束后，以美国为首的西方国家推行冷战政策，严重威胁着苏联和东欧国家的安全。在此背景下，苏联与东欧国家从政治、经济、外交和军事等方面采取一系列措施，与西方国家全面抗衡。在政治上，成立欧洲共产党和工人党情报局，宣告国际形势已发生根本变化，世界已分裂为两大对立的阵营；揭露美国推行的侵略和战争政策，谴责杜鲁门主义和马歇尔计划；发起有广泛群众参加的世界性保卫和平运动，支持各国人民的正义斗争。在经济上，实施"莫洛托夫计划"，与东欧国家广泛签订一系列经济贸易协定，巩固与东欧的经济联系；反击马歇尔计划，并进而成立经济互助委员会。在外交上，签订友好合作互助条约，以期取得一致行动。在军事上，扩大军队，加强装备建设，确定军事战略。这些步骤为华沙条约组织的建立奠定了基础。

苏联于 1975 年发行的关于华约的邮票

东西方剑拔弩张

二战后，美苏战时同盟关系破裂，美国开始孤立、包围苏联。1947 年，美国国务院政策委员会主席乔治·凯南提出了对苏联进行"冷战"，采取"包围遏制"的政策，主张在苏联可能危害西方国家利益的任何地方，坚决与之对抗。其后，丘吉尔发表了著名的"铁幕演说"，发出了冷战开始的信号。经过一系列战略准备，总统杜鲁门决定以"遏制战略"作为美国的军事战略，其主要内容是：控制西欧、日本，巩固美国的霸主地位；包围遏制社会主义国家，同时向亚、非、拉地区扩张；随时准备对苏联和其他社会主义国家进行大规模常规战争。

对此，苏共中央总书记斯大林以"积极防御战略"作为回应。一是筹备成立华沙条约组织，从政治上、军事上拉拢控制东欧国家，以巩固在第二次世界大战后取得的成果。二是增加防御力量，大力发展重工业和国防工业，向东欧及东北亚派驻大量军队，作为前沿防御力量，组建独立的国土防空军,加强军事训练。三是强调以陆战为主的诸军种协同作战原则,按比例协调发展相关军队配置的原则。四是加紧研制核武器,打破美国的核垄断。

华约的筹备与建立

1954年11月29日至12月2日,苏联同阿尔巴尼亚、保加利亚、波兰、民主德国、捷克斯洛伐克、罗马尼亚、匈牙利在莫斯科举行欧洲国家保障欧洲和平和安全会议,会议通过宣言:如西方国家批准《巴黎协定》,苏联和东欧国家将在组织武装力量和联合司令部方面采取共同措施。1955年3月,八国又就缔结集体友好互助条约的原则、组建联合武装力量及其统帅部等问题进行了协商,并取得一致意见。5月5日,西方承认西德的《巴黎协定》被批准。5月14日,苏、阿、保、波、东德、捷、罗、匈八国在华沙签署了《阿尔巴尼亚人民共和国、保加利亚人民共和国、匈牙利人民共和国、德意志民主共和国、波兰人民共和国、罗马尼亚人民共和国、苏维埃社会主义共和国联盟、捷克斯洛伐克共和国友好合作互助条约》,简称《华沙条约》。该条约由赫鲁晓夫起草,东欧社会主义国家除南斯拉夫以外,全部加入华约组织。

华沙条约组织的建立,是苏联与东欧国家为抗衡美国、加强军事合作的共同需要,也是二战后政治、经济、外交、军事全面合作的必然结果。华约的成立,使东西方之间最终形成了两个对立的军事集团,标志着以苏联为首的社会主义阵营的形成。

> **知识链接:《华沙条约》的主要内容**
>
> 《华沙条约》有效期为20年(到期可顺延10年)。《华沙条约》规定缔约国保证以和平的方法解决国际争端,并就一切有关共同利益的重要国际问题进行磋商;如果在欧洲发生任何国家或国家集团对一个或几个缔约国的武装进攻,每一个缔约国应根据《联合国宪章》第51条行使单独或集体自卫的权利,单独地或通过同其他缔约国的协议,以一切它认为必要的方式,包括使用武装部队,立即对遭受这种进攻的某一个国家或几个国家给予援助。这项条款表明,华约是具有军事同盟性质的国际组织。华约最高决策机构是政治协商委员会,联合武装部队总司令和参谋长均由苏联人担任。华约下辖中欧、南欧、北欧三个地区司令部和三个方面集团军。曾于1956年出兵匈牙利,1968年出兵捷克斯洛伐克。阿尔巴尼亚于1968年宣布退出华约。1991年7月1日,华约正式解散。

1955年5月14日,苏、阿、保、波、东德、捷、罗、匈八国在华沙签署了《华沙条约》

冷战时代

冷战风云
冷战背景下的印度支那战争

二战后，亚洲民族解放运动风起云涌。

冷战势力竭力阻止印度支那人民革命进程。

美国插手印度支那战争，严重损害了亚洲乃至世界的和平。

1946—1954年在印度支那地区发生了一场抵抗法国殖民主义的战争，即第一次印度支那战争。起初，这只是一场法国与越南之间的反殖民主义的民族独立战争。但由于特殊的时代背景，中国与美国被卷入战争，这场战争成为除朝鲜半岛外，中美较量的另一个战场。

八月革命

为领导越南人民的独立事业，以胡志明为首的越南独立同盟（简称越盟）于1941年5月成立。1944年12月，越南解放军宣传队得以建立，开始了全面反对日法殖民统治的斗争。1945年3月9日，日本军队在越南发动政变，解除法国殖民当局武装，扶植建立了以前越南皇帝保大为首的傀儡政权。对此，越盟号召人民推翻日本殖民统治及其扶植的傀儡政权。1945年8月13日，越盟召开全国会议，成立起义委员会并发出了举行总起义的指令。8月15日，日本战败投降的消息进一步激励了越南人民革命的斗志。8月16日，越盟召开全国代表大会，成立越南民族解放委员会，胡志明当选为主席。会议通过了实行民族独立和民主改革的政策，并号召举行全国总起义。接着，全国各地的起义风起云涌。8月16日，解放军攻克太原，8月19日，在越盟的组织下，河内10万群众武装示威，并一举夺得了政权。8月25日，保大皇帝被迫宣布退位。

1945年9月2日，胡志明主席以越南临时政府的名义，在河内巴亭广场50万人的群众集会上宣读独立宣言，庄严宣告越南民主共和国成立，并宣布取消法国在越南的一切特权，废除同法国签订的一切不平等条约。1946年12月20日，胡志明发表《告越南人民书》，号召抗击法国侵略者。从此，越南开始了轰轰烈烈的抗法救国战争（1946—1954年）。这场战争同老挝、柬埔寨人民为反对法国殖民者统治

1945年8月13日，越南共产党发动总起义，推翻了80多年的殖民统治和近千年的封建统治，成立了越南民主共和国，开辟了越南历史新纪元，所以定8月13日为越南革命节。图为席卷全国的八月革命

胡志明（1890—1969年），1930年在香港组建越南共产党（即印度支那共产党、越南劳动党）。1941年担任越南独立同盟主席。1945年领导八月革命，并于同年9月2日于河内巴亭广场发表《独立宣言》，宣告越南民主共和国成立

知识链接：奠边府战役

奠边府位于越南的莱州省，是越南西北地区的重镇，也是法国侵略军在越南西北部和老挝北部战场上的重要战略据点。从1953年春以来，越南人民军接连取得一系列重大胜利。法国于1953年11月派出大量伞兵部队，侵占了奠边府，在那里集结了21个营和10多个连的兵力，构筑大量碉堡，使奠边府成为一个"山林中的航空母舰"。1953年12月，越南人民军发动攻势解放了莱州，并包围了奠边府。1954年初，以胡志明为首的越共党中央，在同中国军事顾问团共同研究后，决定发起奠边府战役。1954年3月13日，越南人民军对奠边府发动总攻，经过55天的激战，到5月7日——即日内瓦会议开始着重讨论恢复印度支那和平问题的前夕——解放了奠边府，歼灭法军1.6万多人。

的战争一起被称为"印度支那战争"。1949年6月，法国再次扶植起保大傀儡政权。保大政权得到了美国的承认，法国殖民统治当局也得到了美国提供的帮助。

中国的援助与抗法战争的胜利

中国革命的胜利给了印度支那共产主义者以极大的鼓舞。1950年1月，胡志明访问中国，请求中国共产党提供援助，这一要求得到了我党支持。1950年7月，陈赓将军率部进入越南北部，组织援助工作并协助越盟组织边界战役。8月，韦国清率领中国军事顾问团抵达越南。1951年12月又成立了政治顾问团，由罗贵波（1908—1995年）任总顾问。1950年9—10月，在陈赓将军的建议下，越盟军队发动了边界战役，拔掉了中越边境的法军据点，歼灭法军近万人，为中国对越援助和越军到中国修整创造了良好的条件。从1953年冬季开始，越南人民军开始全面反攻，12月包围了法军的战略要地奠边府。法军在奠边府的守军为21个营，共1.8万人的兵力，并有现代化的空军提供补给。在中国顾问的指导下，越南人民军投入兵力4万余人，采用挖掘坑道的方式向前推进，于1954年3月13日向法军发起总攻。法国政府望洋兴叹，只能寄希望于1954年4月26日在日内瓦召开的关于和平解决朝鲜问题和恢复印度支那和平问题国际会议上寻找出路，各方最终达成日内瓦协议。日内瓦协议包括最后宣言、三个停战协定、法国及印支三国政府分别发表的声明。该协议肯定了印度支那三国的独立和主权，并给各交战方人民带来了和平，是亚洲和世界人民的胜利，特别是印度支那人民抗法战争的胜利。

奠边府战役中投降的法军战俘

"一边倒" 新中国加入社会主义阵营

美国"扶蒋反共"政策破产，新中国加入社会主义阵营，彻底改变了大国间的力量对比。冷战开始，两极格局形成，中国对外政策出台并随时局变化调整外交关系。

美国战后对华政策在其全球战略中占有重要地位，罗斯福总统生前就已谋划：美国需要一个以蒋介石为代表的中国，它在表面上保持独立地位，实际上听命于美国。中国将享有大国地位，维持中国政治、经济相对稳定，以便遏制苏联，并且作为美国亚洲政策的支柱。为达目的，美国需要支持蒋介石统一中国，同时要使国民党政府接纳中国共产党作为联合政府的点缀，并排除所谓苏联通过中共来"干涉中国内政的可能性"。美国对华最初准备通过政治手段解决共产党问题，马歇尔访问中国时计划将中共纳入宪政政体和军事范围内，马歇尔进行政治调停，呼吁双方停战。后由于蒋介石政府破坏停战协定，美国的调停努力宣告失败，美国的对华政策遂由"援蒋抗日"转变为"扶蒋反共"。1949年8月5日，美国政府发表"白皮书"，招致反对派猛烈抨击。

中华人民共和国的诞生是世界历史与国际关系史上最重要的事件之一。中国革命的胜利宣告了美国战后初期对华政策的彻底破产，也标志着美国称霸世界政策走向失败的开端。

新中国成立的历史意义

1949年10月1日下午2时，中国人民政治协商会议第一届全体会议选举产生的中央人民政府委员会举行第一次会议，中央人民政府主席毛泽东，副主席朱德、刘少奇、宋庆龄、李济深、张澜，以及周恩来等56名中央人民政府委员会委员宣布就职。会议一致决议，宣布中华人民共和国中央人民政府成立，接受《中国人民政治协商会议共同纲领》为施政方针，向各国政府宣布中华人民共和国中央人民政府为中国唯一合法政府，愿与遵守平等、互利及互相尊重领土主权原则的任何外国政府建立外交关系。会议结束后，中央人民政府主席、副主席及各位委员，集体前往天安门城楼出席开国大典。下午3时，北京30万群众齐集天安门广场，举行隆重的开国大典。毛泽东主席在天安门城楼上向全世界庄严宣告："中华人民共和国中央人民政府今天成立了！"

新中国诞生标志着人民革命胜利，极大地削弱了帝国主义力量，壮大了社会主义力量，改变了战后东西方力量对比，同时打乱了帝国主义殖民主义奴役世界的计划，为被压迫民族和国家的人民开展反帝反殖斗争创造了有利的国际环境。新中国的成立对二战后帝国主义国家在反共名义下抢夺中间地带、推行新殖民主义的行径给予沉重打击，壮大了世界和平、民主和社会主义的力量，鼓舞了世界被压迫民族和被压迫人民争取解放的斗争。

新中国"三大外交"方针的推出与实施

面对国际格局的新变化，中国面临着外交政策方向的选择问题。由于美国敌视新生的中华人民共和国，加之以美国为首的反华势力的干预，中美关系走向成为影响中国国家安全的最主要问题。美国企图利用军事威胁、政治包围、经济封锁等手段来对新中国进行遏制。因此，中国外交最紧要的目标是巩固来之不易的政治独立，并为社会主义建设争取一个有利的国际环境。为实现该目标，新中国从以下几个方面来打破美国的孤立政策：一是需要坚决反对美国的侵略和战争政策；二是加强同苏联以及其他社会主义国家的联系；三是积极支持亚非拉国家的民族独立和民族解放运动，并与其发展友好

> **知识链接：毛泽东应斯大林邀请访问苏联**
>
> 1949年12月16日，以毛泽东为首的中国代表团抵达莫斯科。苏联给予了最高规格的接待，苏联将毛主席所乘专列到达莫斯科的时间巧妙地安排在中午12点整，列车刚一停靠月台，克里姆林宫的大钟就"当当"地敲响了。当天下午，斯大林率领苏共全体政治局委员会见了毛泽东同志。他一见到毛泽东同志，不等介绍就上前紧紧握手，高兴地说："想不到你是这样的年轻和健壮！"在为斯大林祝寿的大会上，斯大林让毛泽东同志居于各国领导人之先，紧挨自己并肩站在一起。

关系。针对最紧要的目标，毛泽东主席在1949年提出了"另起炉灶""打扫干净屋子再请客"和"一

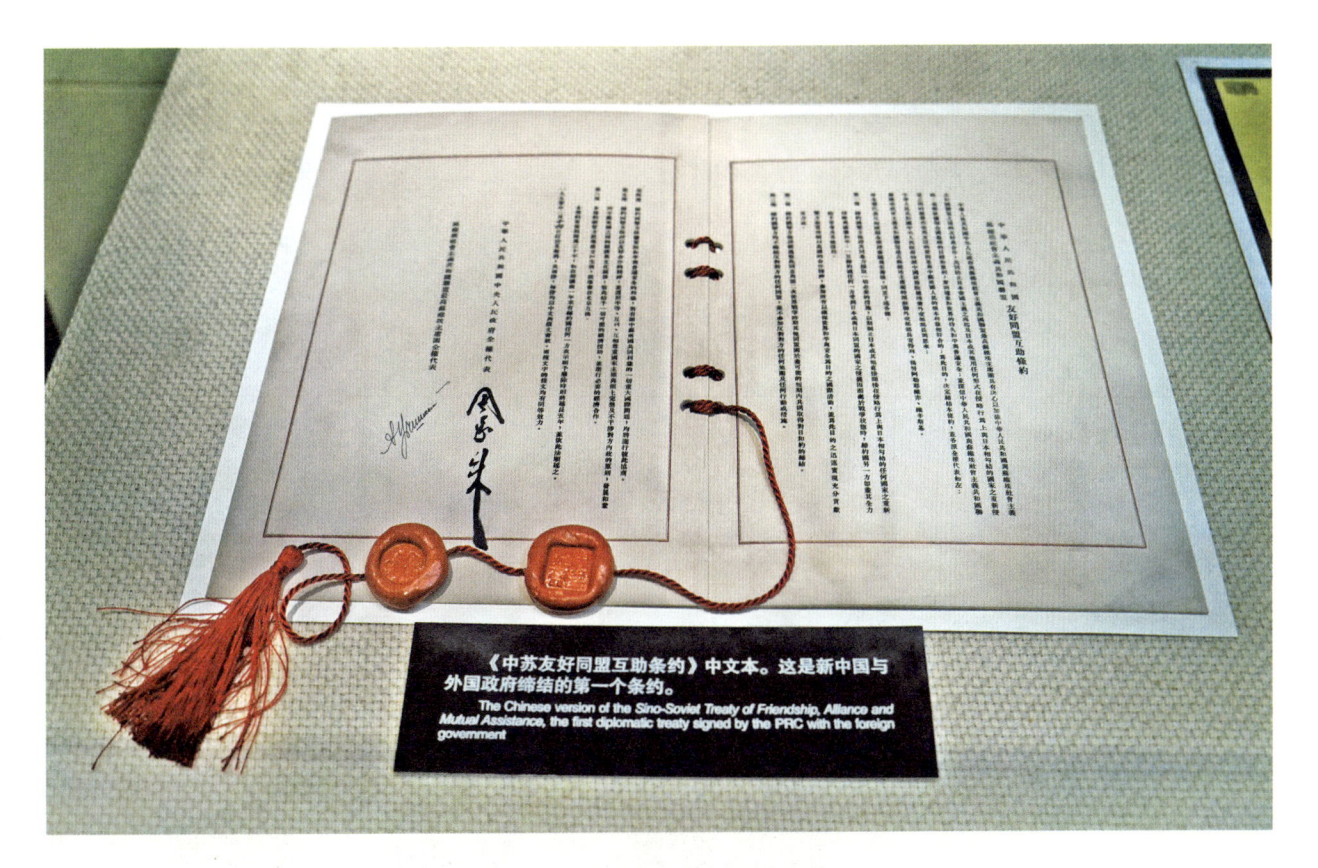

《中苏友好同盟互助条约》中文本。这是新中国与外国政府缔结的第一个条约。
The Chinese version of the *Sino-Soviet Treaty of Friendship, Alliance and Mutual Assistance*, the first diplomatic treaty signed by the PRC with the foreign government

《中苏友好同盟互助条约》中文本

冷战时代

边倒"的三大外交方针。"另起炉灶"表明新中国对国民党政府同各国建立的外交关系一律不予承认,签订的条约需进行重新审定;"打扫干净屋子再请客"就是不急于解决帝国主义国家对新中国主权地位的承认问题,而是先把帝国主义在中国的势力肃清,在相互尊重主权的原则上同其建立外交关系;"一边倒"指新中国倒向以苏联为首的社会主义阵营一边。

三大外交方针的实施,一方面维护了国家的安全、主权与领土的完整,结束了国民党在中国大陆的反动统治,彻底驱逐了帝国主义的势力,实现了中华民族的独立;另一方面获得了苏联等社会主义国家在经济上、政治上的援助,特别是苏联提供的156个援建项目为我国的工业化发展打下了基础。

> **知识链接:《中苏关系史纲:1917—1991年中苏关系若干问题再探讨》**
>
> 《中苏关系史纲:1917—1991年中苏关系若干问题再探讨》(以下简称《中苏关系史纲》)。《中苏关系史纲》是杨奎松、沈志华、李丹慧及栾景河等中苏关系研究领域著名专家、学者的一大力作。几位专家、学者在掌握大量丰富的中国与苏联历史档案的基础上,对中苏关系进行了全面和系统的梳理和分析,特别是对中苏关系的许多重大事件作出了新的诠释。《中苏关系史纲》一书利用大量史料,包括大量解密资料展示、探讨1917—1991年中苏关系的曲折历史,详尽而深刻地论述了苏联与中国革命、中苏同盟建立、中苏分裂与对抗、中苏关系正常化等重大事件,是国内第一部完整反映中苏关系历史的力著。

中苏结盟

1950年2月14日,中国与苏联签订了《中苏友好同盟互助条约》,同时废除了1945年8月14日国民党政府同苏联签订的《中苏友好同盟条约》。除此以外,两国还签订了《中苏两国关于中华人民共和国与苏联之间缔结条约和协定的公告》《中苏关于中国长春铁路、旅顺口及大连的协定》《中苏关于苏联贷款给中华人民共和国的协定》等文件。

《中苏友好同盟互助条约》的主要内容:第一,缔约国一方受到日本及其盟国的侵略时,另一方尽全力给予军事及其他援助,并经双方同意尽快与其他盟国一起缔结对

1949年10月6日,上海市管会通令:凡与新中国没有外交关系的国家的记者,一律不准以记者身份在沪活动。大批外国记者和其他外籍人员离开上海回国

世界的分裂

1950年2月14日，中苏两国签订了《中苏友好同盟互助条约》

日和约。第二，缔约双方不缔结、不参加任何反对对方的同盟、协定以及任何行动。第三，缔约国双方对有关中苏两国共同利益的一切重大国际问题，均将进行协商。第四，缔约国双方以友好合作精神，遵照平等、互利、互相尊重主权、领土完整及不干涉对方内政的原则，发展两国经济文化关系，给予经济援助，进行必要的经济合作。第五，本条约为期三十年，如期满前一年未有缔约国表示废除，则顺延五年，此后依此法顺延。《中苏友好同盟互助条约》的签订对于巩固中华人民共和国新生政权，打破帝国主义对中国的孤立和封锁，加速中国经济的恢复和发展，密切两国人民的友谊，保障两国安全，以及维护远东和世界和平意义重大。

总的来说，苏联通过《中苏友好同盟互助条约》对中国提供了很多支持和援助。但在缔约谈判中，苏联也表现出了大国主义的倾向。如：中方要求立刻归还中长铁路，苏联则认为它是旅顺口苏军通向海参崴的重要通道，虽然被迫同意归还，但具体时间要等到缔结对日和约以后。苏联还要求与中方签订一个秘密的"补充协定"，规定在中国的东北和新疆，不给予第三国租让和参与经济活动的权利（"补充协定"于1956年5月经双方协商废除）。尽管中方出于大局的考虑作出了让步，但这些问题为以后中苏关系的破裂埋下了伏笔。

第52—53页：柏林墙

柏林墙正式名称为反法西斯防卫墙，是东德在己方领土上建立的环绕西柏林边境的边防系统，目的是阻止东德（含首都东柏林）和西德所属的西柏林之间人员的自由往来。柏林墙是德国分裂的象征，也是冷战的重要标志性建筑。

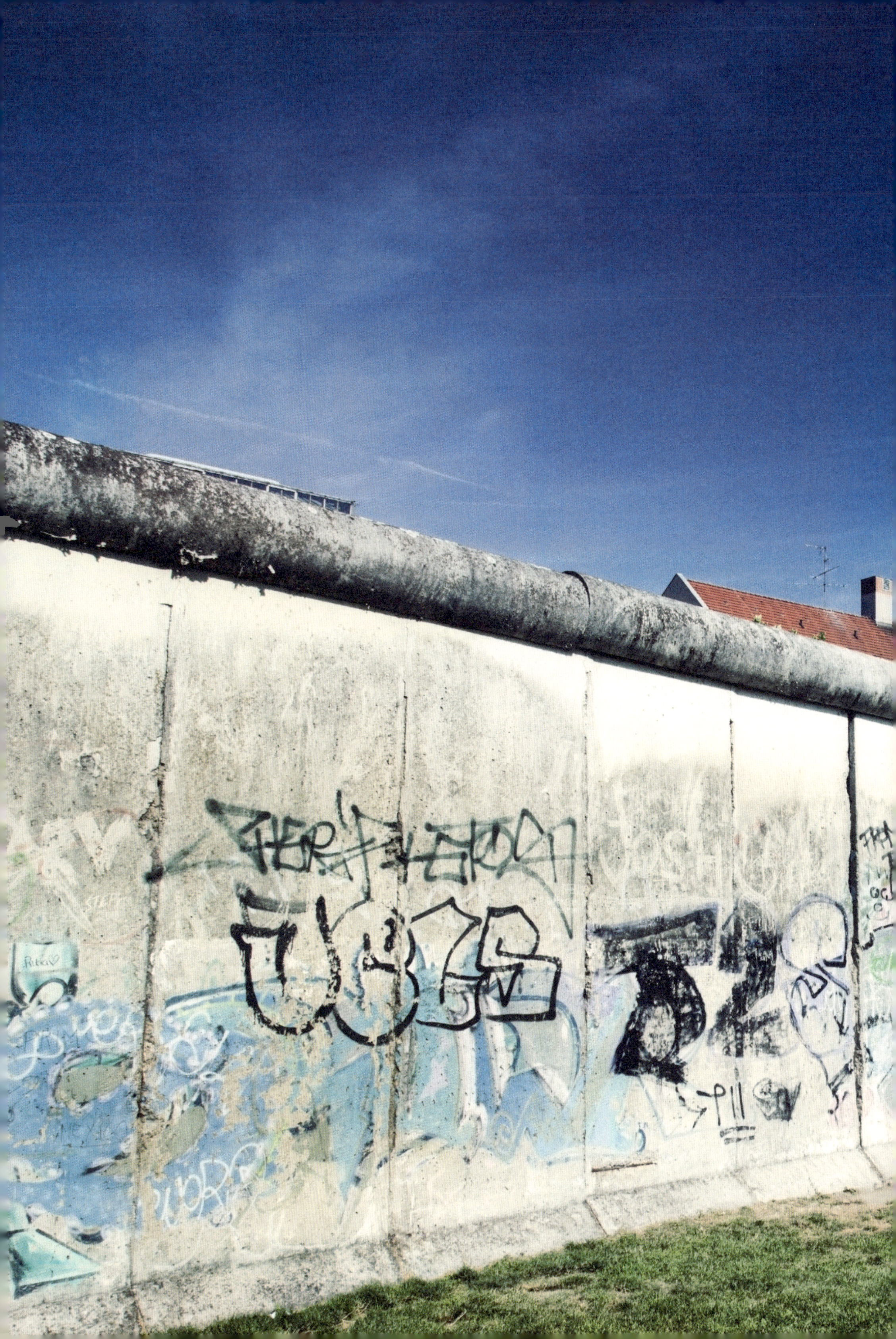

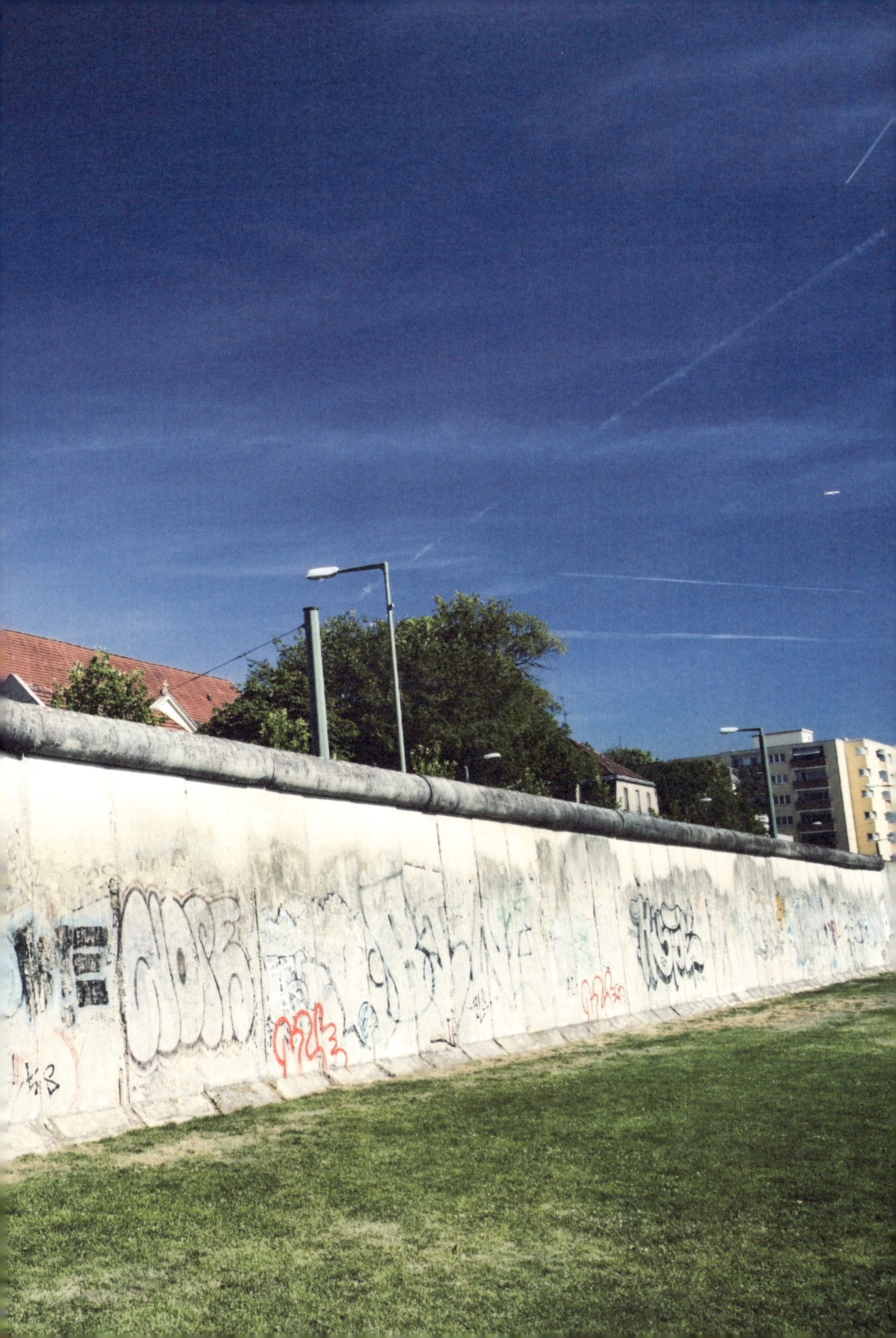

冷战时代

柏林危机
冷战时期美苏第一回合的激烈较量

三次柏林危机一次次将美苏带至战争边缘，两大阵营通过应对柏林危机确立了冷战的游戏规则。

冷战时期，柏林危机先后发生过三次。第一次柏林危机爆发于1948年，又称"柏林封锁"，是冷战开始后最早的危机。第一次柏林危机导火线是1948年6月24日苏联阻塞了通往西柏林的铁路和通道，直到1949年5月11日苏联宣布解除封锁、停止行动之后，这次柏林危机局势才得以缓和。第二次柏林危机发生于1958年，苏联发出最后通牒，要求英美法三国6个月内撤出西柏林驻军，这次危机最终以苏联让步完结。第三次柏林危机爆发于1961年，苏联再次提出美英法西柏林撤军要求，这次危机以苏联在东柏林筑起柏林墙结束。美苏在三次柏林危机中激烈交锋，直到苏联搁置柏林问题才使得美苏关系暂时得以缓和下来。

第一次柏林危机

苏联得知美英法在德国西占区进行货币改革的

1948年，第一次柏林危机期间，美国飞机满载着供给物资飞临柏林滕珀尔霍夫机场上空。1948年3月，西方大国决定将它们占领的德国地区联合成一个经济实体，苏联出于担心，宣布封锁柏林。战争迫在眉睫。由于美国军事力量的存在，西柏林250万人在这个夏天依靠英美架起的空中桥梁获取生活必需品，每3分钟就有一架飞机进出。同时英美也对东德的出口物资实行禁运。苏联最后退让

计划后，于 1948 年 6 月 19 日提出抗议。苏联占领军统帅索洛科夫斯基发布"告德国民众书"，称美英法三国欲分解德国。6 月 22 日，苏联在德国苏占区实行货币改革，发行新的 D 记号马克，并在 6 月 24 日全面切断西占区与柏林的水陆交通及货运，只保留从西德往柏林的三条空中通道，致使美苏对抗出现第一个高潮。

6 月 29 日，美国派出大批飞机向西柏林 250 万居民大规模空运粮食及各种日用品，在一年的封锁期内飞行次数达到 277—728 次，向西柏林空运了 211 万吨货物，同时英美法对苏占区所需要的钢、焦煤及电力等物资实行反封锁。

1948 年 9 月，在西占区以阿登纳为首的 65 名州代表开始拟定新宪法。1949 年 5 月 8 日，西德议委会通过新法。5 月 12 日，美英法三国军事长官在法兰克福批准新宪法，同时公布占领法，标志着西德政府机构基本确立。

苏联在长期封锁中承受道义谴责，深知此时封锁不能阻止西德建立国家的进程，遂于 5 月 12 日宣布撤销封锁，第一次柏林危机结束。5 月 23 日，在美英法三国代表参加下，西德通过《德意志联邦共和国基本法》。9 月 20 日，德意志联邦共和国正式建立，定都波恩，组成了第一届以阿登纳为总理的联邦政府。9 月 21 日，占领法生效，西德享有自主权，美英法三国保留管制联邦德国的外交、外贸、国防的权利。

与此同时，苏联在德国东部占领区筹划成立由共产党领导的德意志国家。苏占区在 1949 年 5 月 30 日通过宪法，成立民主德国。10 月 7 日，德意

柏林危机期间，美国特务机关从西柏林挖了一条地下坑道到东柏林，在坑道里还设立了一所电话偷听站。此电话偷听站在 1956 年被苏军发现。图为各国新闻记者参观电话偷听站

> **知识链接：《第二次柏林危机期间美国与联邦德国关系研究（1958—1963）》**
>
> 学者叶晓东所著的《第二次柏林危机期间美国与联邦德国关系研究（1958—1963）》一书，主要考察了第二次柏林危机期间美国与联邦德国在处理危机时产生的分歧与相互妥协，揭示在冷战背景下，两国既斗争又合作的关系。

志民主共和国宪法生效。民主德国建立，定都东柏林（史称"东德"），选举皮克为总统、格罗提渥为总理，德意志民主共和国取代苏联管制委员会对民主德国的外交及外贸实施监督。德国彻底分裂为东德、西德。

第二次柏林危机

柏林于 1949 年被分裂成东、西两部分后，西

冷战时代

柏林由于重建顺利，经济逐渐繁荣，促使苏联决心解决"东柏林问题"。1958年11月27日，苏联单方面向美英法三国发出照会，要求它们6个月内撤出西柏林的驻军，使西柏林成为自由市。否则，苏联会把西柏林的过境检查交由东德负责。苏联自知德国统一无望，因而寄希望于迫使西方国家承认东德的合法地位。

美英法三国拒绝了苏联的要求，并且宣称如果苏联封锁进入西柏林的通道，它们将不惜诉诸武力，苏联对西方国家的回应表示强烈抗议。第二次柏林危机爆发。

第二次柏林危机对西方集团内部的关系产生了深刻的影响，尤其对德美关系产生了重大影响。随着危机的发展，美国和联邦德国在一系列问题上的分歧开始显现出来，两国关系也经历了从不信任、冷淡直到紧张的过程。但为了共同的利益，双方关系并没有走向破裂，而是小心翼翼地予以修补和维持。

为实现美苏共同主宰世界，不久苏联便对西方国家的强硬态度放低了调子，表示6个月的期限非最后通牒，并希望通过国家领导人会晤改善东西方关系。美国表示如果苏联能先收回6个月的最后通牒及由苏联提出举行外长会议，美国将同意召开新一轮四国首脑会议，讨论柏林问题。苏联接受美国的提议，第二次柏林危机才缓和下来。

第三次柏林危机

1961年6月3—4日，美国总统肯尼迪与苏联

图为柏林墙的一段

柏林墙贯穿柏林市，把柏林分隔为东柏林和西柏林

领导人赫鲁晓夫于维也纳举行会晤，双方争论焦点集中于解决柏林问题。赫鲁晓夫旧事重提，要求美英法撤出西柏林，否则西方国家进入西柏林都需要先得到东德同意，美国总统肯尼迪拒绝了苏联的要求。

1961年7月初，苏联宣布暂停军队复员工作，并将军费在原基础上增加1/3。肯尼迪作出强硬反应，他认为西柏林是抵抗苏联扩张的关键，绝不容许绥靖政策重现。肯尼迪要求国会增加32.5亿美元的国防预算，征召部分后备役人员及国民警卫队入伍，扩大民防及修筑防空措施。顿时美苏关系再次紧张，第三次柏林危机爆发。

1961年8月13日，苏联和东德联合封锁东西柏林之间的边界。两日后，苏联与东德一起沿东西柏林分界线在东柏林境内筑起柏林墙，由西柏林进入东柏林不仅需经过边境检查站，而且还需要办理入境手续。苏联的举动令西方国家措手不及，但除发出警告外，不得不接受柏林墙已经筑起的事实。10月10日，鉴于柏林墙的筑成已成事实，赫鲁晓夫在苏共二十二大召开前正式撤销美英法必须于当年12月底前限期撤出西柏林的通牒。三次柏林危机频频将美苏带至战争边缘，两大阵营通过应对柏林危机确立了冷战的游戏规则。

柏林墙筑起两个星期后，赫鲁晓夫单方面撕毁美苏两国为期三年的禁止核试验协议，恢复进行一系列试验。肯尼迪判定苏联的行为是虚张声势，美国不甘示弱，在同年9月恢复地下核试验，美苏军备竞赛进入新一轮高潮。

冷战时代

从敌手到同盟
日美同盟体系建立

日美同盟体系的建立,
合法地位的恢复还是主权的损害?

中国加入社会主义阵营,彻底打乱了美国在远东的战略部署。美国为挽回对华政策失败的影响,又力求在远东继续维持有利于自身利益的战略格局,决心把亚洲政策的重点转向日本。为了把日本由曾经的敌对国转变为同盟国,美国决定结束对日占领,通过缔结条约使日本恢复所谓的"合法地位"。

日美同盟体系的建立

日美同盟体系建立在日本与美国签署的系列同盟条约的基础上。1951年9月8日,在日本和美国签订《旧金山对日和平条约》5小时后,日本首相吉田茂和美国代表艾奇逊正式签署《日本国和美利坚合众国之间的安全保障条约》(以下简称《日美安全保障条约》),该条约由前言和5条正文组成。主要内容包括:美国有权在日本国内及其周围驻扎陆、海、空军;根据日本政府的请求,美军可以镇压日本发生的暴动和骚乱;美军驻扎条件由两国间的行政协定另行规定。《旧金山对日和平条约》与《日美安全保障条约》的签订,体现了美日两国之间的密切关系,表明在美国争霸亚洲的政策中,日本具有极其重要的战略地位。

1952年2月28日,日本和美国根据《日美安全保障条约》的第3条内容,在东京签订了《日美行政协定》。该协定正文有29条,详细阐明了驻日

对日媾和会议于1951年9月4日至8日在美国旧金山召开,参加这次会议的国家包括日本在内共有52个。图为日本首相吉田茂(签字者)签署《旧金山对日和平条约》

美军的地位及特权,如日本向美军提供军事基地和设施,承认美国使用、管理和保卫这些军事基地及设施的权利;美国军人及其家属犯罪,日本无审判权;日本每年向美国支付1.55亿美元的防卫经费等。由于美国感到继续在日本驻扎军队的条文不宜写进《旧金山对日和平条约》之中,故单独签订条约。

1952年4月28日,《旧金山对日和平条约》《日美安全保障条约》《日美行政协定》同时正式生效。但是,在条约执行过程中,由于连续发生美军暴行事件,引起了日本人民的强烈反对。1953年9月29日,日美两国修改了《日美行政协定》中关于美军犯罪的审判条款,规定除执行公务外,美军犯罪的第一次审判权属于日本。

一系列同盟条约的签订标志着日美同盟关系的确立。和约生效后给日本的独立披上了一层合法性的外衣，但由于《日美安全保障条约》是个不平等的军事同盟条约，日本的国家主权受到极大损害和限制。《旧金山对日和平条约》生效后，美国改变其远东战略，提出通过和平手段颠覆社会主义国家的"解放政策"。1952 年，日本与台湾当局谈判，双方缔结《台北和约》，此举激起中国人民无比愤怒和强烈反对。该和约的签署给中日关系正常化带来严重障碍，致使战后 20 多年中，两国都未能结束敌对状态。

> **知识链接：《冷战时期美日关系史研究》**
>
> 学者崔丕所著《冷战时期美日关系史研究》一书，利用 20 世纪 70 年代以来美国、日本、英国等国政府陆续解密的历史档案，深入探讨美国对日媾和政策与日本的抉择、美国与日本战争赔偿问题、美国对日本北方领土与南方领土的政策、美国对日经济复兴政策、美日共同防卫援助协定的起源与特色、美日相互合作及安全保障条约、美国处理返还冲绳问题的思路与政策、美日对中国研制核武器的认识与对策、美日在东南亚的战略合作等重大课题，具有重要的学术价值。

日美同盟体系的强化

1954 年，日本与美国又签订了《日美共同防御援助协定》，两国军事同盟进一步加强，美国在东京设立军事顾问团，向日本提供军事装备和技术，加速扶植日本的军事工业，把日本完全纳入以美国为中心的远东安保体系之中。

1960 年 1 月 19 日，日本首相岸信介和美国总统艾森豪威尔在华盛顿签订《日本国和美利坚合众国共同合作及安全保障条约》，1960 年 6 月 23 日双方互换批准书后生效。新条约由前言和 10 条正文组成，有效期为 10 年。该条约与《日美安全保障条约》相比，是两国对等的、共同承担义务的条约，日本主权地位得到加强，同时，强化了日本与美国的军事同盟关系。但是，日本仍然只能依靠美国核保护伞来维护本国的安全，承担着向美国提供军事基地、扩充军备、共同作战等更多的义务。除此以外，于 1960 年 1 月 19 日同时修订的《日美行政协定》，改称为《关于设施和区域及美国驻日本国军队的地位的协定》，这一协定废除了日方需要向美国支付的防卫经费。但是，由于新条约敌视苏联、中国以及其他亚洲各国人民，日本将面临被卷入美国军事行动的风险，因而激起日本人民的强烈反对。同时，不断强化的日美同盟严重阻碍了中美、中日关系的正常化进程。

1952 年，我国武汉 70 万群众举行大会，反对日美军事同盟条约，高呼"中日两国人民团结起来，全世界人民团结起来，打倒美帝国主义"等口号

夹缝中另辟蹊径
欧洲经济共同体的建立

两极格局下经济实力不敌美苏,只得另辟蹊径。联合成为一个地区性组织,才能有效地在世界市场进行竞争。

欧洲经济共同体又称"欧洲共同市场"。它与欧洲煤钢共同体、欧洲原子能共同体共同组成欧洲共同体,其本质是一种国家垄断资本主义的国际联盟。

欧洲经济共同体建立的原因、背景

欧洲统一思潮存在已久,第二次世界大战后进入高潮。战后新的国际政治形势迫使西欧不得不寻求联合。战后的欧洲被分裂为两个部分,西欧的国际政治地位一落千丈,保障欧洲安全是西欧面临的首要问题。当时德国虽已战败,但复仇主义再起的威胁和战争的根源仍然存在。同时,社会主义的苏联经过战争的考验成为欧洲第一强国,以苏联为首形成了社会主义阵营。欧洲成为社会主义与资本主义对抗的前沿阵地。西欧既需要美国军事力量的存在,还需要通过联合来加强自己的地位,保护自己的利益,逐步改变充当美国附庸的局面。

20世纪50年代,西欧发达国家生产力迅速发展,国家垄断资本主义随之加强,但这些国家的经济实力仍远远落后于美苏,只有打破西欧各国的经济壁垒,联合成为一个地区性组织,才能有效地在世界市场中进行竞争,并在世界经济、政治中发挥作用。战后国家垄断资本主义的迅速发展和日益直接地干预、组织经济生活,为各国政府出面促进西欧经济一体化提供了有利条件。欧洲经济共同体的建立反映了社会生产和资本国际化的基本要求,经济因素成为推动欧洲一体化进程的最根本动力。与此同时,源远流长的统一思想、共同的历史渊源及相似的政治制度和意识形态构成了西欧联合的社会和思想基础。

1957年3月25日,欧洲煤钢共同体(亦称欧洲煤钢联营,1952年7月25日成立)成员国法国、联邦德国、意大利、荷兰、比利时和卢森堡六国在罗马签订《建立欧洲经济共同体条约》和《建立欧洲原子能共同体条约》(通称《罗马条约》)。

《罗马条约》的主要内容

根据《罗马条约》,欧洲经济共同体的总部设在比利时首都布鲁塞尔。其主要机构有:部长理事会、执行委员会、欧洲议会、欧洲共同体法院、审

1951年12月28日,巴黎六国代表团(比利时、法国、意大利、卢森堡、联邦德国、荷兰)签署《欧洲煤钢共同体条约》。图为条约签名页

世界的分裂

《罗马条约》是《欧洲经济共同体条约》和《建立欧洲原子能共同体条约》的总称，因同时于 1957 年 3 月在罗马签订，故统称《罗马条约》

> 🦉 **知识链接：舒曼计划**
>
> 1950 年，欧洲一体化先驱法国政治家让·莫内（Jean Monnet，1888—1979 年）和法国外长舒曼首先提出建立欧洲煤钢共同体，旨在约束德国。1950 年 5 月 9 日，法国外长舒曼发表了一项声明，即"舒曼计划"。计划提出法国政府的建议："把法德的全部煤钢生产置于一个其它欧洲国家均可参加的高级联营机构的管制之下"，并指出这个步骤将为未来欧洲联邦建立共同的经济基础提供条件。据此，1951 年 4 月，法国、联邦德国、意大利、比利时、荷兰和卢森堡在巴黎签订了建立欧洲煤钢联营的条约。舒曼计划促进了法德和解，由此计划而产生的欧洲煤钢联营结束了战后欧洲统一运动的舆论准备阶段，成为统一欧洲的第一个实际步骤，从此欧洲统一运动进入了一个新时期。

计院等。《罗马条约》正文有 248 条，主要内容如下：建立工业品关税同盟，自 1958 年 1 月 1 日至 1969 年底的 12 年过渡期内逐步取消成员国间的关税和进口限额，并对非成员国采取统一的关税率和贸易政策；实现共同体内部工业品、劳动力和资本的自由流通；规定成员国共同农业政策，筹组农业共同市场；制定共同运输政策，统一运费；制定共同竞争规则，消除各种限制和歧视竞争的协定和制度；协调各成员国的课税立法和社会立法，使其逐步趋于一致；设立欧洲投资银行，以促进一个共同的投资政策，特别是向成员国经济落后地区的开发和一国不易举办的新工业企业提供资金和协助；建立联系国制度，凡与成员国维持特殊关系的某些非欧洲国家和海外领地可以成为共同体的联系国。

《罗马条约》生效后，其六个成员国于 1965 年 4 月 8 日签订了《布鲁塞尔条约》，决定将欧洲煤钢共同体、欧洲原子能共同体和欧洲经济共同体统一起来，统称欧洲共同体。条约于 1967 年 7 月 1 日生效。欧共体总部设在比利时布鲁塞尔。1991 年 12 月 11 日，欧共体马斯特里赫特首脑会议通过了建立欧洲经济货币联盟和欧洲政治联盟的《欧洲联盟条约》（通称《马斯特里赫特条约》，简称《马约》）。1992 年 2 月 1 日，各国外长正式签署《马约》。经欧共体各成员国批准，《马约》于 1993 年 11 月 1 日正式生效，欧共体开始向欧洲联盟过渡。

布鲁塞尔是比利时的首都和最大的城市，还享有"世界会议之都"的美誉。这里是欧盟和北大西洋公约组织总部所在地，同时有其他 700 多个国际组织和 100 多个外交使团在这里设立总部或办事处

初次缓和
日内瓦四国首脑会议

对外政策的调整，促成美苏关系的第一次缓和。四国首脑在日内瓦召开会议，试图打破东西方道路上的坚冰。

在20世纪50年代后半期，苏联和美国分别调整了本国的对外政策，促成两国关系的第一次缓和，其结果主要是东西方首脑的会晤以及在战争遗留问题上达成一系列协议。与此同时，东方阵营内部先后发生了波兰和匈牙利事件，中苏关系也开始恶化。西方阵营内部的矛盾则在苏伊士运河战争和日本要求修改《日美安全保障条约》的斗争中表现出来。此外，非洲新独立国家的涌现掀起了民族解放运动的新高潮。

1955年7月18日，苏、美、法、英政府首脑布尔加宁、艾森豪威尔、富尔（Faure，1908—1988年）和艾登（Eden，1897—1937年）（从左到右）在日内瓦举行了战后四大国首次最高级会议，会议内容包括德国问题、欧洲安全、裁军与东西方关系等问题

美苏关系缓和的背景

1953年3月5日斯大林逝世之际，国际形势和东西方关系仍处于剑拔弩张状态。朝鲜半岛上枪炮声尚未沉寂，中南半岛上更是兵火连天。在欧洲，东西方围绕西德重新武装问题的外交斗争正在如火如荼地展开。但是此后不久，东西方关系出现了缓和迹象。

由于侵略朝鲜失败，美国国内开始抨击杜鲁门政府的遏制政策。艾森豪威尔总统上台后，在外交上提出了"解放政策"代替"遏制政策"，用经济、文化等综合手段遏制苏联。赫鲁晓夫上台后在外交上提出了以"三和路线"为中心的外交政策，强调"和平过渡，和平竞赛，和平共处"。

艾森豪威尔执政后，首先向苏联新领导人伸出橄榄枝，他在1953年4月16日的一篇演说中谈道，"随着斯大林去世，一个时代已经结束了"。4月25日，苏联《真理报》破例转载了这篇演说。5月11日，在英国下院有关外交政策的辩论会上，丘吉尔首相正式提出举行四国首脑会议的建议。丘吉尔倡

美国第34任总统艾森豪威尔

世界的分裂

日内瓦是世界著名的国际化都市，许多国际机构云集在此。日内瓦在国际上享有的高知名度主要得益于这些国际组织或办事处，包括红十字国际委员会总部、世界卫生组织、联合国日内瓦办事处等

> **知识链接：国际会议之都——日内瓦**
>
> 日内瓦是瑞士第二大城市，日内瓦州首府，建在日内瓦湖流入罗纳河之处。日内瓦以其深厚的人道主义传统，多彩多姿的文化活动、重大的会议和展览会、令人垂涎的美食、清新的市郊风景及众多的游览项目和体育设施而著称于世，在2006年的世界最佳居住城市评选中日内瓦高居全球第二位。它也是世界钟表之都，钟表业与银行业是其两大经济支柱。今天，日内瓦在国际上享有的高知名度主要得益于这里众多的国际组织，包括联合国日内瓦办事处。日内瓦是一座著名的国际都市，在两次世界大战之间，国际联盟的总部就设立在此地。今天仍有许多国际组织在日内瓦设立总部或办事处，包括红十字国际委员会的总部、世界卫生组织联合国日内瓦办事处，等等。2016年3月，《2016年财富报告》发布，日内瓦在全球房价最贵的城市中排名第五。

导召开四国首脑会议事出有因，那就是当时英国比任何其他国家都更迫切希望举行一次东西方大国首脑会谈，以打破美苏核对峙局面。

日内瓦首脑会议破坚冰

1955年7月18日，美国、英国、法国和苏联四国首脑在日内瓦举行会议。会议的主要议程是：讨论有关德国、欧洲安全、裁军和促进东西方之间的接触等议题。四国首脑会议是战后东西方首脑首次坐在一起进行磋商。

1955年7月18—23日，苏联、美国、英国和法国四国首脑讨论了欧洲安全和裁军问题。10月27日至11月16日，苏、美、英、法外长继续在日内瓦举行会议，研究具体落实7月政府首脑会议所确定的内容。此后，苏联重新审议了军队装备更新计划和国土备战计划，并延长了这些措施的实施期限，开始进行全面裁军。

日内瓦会议取得了一些阶段性成果。首先，奥地利问题是东西方关系解冻的突破口；其次，日内瓦四国首脑会议，标志着国际局势正在由紧张走向缓和；再次，四国首脑会议后，苏联相继与西德和日本建交；最后，它与美苏戴维营会谈一起，达到了美苏第一次缓和的顶点，同时开创了两个超级大国通过首脑会晤形式解决国际争端的先例。

20世纪50年代中期，东西方大国首脑谋求对话的重要动因是在诸如避免危险的核冲突、经济上相互需要，在军备控制和裁军问题以及德国和欧洲安全问题上达成某种妥协。美苏两国特别是苏联外交政策的变化，是日内瓦四国首脑会议提上历史日程的实现条件。战后10年核技术飞速发展、世界经济日益国际化和第三世界国家兴起等因素，促使美苏为主的东西方大国以"和平"取代"战争"，重开首脑会议以打破东西方关系通道上的坚冰。

一波三折
日本同苏联恢复外交关系

二战侵略遭冷遇，突破危机成共识。积极发展与苏联的关系，实现国家发展和远东和平的目标。

战后在以美苏为主导的冷战格局下，日本成为美国在远东对抗苏联的"马前卒"。但是，日本为实现国家发展和远东和平的目标，积极恢复与苏联的关系。

日苏关系改善的契机

吉田内阁时期，日本跟随美国的指挥棒，导致其重返国际社会的努力屡屡受挫。1951年9月，在美国旧金山召开的对日媾和会议，虽然有50多个国家参加，但中国、印度等曾遭受日本侵略的国家却被排斥在外，苏联、波兰等国虽然参加了会议，但拒绝在《旧金山对日和约》上签字。这也表明了日本并没有真正地全面地回归国际社会。特别是在地缘政治上与日本关系十分重要的中国和苏联，仍然与日本处于战争状态，这必然影响到日本的国家发展和远东的和平。日本与苏联关系正常化的问题，就成为日本外交上必须解决且十分棘手的问题。1953年7月，《朝鲜战争停战协定》签订，标志着远东局势出现缓和。上述情况为日苏关系的改善创造了一定的外部条件。

在日本国内，广大民众要求恢复日中、日苏贸易，实现关系正常化的呼声不断高涨。这种要求反映到政党政治斗争中，就形成了以鸠山一郎为核心的反吉田派。1954年11月，自由党反吉田派、改进党和日本自由党联合组成了"日本民主党"，鸠山一郎担任该党总裁。12月，在各种压力下，一味追随美国的吉田内阁垮台，日本组成了第一届民主党鸠山内阁。

鸠山内阁的成立，使日苏关系出现了重大转机。鸠山上台后，立即发表声明表示："希望恢复与中苏两国的正常关系。"苏联方面给予了积极回应。驻东京的苏联代表团负责人多姆尼茨基，于1955年1月拜访了鸠山，就两国结束战争状态进行谈判事宜达成共识。4月，日苏双方最终确定于6月在伦敦进行复交谈判。

曲折的日苏复交谈判

日苏复交谈判颇为曲折，共分为以下几个阶段：

第一阶段，1955年6月至9月。日方提出需要谈判解决的四大问题。一是在苏联的日本人回国问题。二是领土问题，即齿舞、色丹、择捉、国后

吉田茂（1878—1967年），日本第45、48、49、50、51任首相。吉田政权，诞生于战后初期百废待兴的动荡年代，吉田茂本人"躬逢其盛"，亲自参与并见证了一系列带有根本性、方向性、对日本战后复兴道路具有重大意义的历史事件，诸如和平宪法的制定、对日媾和及《日美安全保障条约》签署等

鸠山一郎（1883—1959年），日本政治家，第52、53、54任内阁总理大臣，被认为是二战后日本最重要的内阁总理大臣之一。鸠山一郎一生坚信议会政治，并敢于坚持自己的主张。战争期间公开反对东条内阁独裁式的推荐候选人方法和《战时刑法特别修正法案》，一度被迫隐居，但在战后初期的日本政坛仍享有极高威望

等北方四岛，以及千岛群岛和南库页岛（日本称为南桦太岛，苏联称为南萨哈林岛）等归属问题。三是渔业问题。四是日本加入联合国问题。苏联对上述问题的态度是，对日本加入联合国表示同意；对渔业问题表示可以进行谈判；对于遣返日方人员问题予以回避；对于领土问题则是立场坚定不容置疑。由于双方首先在领土问题上发生严重分歧，致使谈判十分艰难。8月初，苏联为打破僵局，曾表示"将齿舞、色丹移交日本"。而日本并不满足部分领土的归还，于8月底提出将北方四岛全部归还日本，千岛群岛和南库页岛则通过谈判决定其归属。日本咄咄逼人的态度，让苏联大为愤怒，致使谈判中断。

第二阶段，1956年1月至3月。日苏双方仍围绕第一阶段的问题展开谈判。此次日本采取了相对务实的态度，在人员归国、渔业等问题上与苏联达成了一致意见。但双方在领土问题上仍然互不相让，造成谈判再度中断。

第三阶段，1956年7月至8月。日本派出以外相重光葵为首的高级代表团，赴莫斯科进行谈判。会谈中，日方提出放弃对千岛群岛和南库页岛的领土要求，企图以妥协来换取苏联立即归还北方四岛，此举仍遭到苏联拒绝。这时，日本外务大臣重光葵在日本代表团内部突然提出放弃国后、择捉的要求，"完全接受苏联方案"。该决定突破了日本政府所定的底线，引起日本朝野震惊。鸠山急忙将重光葵召回，谈判又一次中断。

第四阶段，1956年9月至10月。此时，对于如何解决日苏关系正常化，摆在日本政府面前的有三种选择。一是继续坚持在领土问题上绝不相让的立场，这样日苏复交只能是停滞不前。二是完全接受苏联方案，这样就会被国民唾骂为丧权辱国。三是搁置争议，灵活处理，适度解决两国关系正常化。

为了在任期内最终解决日苏复交问题，鸠山毅然决定以退出政界为交换条件，力求得到各方力量的谅解和支持，并决定亲自出访苏联，以促成日苏关系正常化的最终实现。1956年10月12日，鸠山率团抵达莫斯科，在双方达成"为缔造和约继续进行交涉"的共识下，10月19日两国签订了《日苏联合宣言》。日苏宣布两国停止战争状态，恢复外交关系。苏联释放并遣返在苏服刑的日本公民；放弃向日本索取战争赔款；支持日本加入联合国；签订和约后归还齿舞、色丹两岛。至此日苏关系正常化得以实现。

南千岛群岛（日本称"北方四岛"）是位于太平洋西北部的千岛群岛向南延伸部分，总面积5038.33平方公里。南千岛群岛位于千岛群岛南端。存在领土争端的四岛中，择捉岛最大，面积约3200平方公里

稳中有变
苏联与东欧社会主义国家的关系

> 冷战并不仅仅是美苏两国之间的对抗，美苏与其盟友之间的斗争与妥协、分歧与合作也是决定冷战强度、范围的重要因素。

东欧各国共产党执政后，皆照搬苏联模式，并在很大程度上受制于苏联。苏联迫使东欧国家在内外政策上同它保持一致，东欧各国实际上没有取得完全独立自主的权利。

苏联对南斯拉夫政策的调整

20世纪五六十年代，苏联对南斯拉夫的政策，反映了苏联对其阵营内部政策的变化。1955年5月，为了维护阵营内的团结，赫鲁晓夫率领苏联政府代表团访问了南斯拉夫。在苏南两国和两党领导人谈判期间，南斯拉夫方面毫不退让，赫鲁晓夫为了修补苏南关系，在会谈之后发表的两国政府宣言中更多地体现了南斯拉夫方面的立场。宣言中特别强调了"互相尊重，不以任何理由干涉他国内政"、"发展社会主义不同的具体形式问题完全是各国人民自己的事情"等原则。1956年6月，南共领导人访问苏联，在两党领导人签署的文件中再次强调了"社会主义的发展道路是不同的"的观点。此次访问实现了两党关系的正常化。但此后，苏南关系再次出现了转折。由于不满意南共领导人拒绝在1957年的《莫斯科宣言》上签字，拒不承认社会主义阵营以苏联为首的提法，从1957年底到1958年，苏联再次严厉批评南斯拉夫的内外政策。直至1960年9月，苏南领导人之间的接触才又开始恢复。1962年10月和12月，苏联和南斯拉夫领导人开始再次互访。此后，南斯拉夫还参加了经互会的工作，但是始终拒绝参加华沙条约组织。

匈牙利布达佩斯街头被焚毁的苏联坦克

苏联对1956年波兰和匈牙利事件的政策

受1956年苏共二十大的影响,波兰统一工人党的新领导人开始在国内采取一些改革措施,人民群众中要求摆脱苏联控制的呼声也日渐高涨。1956年6月28日,波兰军警武装镇压了1.6万名工人举行的游行。事件发生后苏波两党对其评价完全不同,苏波关系由此变得紧张。1956年10月,在波兰召开八中全会期间,赫鲁晓夫率领苏共代表团未经邀请来到华沙,力图干预波党新领导班子的人事安排,阻止其对苏联的离心倾向。驻波苏军奉命向华沙推进。两党领导人的争论在10月19日持续到深夜,最终双方互作让步。波兰方面表示,波兰的国内政策不会妨碍与苏联的结盟关系,波兰不会退出华沙条约组织,并同意签订一项特别协定以解决驻波苏军的地位问题。苏联方面不再干预波兰的人事安排,将苏联派出的波兰国防部长罗科索夫斯基元帅调回苏联。

波兰问题刚刚平息,匈牙利也出现了类似的事件。苏共二十二大以后,匈牙利要求改革和摆脱苏联控制的呼声不断高涨。1956年7月,匈牙利劳动人民选举了新的领导人。同年10月,关于波兰事态的报道在匈牙利播出后,匈牙利一些知识分子组成的裴多菲俱乐部向匈牙利党中央提出了进行国内

> **知识链接:南斯拉夫社会主义联邦共和国**
>
> 1945年,约瑟普·布罗兹·铁托领导下的南斯拉夫共产党建立起南斯拉夫联邦人民共和国;1963年改国名为南斯拉夫社会主义联邦共和国,至此南斯拉夫社会主义联邦共和国正式成立。南斯拉夫实行联邦制,由塞尔维亚、克罗地亚、斯洛文尼亚、波斯尼亚和黑塞哥维那(波黑)、马其顿和黑山六个共和国组成。

改革、撤走苏联驻军的十点要求。10月23日,匈牙利首都出现了达10余万人的群众游行。匈牙利党中央决定恢复1955年被撤职的匈牙利部长会议主席纳吉的职务,邀请苏军进入首都维持秩序。苏联军队在与匈牙利群众发生流血冲突后控制了局势。10月30日,苏联政府发表了《关于发展和进一步加强苏联同其他社会主义国家的友谊和合作基础的宣言》,其中指出,苏联与南斯拉夫恢复党和国家关系时确定的那些原则,应当成为处理同其他社会主义国家之间关系必须遵循的原则。宣言中还提出将研究从东欧国家撤走苏军的问题。11月4日,苏军再次进入匈牙利首都布达佩斯,用武力平息了事态。

1956年匈牙利事件,是战后社会主义国家发生的第一次大规模的流血冲突事件,对匈牙利历史的发展产生了重要影响,当时在国际上也引起了巨大反响。

匈牙利十月事件留下的断壁残垣

美苏北非角力
第二次中东战争

埃及建立共和国，趁势收复苏伊士运河。
英法不甘霸权旁落，深入中东博弈。
美苏黄雀在后，两个超级大国称霸中东。

1956年7月26日，埃及政府宣布将苏伊士运河公司收归国有，公司全部财产移交埃及政府。英法为夺回苏伊士运河控制权，联合以色列于1956年10月29日，对埃及发动突袭，史称第二次中东战争（又称苏伊士运河战争、西奈战役或卡代什行动）。

埃及收回苏伊士运河控制权

苏伊士运河位于埃及境内苏伊士地峡，是埃及境内一条国际通航运河，全长175公里。苏伊士运河沟通地中海和红海，大大缩短了欧亚两洲的航程，是连接欧、亚、非三洲的要道，战略位置十分重要。自1869年凿通以来，运河一直由英法垄断资本控制的苏伊士运河公司经营管理，成为他们侵略埃及和中东的工具。1882年，英国派兵占领埃及，在运河区建立其海外最大军事基地。1936年又迫使埃及签订条约，肯定了英国在苏伊士运河区的驻军权。

二战结束后，英法等老牌殖民国家实力大为削弱，埃及的民族解放运动则开始蓬勃兴起。1951年10月，埃及废除了《英埃条约》。1952年7月23日，以纳赛尔为首的"自由军官组织"发动军事政变，推翻了英国扶植的法鲁克王朝，废除君主制，建立共和国。1954年10月，英国同埃及签订协定，同意分批撤军。1956年6月，最后一批英军撤出苏伊士运河区，英国对埃及的军事占领终结，然而苏伊士运河却仍为英法所控制。1956年7月26日，为了筹措修建阿斯旺大坝的费用，埃及政府宣布将苏伊士运河公司及其财产收归国有，此举引发英法强烈不满。

苏伊士运河上的船只

迦玛尔·阿卜杜尔·纳赛尔（Gamal Abdel Nasser, 1918—1970年）是埃及第二任总统，他被认为是埃及历史上最重要的领导人之一

英法为重新控制苏伊士运河，策划举办对运河实施"国际管制"的会议。1956年8月16日，在英法倡议下，22个国家在伦敦召开会议，但未能达成任何协议。9月19日，美、英、法召集18国再次在伦敦举行会议，讨论建立"苏伊士运河使用国协会"问题，仍未达成协议。9月30日，英法将苏伊士运河问题提交联合国安理会讨论。10月13日，安理会否决了英法要求埃及接受"国际管制"的制度提案。

英法偷鸡不成，反作嫁衣

在这种情况下，英法决定诉诸武力。为解决兵力不足的问题，法国首先提出邀请以色列加入。而对以色列来说，它早已对埃及不准其船只通过亚喀巴湾的蒂朗海峡和苏伊士运河不满，早在1955年11月就曾制定了一个入侵加沙地带和西奈半岛的作战计划。因此，法国和以色列一拍即合。1956年10月13日，法以商定了作战计划，次日英法举行了秘密会议，部署作战方案。三国决定由以色列首先向西奈半岛的埃及军队发起进攻，吸引埃军的主力部队支援；其次，英法从塞浦路斯、马耳他、亚丁和航空母舰上出动飞机轰炸埃及，摧毁埃及的军事基地；再次，英法军队从塞得港登陆，向运河区进攻，切断埃军退路；最后，由以色列占领西奈半岛全境，英法占领西奈半岛运河区，全歼埃军。

英法以三国的行动遭到国际社会的普遍指责。美苏两国公开介入，并且罕见地保持一致立场，向三国施加停战压力。1956年11月6日，重重压力之下的英法两国被迫接受停火决议，以色列也在11月8日同意撤出西奈半岛。英法两国的军事冒险在付出大量的财力、人力的情况下均以失败告终，只有以色列在一定程度上达到了自身目的。苏伊士运河危机让世界看到了英法两个老牌世界强国的衰弱，加速了其全球殖民帝国的瓦解。同时，这场战争也标志着美国和苏联两个超级大国成为真正主宰中东乃至全世界的力量。

西奈半岛地理位置十分重要。它是连接非洲及亚洲的三角形半岛，西濒苏伊士湾和苏伊士运河，东接亚喀巴湾和内盖夫沙漠，北临地中海，南濒红海

蓝湾行动
美国军事干涉黎巴嫩

> 黎巴嫩教派林立,国内局势复杂。马龙派袭击事件引发国内战争,美国军事干涉黎巴嫩获得时机。

1958年7月15日,美国第六舰队驶近地中海东岸,1700名海军陆战队士兵悄然登陆黎巴嫩首都贝鲁特,正式介入黎巴嫩内战。此次登陆是仁川登陆后美国最大的两栖军事行动,史称"蓝湾行动"。行动开始不到一周,美国1.4万名海军陆战队士兵就已经占领贝鲁特全境。与此同时,美国空军向驻扎在约旦的3700名英国兵投送大量的食品、燃料等物资,而由冲绳基地驶出的美第七舰队也潜伏在霍尔木兹海峡,待命保护波斯湾油田。黎巴嫩是地中海东岸的一个小国,面积仅1万平方公里,又没有丰富的石油,美国艾森豪威尔政府为何远渡重洋,兴师动众来干涉这个国家的内战呢?

贝鲁特是黎巴嫩首都,位于黎巴嫩海岸线中部突出的海岬上,面向地中海,背靠黎巴嫩山脉,是地中海东岸最大的港口城市,以其独特的建筑风格与气候环境而闻名

教派林立的雪松之国

黎巴嫩是一个多教派国家。1943年独立前夕，基督教与伊斯兰教人口比例为6∶5。各教派在此基础上达成分配国家领导职位与议会席位的协议：总统和军队总司令由基督教马龙派人士担任，总理和议长分别由伊斯兰教逊尼派与什叶派人士担任，军队参谋长则由伊斯兰教德鲁兹派人士担任，在议会99个席位中，基督教派占53席。这种状况一直延续了几十年。然而，随着伊斯兰教派人口迅速增长，占据人口优势，对基于原有人口比例的权力分割日益不满，反对基督教派继续掌握军政大权，迫切要求重新分配国家权力。而基督教派统治集团为维护既得利益，不肯作出让步，两派矛盾日益加剧。此外，黎巴嫩境内的巴勒斯坦游击队的存在让局势更加复杂。1970年9月，约旦当局镇压巴勒斯坦游击队的事件发生后，巴勒斯坦游击队主力1万余人从约旦转移到黎巴嫩境内，并在黎巴嫩南部建立营地，不断对以色列进行袭击，因而黎巴嫩经常遭到以色列的报复；巴勒斯坦游击队还支持伊斯兰教派的斗争。这些都引起基督教派统治当局的强烈不满。加之，美国、以色列和一些阿拉伯国家经常插手黎巴嫩事务，从而增加了黎巴嫩局势的复杂性，促使全面内战的爆发。

马龙派袭击引爆全面内战

1975年4月13日，基督教马龙派长枪党民兵袭击了巴勒斯坦人乘坐的车辆，造成55人伤亡。这一事件成为内战的导火线。随即发生伊斯兰教派与基督教派民兵的激烈战斗。基督教派得到黎巴嫩军队支持，伊斯兰教派则得到巴勒斯坦游击队的支持。基督教派民兵的装备和训练优于对方，在战争初期稍占上风。但伊斯兰教派民兵在巴勒斯坦游击队支持和叙利亚武装部队暗中协助下，

黎巴嫩内战中，贝鲁特在战火中被摧毁的建筑

逐渐扭转了战局。

1976年1月，黎巴嫩军队发生分裂，穆斯林官兵约6000人宣布成立"阿拉伯黎巴嫩军"，公开倒向伊斯兰教派，另有部分黎军中立，致使基督教派的力量大为削弱，伊斯兰教派武装很快控制了黎巴嫩2/3的地区。同年4月，叙利亚应黎巴嫩总统苏莱曼·弗朗吉亚邀请，派军队8000人进入黎境，阻止伊斯兰教派武装的进攻。叙军的干预，在阿拉伯世界引起强烈反响。10月18日，黎巴嫩、叙利亚、埃及、沙特阿拉伯、科威特和巴勒斯坦解放组织六方召开利雅得会议，决定组成以叙利亚军队为主的阿拉伯威慑部队进驻黎巴嫩。此后，战斗逐渐平息。基督教派武装力量逐渐恢复并有所扩大，其内部的强硬派势力开始对叙的干预不满。1978年和1981年，叙军与基督教派民兵之间曾发生大规模武装冲突。形势对基督教派愈加不利。

1982年10月13日，黎政府军在叙军坦克、飞机支援下攻入贝鲁特东区，基督教派领导人奥恩战败出走，残部投降。黎政府开始在全境行使权力，着手实行将所有派别武装撤出首都的"大贝鲁特"计划。至次年5月，除部分真主党武装外，黎各主要派别武装均撤出贝鲁特，交出武器宣布解散。造成14万人死亡和数百亿美元经济损失的黎巴嫩内战基本结束。

冷战时代

U-2折戟
美苏缓和濒临破灭

导弹击落飞机,破碎美苏缓和迷梦;艾森豪威尔访苏成泡影,中苏关系难扭转。

1960年5月1日,美国一架U-2高空侦察机,在深入苏联斯维尔德洛夫斯克附近进行间谍活动时,被苏联导弹击落,美机驾驶员鲍尔斯被活捉。U-2飞机事件打断了美苏之间的缓和进程。

美苏缓和进程中断

5月10日,苏联政府就美国飞机对苏联的侵犯向美国政府提出抗议照会。照会指出:"苏联政府采取一切可能的措施以引导国际局势正常化和健康化,而美国政府却在走另一条路。美国当局最近采取的行动目的,显然是要把美苏关系拖回到冷战最坏时期的状态,并且毒化最高级会议前夕的国际局势。"照会警告美国政府:"如果再发生类似的挑衅行动,那么苏联政府将不得不采取对策。那些有侵略他国行为的国家政府将要对由此而产生的后果承担责任。"

5月13日,苏联政府就土耳其、巴基斯坦和挪威为侵苏美机提供军事基地问题,向三国政府提出了抗议照会。苏联政府为要求制止美国对苏联的侵略行动还向安理会发电报和提交照会。电报

美国U-2侦察机

说，苏联政府要求安理会召开会议讨论"关于美国军用飞机对苏联进行了对普遍和平造成威胁的侵略行动"的问题。照会最后说，"请安理会立即讨论，并且希望安理会毫不拖延地采取措施来制止美国危及和平事业的行动"。美、苏、英、法四国首脑决定于5月16日在巴黎举行会议。在大会主席还没有正式宣布开会之前，赫鲁晓夫要求美国总统艾森豪威尔就U-2飞机事件公开表示道歉。艾森豪威尔对此拒绝，赫鲁晓夫退出会场。这样，四大国首脑会议流产。苏联宣布取消艾森豪威尔的访苏计划。曾被赫鲁晓夫说成是国际关系"新纪元"的"戴维营精神"就这样破产了。

U-2事件与中苏关系破裂

U-2飞机事件使赫鲁晓夫对中国问题态度日益明朗化，毛泽东等中共领导人看到了赫鲁晓夫认同中国政策的可能性。不过很快，毛泽东又看到了事态的另一面，认为赫鲁晓夫转而采取强硬立场，有被迫的成分在内。

果然，1960年6月7日，苏共中央来信，提议将准备于罗马尼亚召开的社会主义国家共产党和工人党代表会议推迟举行，在罗马尼亚只举行兄弟党会晤。毛泽东在中央讨论如何给苏共中央复信时提醒说：这次开会要作两手准备，一是要准备他们整我们，二是要准备他们拉我们。要充分防备他们把开不成首脑会议的气都撒到我们身上。

不出所料，1960年6月24日，在12个社会主义国家共产党代表团举行的会晤中，赫鲁晓夫作了充分准备，对中共进行了猛烈攻击，涉及中国内政外交各个方面。罗马尼亚"会晤"标志着国际共运阵营分裂的升级，中苏两党之间在一系列重大原则问题上的分歧完全公开化，两党关系急剧恶化。7月16日，苏联政府照会中国政府，决定召回在中国工作的苏联专家。中苏关系彻底破裂。

美国U-2侦察机残骸

在新中国成立之初，苏联专家在帮助新中国进行工业建设方面作出了很大贡献。中苏关系破裂后他们的撤离给我国的经济建设造成了重大损失，加重了我国的经济困难。图为1957年山东济南机床二厂的苏联专家与中国技术人员在一起

冷战时代

差点开启的末日之门
古巴导弹危机

古巴导弹危机是美苏之间冷战的顶峰和转折点,也是人类历史上第一次核对抗;危机中,美苏核大战一触即发,人类的末日之门差点开启。

在通往墨西哥湾的咽喉要道上有一个美丽的岛屿,像一颗明珠一样镶嵌在大西洋、加勒比海的"脖颈"上,它就是古巴岛。自从哥伦布发现它以后,这个岛屿上的生活便不再平静。西班牙、法国、荷兰、英国等欧洲列强妄图把它变成海上交通枢纽和贸易往来的中转站,1898年美国赢得对西班牙的战争后亦长期控制古巴。

古巴革命的胜利,使美国的"后院"燃起烈火

古巴与美国的佛罗里达州隔海相望,相距只有90公里。自门罗主义问世以来,美国大行"美洲是美国人的美洲"之道,将美洲视为不容他人染指的"后院",在美国"鼻子"底下爆发的古巴革命,美国岂能"袖手旁观"。

1952年,美国扶持的巴蒂斯塔夺取了古巴的政权。巴蒂斯塔政府上台以后,糖业、炼油业、采矿业、电业、金融和铁路等重要产业部门都落入美国控制之手,使古巴越来越依赖美国。面对美国对古巴人民的残酷压榨,卡斯特罗和他的弟弟劳尔组织起青年队伍攻打蒙卡达兵营,但由于力量对比悬殊,卡斯特罗失败被捕。1954年,卡斯特罗获得赦免,在总结失败的教训后开始在山里进行游击战争。1959年初,卡斯特罗带着起义军进入哈瓦那,巴蒂斯塔被迫逃亡国外,古巴革命取得胜利。

漫画:1962年的古巴导弹危机。美国总统肯尼迪被描绘为西部牛仔,苏联的赫鲁晓夫和古巴领导人卡斯特罗被描绘成堂·吉诃德和桑丘

卡斯特罗推翻了美国扶持的独裁政府,使美国敏感的神经紧绷起来。古巴革命后奉行独立自主的经济政策,没收美国在古巴的财产,使美国的经济利益大受折损。1959年4月,当卡斯特罗满怀欣喜率访问团到美国时,却吃了闭门羹,艾森豪威尔总统拒绝接见卡斯特罗。卡斯特罗回国后,不仅没有修复与美国的关系,反而加速在国内开展土地改革,越来越多的美国财产被没收。美国与古巴之间的关系也失去了回旋余地,美国自此开始不遗余力地灭掉"后院"的这团熊熊燃烧的烈火。

世界的分裂

菲德尔·卡斯特罗和切·格瓦拉是亲密的革命战友

> 知识链接:"潘可夫斯基"事件
>
> 潘可夫斯基(1919—1962年)是苏军上校军官,在古巴导弹危机爆发后,他向美国中央情报局提供了一份绝密的战略情报,透露苏联核武器在数量上仅有美国的1/3,运载工具也不如美国。苏联在古巴部署导弹,是为了弥补苏美之间的差距。这份绝密的战略情报让肯尼迪知道了赫鲁晓夫的底牌,摆开了准备与苏联打核战争的架势,迫使赫鲁晓夫退让。因克格勃查出泄密事件,潘可夫斯基很快就被处死。

通过重重考验,古巴成为苏联的盟友

美古关系恶化后,美国开始秘密策划推翻古巴革命政权,卡斯特罗派格瓦拉到国外考察以获取支持。在开罗时,格瓦拉同苏联大使馆取得了联系,在1959年7月双方达成初步协议,苏联购买古巴50万吨糖。格瓦拉的求援引起苏联高层的注意,克格勃决定派塔斯社记者亚历山大·阿列克谢耶夫去哈瓦那。该时期卡斯特罗本人暂时还未公开自己的观点,但是他的弟弟劳尔却公然称自己是马克思主义者。赫鲁晓夫非常高兴,不过他还无法完全信任卡斯特罗,决定派部长会议第一副主席米高扬去古巴考察。

1960年2月,米高扬在哈瓦那主持展览会开幕仪式,其间参观展览会的古巴人占总人口的1/8。在短短的20天时间里,古巴人民对苏联的了解超过以往40年。2月13日,米高扬同卡斯特罗签订苏古贸易支付协定和提供信贷协定。米高扬回国后向赫鲁晓夫汇报情况时表示,应该帮助古巴,但与此同时也应保持思想上的高度警惕。一旦美国猜到卡斯特罗正在往哪里倾斜,这一尚未巩固的新制度立刻就会被扼杀。米高扬的汇报使苏联已经把卡斯特罗当作潜在的朋友了。赫鲁晓夫表示:"我们作为国际主义者,不能不帮助古巴,不能听任革命被扼杀。"

苏古关系发生重大的转变是由"勒库布尔号"事件开始的。1960年3月4日,一只挂着法国国旗的轮船"勒库布尔号",给古巴革命政府运载65吨武器,在接近哈瓦那港时发生爆炸,不仅港口建筑物遭到严重破坏,而且在爆炸中伤亡人数近300人。1960年3月5日,古巴逮捕1名与"勒库布尔号"事件有关的美国人纳德·查普曼。美国国务院随即派官员弗朗西斯·塔利发表声明,

1962年10月17日,古巴导弹危机。图为古巴大萨瓜的中程弹道导弹原野二号发射中心

拒不承认美国与"勒库布尔号"轮船爆炸事件有关联，并且再次威胁古巴，扬言要"立即通过外交途径向古巴表示美国政府的强有力抗议"。"勒库布尔号"事件的发生使古巴意识到革命政权随时受到威胁，它使古巴反对美国的意志更加坚定，也使卡斯特罗放弃中立的态度对苏联一边倒。1960年5月9日，苏联与古巴恢复外交关系。合作初期，苏联为古巴提供了其所需要的资金和轻型武器。

赫鲁晓夫部署核导弹，"激情大于理智"

1962年7月，美国在土耳其、意大利和西德部署了以苏联为目标的导弹基地，苏联境内所有的重要工业城市都处于美国核弹和战略轰炸机的直接威胁之下，等于是苏联处于美国的包围圈中。因此，在赫鲁晓夫看来，如果苏联把中程导弹安放在古巴，便可以避开美国的预警系统，加强直接打击美国本土的能力，改善苏联的战略地位，还可以造成不利于美国的政治影响。在必要的时候，这些导弹又可以作为讨价还价的筹码，迫使美国在其他问题上让步。苏联为此制定代号为"阿纳德尔"的计划。从8月开始，苏联把导弹及有关设施用船只运往古巴。

1962年10月，美国中央情报局拍摄到苏联军方在古巴修建导弹发射场

大量苏联船只驶向古巴这个不同寻常的现象，很快就引起美国情报部门的密切关注，开始对古巴进行空中侦察。美方在8月31日首次发现防空导弹、带导弹的海防鱼雷艇和大批军事人员。10月14日，美国U-2飞机第一次拍摄到苏联正在古巴修建的中程导弹基地。10月16日，美国中央情报局向肯尼迪提供了详细的情报：苏联已在古巴部署了40枚中短程导弹，24个地对空导弹发射场及42架当时超一流的米格-21战斗机，42架IL-28远程战略轰炸机。其中SS-4型导弹射程1029海里，可携带1—3个百万吨级的核弹头，美国许多大城市包括华盛顿都在它的射程范围之内。如果爆发战争，后果将不堪设想。

美苏妥协，"末日之门悄然关闭"

肯尼迪获悉情报后十分震惊，紧急召集副总统、国务卿、国防部长、参谋长联席会议主席等军政要员商讨对策。经过一个星期紧张的研究讨论，最终决定采取既有效又少冒风险的"隔离"

苏联运往古巴的导弹

政策。10月22日晚，肯尼迪向美国和全世界发表广播讲话，他宣布美国发现苏联在古巴秘密部署进攻性武器，这是对整个美洲地区和平与安全的"公然威胁"，也是对美国的有意挑衅，美国决不能容忍苏联的此种行为。美国将对所有正在运往古巴的进攻性军事装备实行严密的海上"隔离"；从古巴发射的任何攻击西半球国家的导弹，都将引起对苏联的"全面报复"；要求苏联停止在古巴建立导弹基地，并从当地撤走进攻性武器。赫鲁晓夫认为，美国的海上封锁只是虚张声势，它不可能进攻古巴，所以他命令苏联舰只继续向古巴挺进，不要害怕美国的海上封锁；并宣布苏联和华沙条约组织国家的武装力量立即进入最高战备状态。10月24日上午9时，美国派出了90艘军舰

漫画：苏联与美国之间的博弈

组成的庞大舰队和68个空军中队，其中包括8艘航空母舰，全面封锁古巴。在世界各地的美军全部进入最高战备状态，美方50%的战略轰炸机满载着核弹保持空中盘旋，满载核弹的核潜艇在各大洋游弋。白宫还制定了疏散计划，摆出了一副准备打核战争的架势。

美苏两国剑拔弩张，全世界民众的心都提到了嗓子眼。最终，在美国的强硬做法面前，赫鲁晓夫妥协了，他命令运载武器前往古巴的货船停航或返航。同时，美苏两国首脑开始通过秘密渠道，寻求彻底解决危机的途径。肯尼迪和赫鲁晓夫之间频繁进行通信。在通信中，两人虽然相互指责，但是都明确表达了避免因为这场危机陷入核大战、通过和平途径解决危机的愿望。通过两国首脑的协商和联合国的斡旋，10月28日上午，美苏正式达成协定：苏联从古巴撤走中程导弹等进攻性武器并保证以后不再运入；美国承诺不侵犯古巴并且同意今后拆除部署在土耳其的丘比特导弹。11月8日至11日，苏联撤走了全部40枚中短程导弹。20日，美国宣布结束对古巴的"隔离"。这次危机虽然仅仅持续了13天，但是美苏双方在核弹按钮旁徘徊，使人类空前地接近毁灭的边缘。

美国总统肯尼迪

另立山头
欧洲自由贸易联盟

西欧筹建经济统一体，欧洲煤钢几邀英国遭拒。欧洲经济共同体发展良好，英国悔恨不已。

组建欧洲自由贸易联盟，结果不尽如人意，英国最终加入欧洲经济共同体。

前文已经介绍了欧共体和经互会两大欧洲经济组织，不过欧洲还有另外一个经济组织也值得关注，即欧洲自由贸易联盟。欧洲自由贸易联盟成立于1960年，它对国际事务的影响虽不如欧共体和经互会，但是作为一个经济和贸易实体，仍具有不可忽视的经济、政治作用。

英国对抗欧洲经济共同体的产物

欧洲煤钢共同体成立时，英国自恃有英联邦国家及美国的贸易支持，认为加入该组织会失去主权及控制国内经济的权力而拒绝加入。几年后，欧洲煤钢共同体重组成欧洲经济共同体，经济发展非常迅速，英国三番五次申请加入欧洲经济共同体。法国担心英国的加入会影响其在欧洲煤钢中的领导地位，加上不满英国"见异思迁"，从而拒绝让英国加入。无奈之下，英国唯有与葡萄牙、瑞士、奥地利、丹麦、瑞典及挪威共同成立欧洲自由贸易联盟，希望可以得到和欧洲经济共同体一样的成果，可是结果却不尽如人意。

1959年6月，奥地利、丹麦、英国、挪威、葡萄牙、瑞典和瑞士七国在斯德哥尔摩举行部长级会议，通过了《欧洲自由贸易联盟计划草案》。1960年1月，七国签订了《建立欧洲自由贸易联盟公约》（也称《斯德哥尔摩公约》），5月公约生效，标志着欧洲自由贸易联盟正式成立，其总部设在瑞士日内瓦。冰岛于1970年3月加入该联盟，英国、丹麦于1973年1月加入欧洲经济共同体，芬兰于1985年成为正式成员。所以截止到1991年7月1日，该联盟成员国包括：奥地利、冰岛、芬兰、挪威、瑞典、瑞士六国。

根据《斯德哥尔摩公约》规定，联盟成员国自1960年起在10年内分9次逐渐完成直至完全取消成员国同工业品贸易的关税和数量限额制。联盟成员国则对第三国各自保持着独立的关税率。在农产品、海产品贸易方面，可以在有关成员国之间签订专项协定。实际上，到1961年底成员国间的出口限额便已取消，成员国间的免税和取消进口限额也于1966年底实现。

欧洲自由贸易联盟是1960年由有"外七国"之称的英国、丹麦、挪威、瑞典、葡萄牙、奥地利、瑞士等7个欧洲国家成立的经济组织，总部设于日内瓦

从对抗到合作：欧洲自由贸易联盟与欧洲经济共同体

欧洲自由贸易联盟的最初意图在于对抗欧洲经济共同体，但由于其实力不及后者，尤其是1973年英国、丹麦脱离联盟加入欧共体后，更使其在竞争上处于劣势。在此背景下，欧洲自由贸易联盟成员国与欧共体签订了特惠自由贸易协定，双方决定从1973年4月1日到1977年7月1日完全取消这些国家之间的工业品关税，至1984年初，两组织成员国之间消除了全部工业品和某些农产品的关税，从而形成了占世界贸易总额40%以上的18国自由贸易区，并提出建立"欧洲经济空间"的主张。1988年，关于两个组织建立统一关税和关于成员国之间转口贸易的两项协议生效。

1988年9月，欧洲自由贸易联盟与欧洲共同体签订了《民法和商法权限及判决执行公约》。1989年初，欧共体委员会主席雅克·德洛尔（Jacques Delors，1925— ）提议在两者之间建立"新型组织关系"得到联盟积极响应。1989年12月，双方在布鲁塞尔发表联合声明宣布定于1990年上半年就签订《建立欧洲经济区条约》开始正式谈判，目的是建立一个商品、人员、劳务和资本自由流动的欧洲内部市场。谈判进入实质阶段后双方分歧很大，主要在于欧共体坚持欧洲自由贸易联盟成员国必须接受欧共体的法律和规定，而欧洲自由贸易联盟成员国则要求在欧共体难以执行的法律上享有例外权。欧共体主张在建立经济区后其仍保留最终决定权，而联盟则认为，它们在执行欧共体法律和规定的义务的同时应享有参与决策的权力。在欧洲经济区谈判过程中，欧洲自由贸易联盟成员国中的奥地利、瑞典、芬兰和挪威还对加入欧共体表现出不同程度的兴趣，其中奥地利和瑞典决定正式提出申请。

2013年10月15日，瑞典财政部长博格（左）和欧洲央行理事会成员阿斯姆森在欧洲自由贸易协会会议上进行会谈

迎难而上
法国的独立外交政策

中世纪的法国曾称霸欧洲，一战后的法国位列世界三巨头。
二战后的法国处于美苏夹缝中，法国挑战美国霸权的目标终难实现。

法国兴起于中世纪并强大于近代，在路易十四和拿破仑时代曾称霸欧洲。一战结束后，法国以世界三巨头之一的身份，成为欧洲大陆霸主。1919年巴黎和会上，法国总理克里蒙梭因其强硬的作风，被冠以"老虎"的称号。然而短短20年后，法国的地位已经无法与英德相提并论，更不用说与美国、苏联这样的超级大国相比较。二战结束初期法国沦为"三流国家"，成为跟在美国身后无足轻重的欧洲小伙伴，逐步丧失了外交自主权。

夹缝中的"小伙伴"

第二次世界大战后，美国为首的资本主义阵营和苏联为首的社会主义阵营相互对立。两极格局下，欧洲成为两大阵营争霸的主战场，德国被分区占领，英国保持同美国的"特殊关系"，法国则处于美苏夹缝中的尴尬境地。法国在战争中沦亡，不得不仰仗英美才得以复国。战后初期，法国国内议会体制使战前动荡的政治局面再度上演，从1946年到1958年这13年内换了22届政府，政府的频繁更替直接导致法国丧失了推行强硬外交的政治基础。虽然法国拥有联合国五大常任理事国的大国之名，却无大国之实。在美苏的核威慑之下，国土安全完全依赖美国主导下北约的军事支持；经济上依赖马歇尔计划提供的经济援助。这使得法国无力争取外交上的独立。法兰西第四共和国的数届政府也曾提出过与美国意见不同的观点，如关于欧洲防务的"普利文计划"、反对美国重新武装德国、印度支那问题、苏伊士运河危机、阿尔及利亚问题等，但皆因对美国军事、经济的过度依赖，在美国的压力下被迫屈从。拥有大国身份的法国此时仅仅是美国一个无足轻重的"小伙伴"。这让有着浓厚民族主义情结的戴高乐将军感到屈辱。

戴高乐是法兰西第五共和国的创建者，法国人民尊称他为"戴高乐将军"

追求独立的戴高乐

1958年9月，戴高乐上台后首先提出在北约

冷战时期法国的地下掩体

内部实现美英法三国的共同领导，结果遭到拒绝。这使戴高乐认识到谋求外交独立的第一步就是要退出北约军事一体化组织，实现军事独立。在两极对立的世界格局下，世界各国都面临着核武器的严重威胁，而美苏对立的主战场——欧洲更是直接处于核恐怖之下。戴高乐上台之初就提出，加紧研制核武器。1960年法国成功爆炸了第一颗原子弹并制定了第一个核军备五年计划，筹建拥有核弹投放打击能力的战略空军；1965年法国制定第二个核军备五年计划，拟建立陆基、海基、空基三位一体的战略核力量，使法国初步拥有核打击能力。拥有原子弹后，戴高乐加快了法国退出北约军事一体化组织的进程。1966年戴高乐总统致函美国总统约翰逊，宣布法国退出北约军事一体化组织。由此，法国在军事上摆脱了对美国的依赖，进而在政治上也从由美国领导的资本主义阵营中脱离出来，成为东西方对峙局面下一支独立的政治力量。

法国谋求外交独立和军事独立，同时也需要政治盟友。二战以后，美苏成为世界的两极，法国和德国地位下降，法德联合，互利共赢，成为双方和解的基础。戴高乐更是在此基础上提出西欧联合，形成法德轴心，这得到了西德总理阿登纳的积极响应。尽管美苏强烈反对，但1963年1月法国和德国签订了《法德合作条约》。法德和解对推动西欧联合起着不可替代的作用，成为日后欧盟建立的重要基础。

戴高乐总统推行"非殖民化"政策，试图摆脱"老殖民主义者"的国际形象，这样既能摆脱殖民战争给法国带来的沉重负担，又能化解美国和苏联的诟病，提升国际形象。改变形象后的法国开始在国际舞台上真正大展身手。1960年非洲独立年，仅法属非洲殖民地就有14个国家独立（当年总共有17个）。1964年戴高乐访问拉美，号召拉美反对美国霸权；1965年反对美国干涉越南；1967年中东"六日战争"（第三次中东战争）中，法国站在阿拉伯国家立场上反对美国支持以色列。法国独立自主的外交政策得到了世界人民的认可，戴高乐主义也成为冷战时期法国政府的外交指导方针。

肯尼迪与戴高乐

冷战时代

外交破局
联邦德国的"新东方政策"

冷战时期，德国一分为二。
地理上，东德与西德以易北河河道一线为界。
政策上，"旧东方政策"与"新东方政策"产生不同的效果。

1969年勃兰特出任德国总理后，放弃哈尔斯坦主义，转而推行改善与苏联等国关系的外交政策。新东方政策的基础是缓和、均势与联盟。新东方政策有三重目标：改善与苏联的关系，同东欧各国关系正常化，暂时解决德国两部分的关系。到1973年底，新东方政策全面形成并实行。由于德国特殊的地理位置，从俾斯麦以来，每个时期都有一个相应的东方政策，为了加以区分，人们习惯地把勃兰特的东方政策称为"新东方政策"。新东方政策以实现德国统一为目标，是联邦德国在国际政治舞台上重新发挥重要作用的开端和标志。

新东方政策的提出

1949年9月，德意志联邦共和国成立，又称西德。基督教联盟党人阿登纳出任西德第一任总理。阿登纳上台后奉行"向西方一边倒"和重新武装的政策，长期推行以"对抗求统一"的强硬方针，力图在西方盟友的支持下，凭借西德的实力来实现德国的统一。因此，在对待东德的立场上，他认为自己是"德国人民的唯一合法代表"，不承认东德的合法地位，不承认战后形成的东德与波兰之间的奥德河—尼斯河边界；在对外关系上，除了1955年鉴于苏联的特殊情况与苏联建立了外交关系，紧接着就宣布奉行"哈尔斯坦主义"，反对任何国家承认东德，并把凡是与东德建交的国家都看作对西

阿登纳是联邦德国总理，他经历了德意志帝国、魏玛共和国、第三帝国和联邦德国等四个重大历史时期。人们把他的执政时期称为"阿登纳时代"

德的不友好且与其断交，如1957年和1963年，西德先后与南斯拉夫和古巴断交。阿登纳"向西方一边倒"的政策，给西德带来了一定的好处，不仅促进了其经济恢复，而且使西德获得了独立的国家主权地位。但是，西德追随美国、敌视东方的政策，大大限制了其外交活动，并加深了东德与西德之间的对立，造成德国的分裂进一步加剧。

世界的分裂

1969—1974 年，勃兰特任西德总理，以和苏联集团和解的新东方政策打开外交僵局，尤其因 1970 年在波兰华沙之跪引起全球瞩目

> **知识链接：勃兰特下跪赎罪**
>
> 1970 年 12 月 7 日，大雪过后东欧最寒冷的一天，联邦德国总理勃兰特冒着凛冽的寒风来到华沙犹太人死难者纪念碑下。他向纪念碑献上花圈后，肃穆垂首，突然双腿下跪，并开始祈祷："上帝饶恕我们吧，愿苦难的灵魂得到安宁。"勃兰特以此举向二战中无辜被纳粹党杀害的犹太人表示沉痛哀悼，并虔诚地为纳粹时代的德国认罪、赎罪。此举得到世界各国爱好和平人们的拍手称赞。1971 年 12 月 20 日，勃兰特因此获得了诺贝尔和平奖。

到了 20 世纪 60 年代中期，阿登纳"向西方一边倒"的政策在东西方国家关系"暂时缓和"的大背景下难以为继。1963 年，执政期长达 14 年的阿登纳辞职。1966 年，勃兰特出任副总理兼外交部长，结束了二战后保守党长期垄断政坛的局面。他认为阿登纳实行的东方政策"并不符合德意志民族的利益"，决定首先调整与东欧国家的关系。1966 年，西德首先同罗马尼亚建交，紧接着与南斯拉夫复交，并开始与东德正式接触。至此，西德强硬的东方政策开始松动。三年间，联合政府外交政策的灵活性令人拍手称赞，西德外交政策开始由"旧东方政策"向"新东方政策"转变。

新东方政策的内涵

新东方政策的内涵十分丰富，该政策的实施为德国的重新统一提供了条件，主要内容为：

第一，以接近求转变，通过演变达到"以西统东"的目的。与阿登纳追随美国冷战、敌视东方的政策不同，新东方政策是一种迂回缓和的政策。勃兰特认为在东西方相互敌视、彼此隔绝的状态中实现德国的统一是不可能的。因此，西德以承认现实来达成与东方的和解，以期望在一个全欧洲的和平体系中解决德国问题。这实际上是一种"和平演变"政策，表面上看来是承认现状、承认分裂状态，实际却是迂回前进，以达到以西统东的目的。

第二，与苏联、东欧国家关系的缓和。新东方政策的推行是通过与苏联、东欧国家签署一系列条约来实现的。西德首先考虑的是与苏联关系正常化。为实现这一目标，从 1969 年底至 1970 年 8 月，西德与苏联多次会谈及协商，双方最终签订了《莫斯科条约》，今后双方用和平方式解决争端；同时声明愿意与波兰、捷克斯洛伐克、民主德国缔结相应的条约。《莫斯科条约》是新东方政策的基

冷战时代

础。此条约的签订,为西德与其他东欧国家的谈判铺平了道路。此后,西德继续经过艰苦卓绝的努力,终于在1973年底与波兰签订了《华沙条约》,在1973年12月与捷克斯洛伐克签订了《捷德条约》,这些条约构成了新东方政策的主要内容。通过上述这些条约,勃兰特政府实现了同苏联及东欧关系的改善。自冷战以来,西德与东方关系的僵局终于被打破,勃兰特之后的西德政府则在这些条约的基础上,在政治、经济、文化等方面采取了更加切实的行动。

第三,与东德关系的缓和。从1970年3月,苏联、美国、英国与法国举行了四国共管柏林的谈判,9月,四大国签订《柏林协定》,规定为"消

> **知识链接:哈尔斯坦主义**
>
> 哈尔斯坦主义是德意志联邦共和国推行的一项对外政策。阿登纳政府时期追随美国对苏"冷战",坚持不同与民主德国建交的国家(苏联除外)建立或保持外交关系。这项政策是由当时的国务秘书瓦尔特·哈尔斯坦建议制定,故称"哈尔斯坦主义"。

除紧张局势和避免纠纷",苏联同意西方三国的声明,"维护和发展柏林西部各区与联邦德国的关系";西方各国承认,"这些地区如同迄今为止的状况一样,不是联邦德国的组成部分,并且也不由它

与东德改善和发展关系,是勃兰特(左)新东方政策的另一个重大突破。1972年12月21日,经过艰难的谈判,两德关系解冻

进行治理"。该条约的签署为两德关系的改善创造了条件。

1972年12月21日，东西德双方代表正式签订《关于德意志联邦德国和德意志民主德国之间关系的基础条约》，条约规定双方"将遵循联合国宪章中确定的宗旨和原则，特别是一切国家主权平等、尊重独立、自主和领土完整、自决权、维护人权和互不歧视的原则"，"在平等的基础上发展相互之间的正常睦邻关系""两国中的任何一方在国际上都不能代表另一方或以另一方的名义行事""两国中任何一国的管辖权都限于本国领土之内"，双方保证"用和平手段解决争端"，"现存边界现在和将来均不可侵犯"。

> **知识链接：戈尔巴乔夫《我与东西德统一》**
>
> 冷战时期，德国的统一不仅是美苏两大阵营互相攻伐的利器，而且也是历史学家、政治学家、外交家和政论家密切关注的问题。苏联解体后，戈尔巴乔夫撰写了《我与东西德统一》一书，他在序言中写道：我与德国的统一有着直接的关系，于是我认为有义务向读者陈述有关德国问题的种种思考。戈尔巴乔夫指出自己撰写此书的原因是由于人们对德国问题的观点因时而变，其意图、动机和行为由于信息不对称而往往遭到人们的曲解。

新东方政策的影响

新东方政策是联邦德国在国际政治舞台上重新发挥作用的开端和标志，为东西方关系的缓和作出了重要贡献。首先，新东方政策兼顾东西方两个集团的利益，该政策立足于西方，强调西德仍是西方的一员，是在加强与西方联盟的基础上与东方建立联系，推动了欧洲国际关系的缓和，提高了西德的国际政治地位。新东方政策是西德对外政策的第一次大调整，它改善了东西方关系，实现了联邦德国同苏东关系的正常化。其次，新东方政策打破了两德之间的尖冰，打开了东德与西德正常交往的大门，进一步加深了两德之间的关系。联邦德国与民主德国进一步扩大经济上的合作，而经济合作扩大到政治领域。在1981年，两国领导人还首次实现了互访，为日后德国的统一奠定了坚实的基础。

波兰华沙犹太人纪念碑，当年西德总理勃兰特下跪处

苏联挑起边界冲突
珍宝岛事件

苏联欲占中国岛屿，中苏边界谈判不欢而散。
珍宝岛事件爆发，中苏友谊破裂。

珍宝岛位于黑龙江省乌苏里江主航道中心线中国一侧，面积0.74平方公里，因形似元宝故名为珍宝岛。该岛历来为中国领土，当地居民世代在这里从事生产活动，中国边防军也在这一地区执行巡逻任务。根据清政府时期的《中俄北京条约》，中俄边界东段以黑龙江和乌苏里江为界，界河中的岛屿归属在条约中并未规定。按照国际通行的规则，界河中的岛屿归属应以主航道中心线为准。在《中俄北京条约》的附图中，俄国人曾在一张比例尺小于1：100万的地图上画了一条分界线，非常粗糙，连江心岛几乎都未标出，图上的红线并不表明边界线在江中的位置。可苏联代表却根据这条红线，意欲把中国一侧面积约600多个岛屿划归己有。苏联的无理要求遭到中方的拒绝，边界谈判最终破裂。

步步紧逼的苏联

中苏边界谈判破裂后，苏联公然把军事矛头对准中国。至1965年为止，苏联在边防线上完整地建立了铁丝网、瞭望台、地堡等边防设施，在中苏边境地区频繁进行军事演习并不断制造事端。一方面，他们干涉中方巡逻和生产，阻拦中方人、畜通行，越境插桩，推移界标，辱骂、殴打和绑架中国军民，甚至开枪射击。另一方面，又在边境居民中大肆进行反华宣传，特别是就中苏边界问题进行造谣诬蔑，说中国"有领土野心"，"要同苏联打仗"，大力鼓吹"全民保卫边防"，并且成立了各地"人民志愿纠察队"。

苏军蓄意制造珍宝岛冲突

1966年起，苏联开始禁止中国船只从抚远三角洲北侧和东侧的江面通过，并出动炮艇在江面进行阻拦。1967年夏天，苏联边防军及其阿穆尔河（即黑龙江）区舰队的人员一再登上黑龙江主航道中心线中国一侧的吴八老岛，殴打和驱赶历来在岛上耕种的中国边民。根据中共中央和中央军委的指示，中国驻军和民兵以棍棒对强行闯入吴八老岛的苏军进行还击，将其赶出岛去。但是，在乌苏里江

黑龙江省虎林市乌苏里江风光

世界的分裂

中国人民解放军1969年3月在珍宝岛战役中缴获的苏军T-62中型坦克

知识链接：地堡

地堡是供步枪、机枪射击用的有掩盖的低矮工事。用土、木、砖、石、钢铁或钢筋混凝土等材料构筑。用于掩护桥梁、渡口或封锁街巷、道路和开阔地，也可与其他工事相结合构成火力支撑点。

知识链接：牛军《冷战时代的中国战略决策》

这是一部极富创见的著作。作者依托新历史文献重新解读了冷战时代中国战略决策的经典案例，建构了研究当代中国战略决策历史的理论框架。该著作有力地证明了作者的建议，即学界在从古代历史中寻找思想资源时，也应同样重视当代中国战略决策历史研究，这更直接地影响着当代中国对外决策，也是当代中国战略理论的源头活水。

的冲突不仅没有停息，反而升级。苏联蓄意在珍宝岛挑起更大冲突。

1969年3月2日，苏联边防军70余人，装甲车两辆，卡车和指挥车各一辆，侵入珍宝岛，打死打伤中国边防战士多人。我国守岛巡逻队被迫自卫反击，激战一小时，打退了入侵者。3月4日后，苏联边防军和飞机再次入侵珍宝岛。3月15日，在中国边防部队的英勇抵抗下，苏军的三次进攻被击退。珍宝岛反击战的胜利，保卫了国家领土的完整，维护了中华民族的尊严。

珍宝岛事件耗费了中苏两国大量的精力和财力，影响经济发展和两国应有的对外正常交往，对中苏双方都是极为不利的。但问题的根源在苏联而不在中国，中国在这场边境武装冲突中是被动的，是受害者。珍宝岛事件标志着中苏两党在20世纪60年代的矛盾上升到白热化阶段，真正撕破了双方在此前建立的友谊，导致两国关系破裂。

黑龙江省虎林市乌苏里江珍宝岛鸟瞰图

捷克斯洛伐克改革"布拉格之春"

> 1968年8月20日晚,华约军队突然出现在捷克斯洛伐克的土地上。这引起世界人民的关注,到底什么是"布拉格之春"?捷克斯洛伐克人在1968年春天到底做了什么?

"布拉格之春",是指1968年1月5日开始的捷克斯洛伐克国内的一场探索符合本国国情的社会主义道路的运动。这场运动直到当年8月20日苏联及华约成员国武装入侵捷克斯洛伐克才告终。

"布拉格之春"改革

二战后捷克斯洛伐克照搬苏联模式,片面发展重工业,造成国民经济严重失调,人民生活水平低,引起人民的强烈不满。1956年,赫鲁晓夫在苏共二十大作的秘密报告对斯大林提出了批评,他指出,波兰、匈牙利等国的共产党体制面临很大的危机。1967年,在第四次捷克斯洛伐克作家协会大会上,帕维尔·科胡特、米兰·昆德拉、伊凡·克里玛(Ivanklima,1931—)等作家也批评了捷克共产党。

1967年11月底,捷共中央全会讨论根据十三大决议拟定的关于捷共地位与作用问题的《提纲》,围绕党中央第一书记和共和国总统是否由一人兼任的问题,产生了分歧。主张改革者认为:为跟上世界科技发展的步伐,通过集优化道路提高国民经济利益,就必须充分调动和广泛发挥各阶级、阶层和社会集团的积极性。为此,坚决实行党内生活和整个社会生活的民主化,已成为社会进一步发展的条件。如果不进行这样的改革,那么党不仅不能实现自身的领导作用,而且将会丧失人民的信任,还可能引起社会危机的灾难性爆发。反对改革者认为,这次改革超出了捷克斯洛伐克以往的改革范围,存在改革冒进的问题。

1968年春,受苏联推行新经济体制改革的鼓舞,捷克斯洛伐克首都布拉格出现前所未有的改革浪潮和气息。1968年4月,在捷克斯洛伐克共产党召开中央全会上,杜布切克宣布通过了实行全面改革的《行动纲领》,将摆脱苏联模式、按照自己的民族特点实行政治经济改革。纲领的主要内容是改革政治体制,发扬自己的民族特点实行政治经济改革,实行计划指导下的市场经济;调整对外政

捷克历史学家在《苏联占领黑书》中发表的一份报告显示,1968—1991年,苏联占领捷克斯洛伐克,导致捷克斯洛伐克402人死亡

布拉格居民包围着进入布拉格的苏联坦克

策,主张奉行独立的外交政策。西方学术界称这场改革为"布拉格之春"。

"布拉格之春"改革是捷克斯洛伐克一次综合经济、政治和社会方面的全面改革,并有着鲜明的摆脱苏联控制和苏联模式的束缚和争取独立自主的倾向。由于大大超出了同时期其他社会主义国家的改革范围,因此遭到苏联的强烈反对。

"布拉格之春"行动

捷克斯洛伐克改革在苏联看来,具有脱离苏联控制的倾向。为了实行统一的"苏联体制",苏联决定对捷克斯洛伐克进行武装干涉。1968年6月下旬,华沙条约组织在有60万以上的军队占领的捷克斯洛伐克境内举行军事演习,7月之后,局势有所缓和。

8月20日晚11点,一架苏联民用客机以机械发生故障为名在布拉格机场降落,飞机停稳后,苏军突击队冲了出来,抢占了机场。接着,苏军大批空降部队在机场降落,迅速占领了布拉格。同时,苏陆军总司令帕夫洛夫斯基大将指挥苏联、波兰、匈牙利、保加利亚和东德等国的50万军队进入捷克斯洛伐克境内,占领了各主要城市。

> **知识链接:《苏联历史档案选编》**
>
> 《苏联历史档案选编》(以下简称《选编》)是经中共中央书记处决定内部出版发行的大型档案资料汇集。《选编》内容十分丰富,涵盖上起1917年初,下迄20世纪90年代初,近70年间的苏联内政、外交、军事、社会、国际共运各个方面,有会议记录、电报电话、往来公函、请示报告及批示、审讯案件及诉讼、日记及回忆录、私人信件等1000余件档案文献。这些文献来自俄国10余个档案机构的原始卷宗以及美国、德国、荷兰等有关国家的档案馆、图书馆、研究机构,弥足珍贵。

华约这次军事行动的代号为"尤里的复仇",是苏军一次典型方面军群进攻战役。第二天,苏联要求捷克斯洛伐克总统任命一个亲苏的新政府,遭到拒绝。22日,捷克斯洛伐克全国举行一小时总罢工,抗议苏军的入侵,杜布切克并没有组织抵抗,1969年4月,古斯塔夫代替杜布切克,成为捷克斯洛伐克共产党第一书记,"布拉格之春"结束。"布拉格之春"是一次有重大意义的国际政治事件,标志着华约内部的裂痕已经渐渐显现,可视为东欧剧变的前奏与导火索之一。

捷克青年联盟制作的1968年"布拉格之春"宣传海报

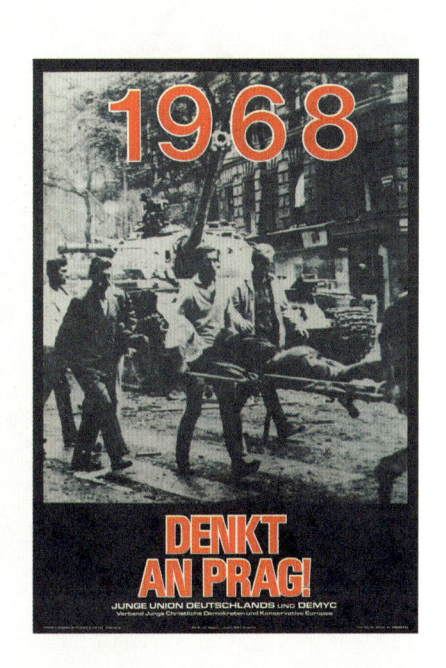

中美关系破冰
冷战背景下中美关系的发展和变化

乒乓外交，开启中美关系破冰之旅。
《中美建交公报》，开启中美关系新篇章。

中美关系的发展史犹如一面镜子，它从一个侧面折射出近百年来国际风云的变幻。中美关系持续稳定、健康地发展，将为世界和平、繁荣和进步作出更大的贡献；中美关系恶化则对两国的发展皆不利，即"和则两利，斗则两伤"。

乒乓外交

1941年太平洋战争爆发后，美国与中国结成了反法西斯同盟。中美在反法西斯战争中的第一次成功合作，表明中美合作对于维护地区和世界和平具有重大作用。抗战胜利后，美国推行反共政策，支持蒋介石集团打内战。1949年新中国成立后，美国政府采取敌视中国的遏制政策，使两国关系长期处于不正常状态。到了60年代末70年代初，美国长期推行的扩张政策多方受挫，特别是陷入越战泥潭，实力受到削弱，霸权地位受到挑战。1969

1978年12月16日《人民日报》发表号外

年尼克松上台后，欲以改变"敌视中国"的政策为突破口，施展"均势外交"，增加美国同其主要对手苏联讨价还价的资本，使美国在美苏争霸的新格局中重新占据有利地位。

从中国方面来说，中美之间长达22年的隔绝并不是中国造成的，也不符合中国的愿望。美国政府意欲改变对华政策，中国政府当然会根据新情况作出响应，况且当时中国正面临苏联大兵压境的军事威胁，如能缓和对美关系，也会有利于维护中国的安全。

在上述背景下，两国之间开始了试探改善关系的步骤。从1969年末到1971年初，美国政府作出了一系列松动两国关系的举动。中国领导人注意到了美方伸出的触角，并作出了反应。毛主席于1970年10月1日在天安门城楼上接见美国友好人士斯诺，并在12月18日与斯诺交谈时明确提到了美国总统尼克松访华的可能。毛主席还在另外的场合说："外交部研究一下，美国左、中、右都让来。"这实际上是对中美官方和民间人员交往的一条原则性指示。1971年2月，尼克松在国会作报告时破例改变了长期以来称中国为"共产党中国"的做法，而称"中华人民共和国"。3月15日，美国国务院宣布取消到中国旅行的一切限制。正在此时，第31届世乒赛即将在日本名古屋

> **知识链接：斯诺**
>
> 埃德加·斯诺（Edgar Snow，1905—1972年）是美国著名记者，他于1936年访问陕甘宁边区，写了大量通讯报道，成为第一个采访边区的西方记者，他根据这段经历写出了著名的《红星照耀中国》一书。新中国成立后，他曾三次来华访问，并与毛泽东主席见面。1972年2月15日，斯诺因病在瑞士日内瓦逝世。后人遵照其遗愿，其一部分骨灰葬在中国，地点在北京大学未名湖畔。

1972年，尼克松访华期间观看乒乓球比赛。图为比赛现场

举行，而在此之前中美乒乓球运动员的接触已具备了良好基础。

1971年4月7日，中美两国互不往来22年之后，我国决定邀请美国乒乓球队来华访问，这是打开中美交往大门的一次历史性事件，促进了两国关系走向正常化的进程。"乒乓外交"的出现，巧妙地打破了中美之间几十年互不交往的坚冰，成为世界外交史上一个典型案例。至今人们谈起"乒乓外交"，还是津津有味，认为这是毛泽东主席、周恩来总理根据形势的发展变化，审时度势、把握时机，正确作出决断，在外交上出奇制胜的一个范例。

中美建交公报

1972年，尼克松总统成功实现了访华，中美双方签署了《上海公报》。卡特总统执政后，两国于1978年12月签署了《中美建交公报》。1979年1月1日，中美正式实现关系正常化，从而揭开了两国关系史上的新篇章。

1979年1月25日至2月4日，中国改革开放的总设计师邓小平对美国的访问在美朝野引起巨大轰动，一股前所未有的"中国热"席卷美国大地。

> **知识链接：《中美建交公报》的主要内容**
>
> 中华人民共和国和美利坚合众国商定自一九七九年一月一日起互相承认并建立外交关系。美利坚合众国承认中华人民共和国政府是中国的唯一合法政府。在此范围内，美国人民将同台湾人民保持文化、商务和其他非官方关系。中华人民共和国和美利坚合众国重申《上海公报》中双方一致同意的各项原则，并再次强调：双方都希望减少国际军事冲突的危险；任何一方都不应该在亚洲—太平洋地区以及世界上任何地区谋求霸权，每一方都反对任何国家或国家集团建立这种霸权的努力；任何一方都不准备代表任何第三方进行谈判，也不准备同对方达成针对其他国家的协议或谅解；美利坚合众国政府承认中国的立场，即只有一个中国，台湾是中国的一部分；双方认为，中美关系正常化不仅符合中国人民和美国人民的利益，而且有助于亚洲和世界的和平事业；中华人民共和国和美利坚合众国将于一九七九年三月一日互派大使并建立大使馆。

中美关系正常化是与中国的改革开放同步启动的，而中国的改革开放为推动中美关系的发展增添了强大动力。20世纪80年代，随着中国对外开放的扩大，中美两国在政治、经济、科技、文化等领域的交流日益活跃。

然而，中美关系在这一

1972年，美国总统尼克松携妻子访问中国

时期并非风平浪静，双方在台湾、贸易、知识产权等问题上斗争不断。就在中美建交不久的1979年3月，美国国会通过了违反建交公报精神、干涉中国内政的《与台湾关系法》。此后，美方以此为依据，继续向台湾大量出售武器。经过中方的坚决斗争，两国政府于1982年8月17日就分步骤解决美国向台湾当局出售武器问题发表了联合公报——《八一七公报》。这份公报与《上海公报》《中美建交公报》一道，为中美关系的长期稳定和健康发展奠定了坚实的基础。

纵观历史，中美关系的发展道路十分坎坷。在冷战时期，中美两国由敌对僵持走向关系正常化；在20世纪90年代的初期、中期和末期，中美关系又经历了三次大落大起，但依然在跌宕起伏中稳步向前。发展中美关系的最大障碍是台湾问题，美国始终把台湾问题视为牵制中国的一张"王牌"，这也是苏联解体后中美关系大起大落的重要原因。同时，美国制定的安全战略特别是亚太安全部署，更是把"围剿中国"视为第一要务，这也给中美关系的发展蒙上了一层厚厚的阴影。

> **知识链接：陶文昭《中美关系史》**
>
> 中国与美国，是当今世界的两个大国，中美关系不仅对两国，而且对全球都至关重要。从1784年美国商船"中国皇后号"首次远航中国起，两国便开始了长达200多年的交往。在这漫长的岁月中，中美关系历经风雨，大起大落，两国交往的内涵极其丰富。陶文昭研究员的《中美关系史》一书，分三卷系统叙述了1911年至2000年间的中美关系：1911年辛亥革命至1949年中华人民共和国成立，新中国成立后至1972年尼克松访华，及此后至美国对华正常贸易关系立法。通过对两国间重大历史事件的叙述，展示了中美两国外交政策的决策过程，影响决策的种种国内和国际因素，以及中美关系的世界影响。由此，中美关系的发展演变过程清楚地展现在读者面前。

中美建交后美国崇正会（海外客家人组织）升起的第一面五星红旗（1979年）

田中角荣的贡献
日本"多边自主外交"

> 国交途绝几星霜，修交又开秋将到。
> 邻人眼温吾相迎，北京空晴秋气深。
> ——田中角荣

1972年7月，田中内阁提出"多边自主外交"战略，即以美日同盟为基础，发展日中友好，联合第三世界，抗衡苏联。

田中角荣出任日本首相

1918年5月4日，田中角荣出生在日本新潟县二田村。他家境贫寒，童年时，其父举债办农场却惨遭失败，家中仅靠母亲耕种几亩薄田，勉强糊口。田中的生活经历颇为坎坷，因家中付不起学费，小学毕业后便辍学。16岁时，孤身一人到东京谋生，他先后当过建筑公司学徒，贸易商行卸货送货员，《保险评论》杂志实习记者。田中并没有因为生活的艰难而自怨自艾，反而越挫越勇。他白天上班，为生活奔波；晚上到私立中央工学校学习。凭着坚强的毅力，田中角荣拿到了该校土木科毕业文凭。这段学习经历为田中的发展之路打下了基础。

1938年，20岁的田中角荣应征入伍，被编入盛冈骑兵第三旅团，驻扎在中国黑龙江省。两年后，他因患病被遣送回日本治疗。田中角荣预见到中日战争对日本社会的影响。身体恢复后，他回到东京投身建筑业。1942年，田中角荣娶了一位建筑业资本家的独生女为妻。在妻子的支持下，田中角荣的抱负得以施展。他创立的"田中土木建筑股份公司"业绩斐然，田中土建在短短两三年间，经营规模扩大数倍，迅速跻身日本50家大建筑公司之列，田中角荣一跃成为实业界举足轻重的富商。

1947年，田中获得参加民主党新潟县众议员选举的机会。入选众议院议员后，他担任众议院建设委员会委员及理事。自此，田中开始活跃于政界。1961年，田中出任自民党政务调查会长，由于出色解决了医疗费问题，从此平步青云。1972年6月，佐藤荣作（1901—1975年）发表声明辞掉首相和自民党总裁职务。自民党临时大会经过两轮投票表决，田中当选新总裁。1972年7月7日，第一次田中内阁组成，田中成为二战后日本最年轻的首相。

"多边自主外交"政策的出台

面对当时中美关系正常化、石油和美元危机的

田中角荣紧步尼克松访华的后尘，创下了载入史册的壮举——恢复中日邦友。图为田中角荣和尼克松

中国江苏淮安周恩来故居内，日本前首相田中角荣赠送的日本樱花

> **知识链接：周恩来总理与中日关系**
>
> 中日关系是近代以来中国最重要的对外关系之一，也是最复杂、最敏感的双边关系之一。中华人民共和国成立后，周恩来总理作为主管外交的中国共产党领导人，一直致力于恢复与日本的正常关系，并最终促成中日两国关系正常化的实现。周总理清醒地认识到冷战时期中国处于被西方世界包围封锁之中，外交上不得不向苏联"一边倒"，这种局面从长远看是对中国不利的。中国要走向世界，改变"一边倒"的局面，就必须打破西方世界的封锁。就最切近的利益来说，在于首先打破在亚太地区的被封锁孤立局面，实现中日关系正常化，是突破美国孤立封锁的重要一环。周总理对中日关系的看法具有时代性和前瞻性。

冲击、美国战略收缩及亚洲政策的调整，田中内阁改变了向美国"一边倒"的政策，采取"多边自主外交"路线。其主要内容为：以日美同盟为基础，谋求与美国建立"富有成果的伙伴关系"；加强同第三世界国家的经济联系，如针对"石油危机"所暴露出来的日本经济的脆弱性，日本改变了一味追随美国的政策，制定了"新中东政策"，同阿拉伯国家改善关系，承认巴勒斯坦人民的民族权利；为了改善与东南亚国家的关系，1976年，福田首相提出了"福田主义"，即不做军事大国、同东盟国家建立"心心相印"的信任关系、为东南亚的和平与繁荣作贡献。

田中角荣是一位有胆识、有魄力、敢作敢为的政治家。在外交上，田中角荣创下了载入史册的壮举——恢复中日友好关系。战后30年，中日关系一直处于不正常状态，1972年田中出任首相，决心对此有所突破，他力排众议、冲破重重障碍，毅然于1972年9月访华，同中国发表了联合声明，实现了中日邦交正常化。1972年9月，中日两国建立正式外交关系，1978年8月签订了《中日友好和平条约》。中日关系是近代以来中国最重要的对外关系之一，也是最复杂、最敏感的双边关系之一。实现中日邦交正常化，不仅有利于改善我国周边的国际环境，以及使日本在与美国的外交争斗上首次居于主动地位，而且为亚洲的安定奠定了基础。

冷战时代

新局面
第三世界联合反帝反殖反霸斗争

面对美苏争霸压力,第三世界联合开展反霸斗争。
经过艰苦斗争,亚非出现新局面。

20世纪70年代,第三世界人民日渐感到美苏争霸的压力,纷纷加入反帝反霸斗争的行列,这一时期出现了第三世界联合反霸斗争的新局面。

亚非新局面

在亚洲,20世纪60年代中期至70年代末,美苏争霸攻守态势转变。美国在越南战争中遭到惨败,其入侵柬埔寨、老挝的行动也以失败告终,而苏联、越南则积极在亚洲扩张。面对苏联、越南的扩张企图,东盟国家加强合作与协调来应对局势紧张。1976年2月,东盟国家在印尼的巴厘岛举行了第一次首脑会议,加强了东盟国家内部的团结和经济合作,会议签署了《东南亚友好合作条约》。1977年8月,东盟国家在东盟成立十周年之际在吉隆坡召开了第二次首脑会议。1979年底,苏联入侵不结盟国家,遭到了东盟的强烈谴责。1973年爆发的第四次中东战争期间,中东地区的阿拉伯国家发动了一场震撼全球的石油斗争,分化了西方国家在中东问题上的立场,使以色列在国际社会陷入孤立。

在非洲,到20世纪60年代末,英法等国在非洲的殖民体系已经基本瓦解。在英法殖民地民族解放运动的鼓舞下,包括佛得角、几内亚比绍、安哥拉、莫桑比克等在内的葡属非洲殖民地在20世纪60年代初展开了争取民族独立的武装斗争,沉重打击了葡萄牙殖民势力。经过艰苦斗争,几内亚比绍于1973年9月宣布独立。1974年9月,葡萄牙承认了几内亚比绍的独立。1975年6月,莫桑比克获得独立。7月,圣多美和普林西比、佛得角独立。11月,安哥拉独立。葡萄牙在非洲的殖民统治彻底结束。在南部非洲,津巴布韦于1980年获得独立。1978年9月,联合国安理会在历次有关纳米比亚问题决议和西方五国提出方案的基础上通过了和平解决纳米比亚问题的435号决议。进入20世纪70年代,南非人民反对种族主义的斗争进入一个新高潮。不断掀起罢工和抗暴斗争,引发国际社会对南非种族隔离和种族歧视的强烈谴责。

越战纪念碑,又称越南战争纪念碑、越战将士纪念碑、越战阵亡将士纪念碑、越战墙等,地处美国首都华盛顿中心区,坐落在离林肯纪念堂几百米的宪法公园的小树林里

美国总统吉米·卡特和巴拿马总统奥马尔·托里霍斯（Omar Torrijos,1929—1981年）在1977年签署移交条约，巴拿马于1999年12月31日午夜控制了80公里长的运河以及1426平方公里的飞地

然而这些国家在独立后，很快又沦为美苏争霸的角斗场，安全局势错综复杂。首先是1975年安哥拉爆发内战，苏联、古巴插手内战。随后，安哥拉入侵邻国扎伊尔（今刚果民主共和国），受到国际社会的广泛关注。同时，位于非洲之角的埃塞俄比亚和索马里因领土问题也爆发了武装冲突。1978年，在苏联的干预下，埃塞俄比亚在欧加登战斗中获胜，苏联、埃塞俄比亚和南也门事实上结成了控制非洲之角的联盟。美国乘势拉拢索马里，美苏在非洲之角展开激烈角逐。

拉丁美洲的联合反霸斗争

尽管拉美国家取得独立地位较早，但其在经济和社会发展方面却未能摆脱西方国家的控制。进入20世纪70年代，出现了拉美国家维护民族经济权益、谋求自主发展的热潮。以智利为代表，拉美国家纷纷对本国资源和财富进行国有化改革，特别是在石油和矿产领域掀起国有化浪潮。拉美国家经济一体化也有了进一步发展，建立了多个地区经济一体化组织。1974年，墨西哥总统埃切维里亚发出倡议，建议拉美国家加强联合，形成地区经济联合体。1975年10月，拉美23国签署了《巴拿马协议》，宣布成立"拉丁美洲经济体系"。

> **知识链接：巴拿马运河争端**
>
> 1964年，巴拿马人民反美斗争爆发后，美国虽然被迫同巴拿马重新谈判运河条约，但美国国内的反对情绪很强烈，致使谈判多年没有进展。卡特担任美国总统以后，经过反复权衡，决心尽快解决巴拿马运河问题。1977年8月，美国和巴拿马宣布就运河问题达成协议，签署了新的《巴拿马运河条约》。1979年10月，该条约正式生效。巴拿马人民经过长期斗争终于成功收回了运河的管理权。

为给经济发展创造和平稳定的环境，拉美国家展开反对西方国家海洋霸权的斗争。早在1947年，智利和秘鲁就率先宣布其领海宽度为200海里。1970年5月，智利、秘鲁、阿根廷、巴西、巴拿马、萨尔瓦多、厄瓜多尔、尼加拉瓜、乌拉圭等九国签署《蒙得维的亚海洋法宣言》，重申了他们的200海里海洋权的主张。同年8月，20个拉美国家在利马举行拉丁美洲海洋法会议，进一步协调立场并通过了《拉丁美洲国家海洋法宣言》。1972年6月，加勒比地区15国发表《圣多明各宣言》，重申了拉美国家的立场，主张沿海国家对该区域内的自然资源享有主权，对大陆架拥有勘探和开发的权利。1973年12月，联合国第三次海洋法会议在联合国总部开幕。发展中国家以积极的态度参加了谈判，同时也与谋求海洋霸权的企图进行了坚决的斗争。1982年4月会议最终通过了《联合国海洋法公约》。

20世纪70年代，第三世界联合反帝反殖反霸斗争表现出新的特点，从争取政治独立转向发展民族经济和争取经济独立，表明第三世界已经成为一支独立的政治力量，其力量在不断加强，在国际政治经济舞台上发挥着越来越重要的作用。

冷战时代

和平之门
戴维营协议

戴维营协议，
埃以和解，阿以冲突政治解决的曙光。

阿以冲突是第二次世界大战后中东社会的基本矛盾之一。阿以冲突错综复杂，既有国家利益之争，又夹杂着民族和宗教矛盾，冲突持续了近半个世纪仍未结束。自1948年以来，有着深仇大恨的阿拉伯国家与以色列经历了五次中东战争，虽然双方损失惨重，付出了沉重的代价，但该问题仍然未能得到妥善解决。冷战时期，阿以冲突是如何搅动中东局势的呢？

戴维营会晤，成果突出

《埃苏友好合作条约》废除之后，埃及走上了联美抗苏的道路。埃苏关系的紧张使埃及萨达特政府面临一系列国内外挑战。对外，埃及同受苏联支持的部分中东国家摩擦不断；对内，军费超支导致经济凋敝，经济困境又引起了社会动荡，需要依靠外援来安抚民心。埃及总统萨达特决定推动阿以和谈，以减轻军备负担、恢复经济、对付亲苏势力。1977年11月，萨达特决定突访耶路撒冷，与以色列总理贝京开始和平谈判。此举在中东国家引起轩然大波，叙利亚、黎巴嫩、约旦、巴勒斯坦解放组织及苏联联合抵制了1977年12月在开罗召开的有关中东问题的国际会议。而美国对萨达特表示支持，其主要原因在于，20世纪70年代中东地区的石油斗争和苏联对这一地区的渗透，使美国担心自身在该区的利益受损，因此努力推动阿以和谈。

在埃以和谈因利益冲突陷入僵局之时，美国总统吉米·卡特决定亲自介入。1978年9月5日，应卡特总统的邀请，美国、埃及、以色列三方在美国总统休养地戴维营举行最高级会议。美国总统卡特、埃及总统萨达特和以色列总理贝京参加了此次会议，该会晤仍围绕耶路撒冷地位、边界划分、巴勒斯坦难民回归、犹太人定居点及水资源等关键问题进行。在卡特的斡旋下，埃以双方进行了激烈的讨价还价，美国说服以色列在西奈半岛问题上作出让步，并允诺如果双方相互妥协达成协议，美国将增加对双方的经济和军事援助。

1978年9月17日，在卡特的主持下，埃以双

阿拉伯世界的杰出政治家、埃及总统穆罕默德·安瓦尔·萨达特，1970—1981年在任

世界的分裂

> **知识链接：贝京的希望**
>
> 以色列总理贝京曾满怀激情地说，这样的一天一定会到来，"那时，耶路撒冷将会成为一座城市；我们英雄的战士，历尽枪林弹雨磨炼的伞兵，他们将会眼含热泪，亲吻那些注定用来保卫这片闪耀着上帝之光的土地的、至今犹存的古墙遗石。"

1976 年，卡特经过艰苦的竞选战以微弱优势击败福特，出任美国第 39 任总统

方签署了《关于实现中东和平的纲要》和《关于签订一项埃及同以色列之间的和平条约的纲要》两份文件，即著名的"戴维营协议"。这两份纲要的签署对推动中东和平进程具有重要的历史意义。《关于实现中东和平的纲要》主要内容包括：埃及、以色列、约旦及"其他地方当局"协商约旦河西岸和加沙地带自治问题，由该地的"自由当局组织当地居民自由选举"建立自治机构；两地自治机构建立后进入过渡时期，各方必须在过渡时期进入第三年之前开始就西岸和加沙地带的最后地位进行谈判；以军将撤离上述地区，但可以保留部分据点；约旦与以色列应在过渡时期完成约以合约的谈判工作；上述谈判应以联合国 242 号决议为基础。《关于签订一项埃及同以色列之间的和平条约的纲要》的主要内容有：西奈半岛归还埃及；埃及、以色列在本纲要签字后 3 个月内举行谈判并缔结埃以和约；在缔结和约后 3—9 个月内，以军从西奈半岛部分地区撤出，并在和约签订后 2—3 年内，以色列军队完全撤出西奈半岛；埃及、以色列建立正常外交关系；以色列船只可在苏伊士运河、蒂朗海峡和亚喀巴湾自由航行。

戴维营协议，有分歧有收益

虽然戴维营协议达成，但埃以在巴勒斯坦自治以及相关问题上仍存在重大意见分歧，主要集中在以下四个方面。一是巴勒斯坦人民的民族权利问题。戴维营协议中所提及的是在约旦河西岸和加沙地带的巴勒斯坦人实行"全面自治"，但自治的内涵是什么，戴维营协议未作具体规定。以色列认为，自治只是约旦河西岸和加沙地带的巴勒斯坦人拥有一定的行政权，仅有处理市政建设、环境卫生之类问题的权利。但埃及却认为，自治就是自决，巴勒斯坦人在这些地区拥有自决权，而不仅仅是处理市政问题的有限行政权。二是关于巴勒斯坦的最终前途问题，戴维营协议中相关内容含糊不清。以色列认为，实现巴勒斯坦人在约旦河西岸和加沙地带的自治就是最后目标。埃及却认为，自治只是解决巴勒斯坦问题的一个步骤,自治应最终达成建立一个独立的巴勒斯坦国,即以色列和巴勒斯坦"双方都拥有存在和作为一个国家实体进行活动的权利"。三是以色列坚持在约旦河西岸和加沙地带以及在第三次中东战争中被其占领的耶路撒冷东区建立犹太人定居点。埃及则强调,以色列应在约旦河西岸和加沙地带停建定居点,把这两块土地真正归还给巴勒斯坦人,并撤出耶路撒冷东区。四是埃及要求以色列和巴勒斯坦双方互相承认。但是,以色列却没有这种考虑。

戴维营协议出台后,很快遭到部分阿拉伯国家的反对。1978年9月,由叙利亚、阿尔及利亚、利比亚、南也门和巴勒斯坦解放组织组成的"拒绝阵线"召开会议,联合抵制戴维营协议,决定断绝同埃及的政治和经济关系。在卡特再次斡旋下,埃及、以色列双方在1979年3月正式签订和平条约;1980年,埃及与以色列建立了外交关系。埃及通过和谈收复了西奈半岛,结束了同以色列多年的敌对状态,经济与军事压力均得到缓解,且与美国建立战略性合作伙伴关系取得突破性进展。卡特政府也兑现了承诺,卡特于1979年7月批准向埃及追加18亿美元的巨额经济援助,并同意向埃及提供F-16战斗机等先进武器,与埃及举行联合军事演习。自此,埃及取代伊朗,成为自伊朗伊斯兰革命后美国在中东地区最重要的盟友。

虽然埃及在与以色列的和谈中获利颇多,但埃以单独媾和的举动使埃及在阿拉伯世界陷入孤立,

在美国总统卡特参与下,埃及总统萨达特和以色列总理贝京于1978年9月6—17日,在华盛顿附近的美国总统休养地戴维营就和平解决中东问题举行会谈。会谈后埃以双方签署了《关于实现中东和平的纲要》和《关于签订一项埃及同以色列之间的和平条约的纲要》两份文件,即"戴维营协议"。图为戴维营协议签订后,在卡特见证下,萨达特(左)与贝京(右)握手

戴维营协议来之不易，双方都喜不自禁。萨达特和贝京喜悦之色溢于言表

由于该协议未提出解决巴勒斯坦民族自决权和归还其他阿拉伯被占领土等问题，引起大多数阿拉伯国家的不满和反对，导致了阿拉伯国家的分裂，约旦河西岸和加沙地带的自治安排也未如期实施。在戴维营协议签署的前后，共有17个阿拉伯国家宣布同埃及断绝外交关系，并对埃及实行经济制裁；阿拉伯联盟宣布暂停埃及的会员国资格，并将总部从开罗迁到了突尼斯。阿拉伯世界的消极反应，以及以色列对进一步推动中东和平诚意的缺乏，使埃以未能如愿将"埃以和平"推广至"阿以和平"。

中东和平进程现曙光

戴维营协议的签署，为阿拉伯世界与以色列结束战争状态打开了通道，加速了巴勒斯坦和叙利亚同以色列进行谈判的历程，有力地推动了中东和平进程。协议的签订为实现中东和平开辟了一条新道路，使阿拉伯国家同以色列的关系开始由对抗向对话方向发展。随着中东形势的发展，美国和苏联为争取阿以矛盾有利于自身的解决，曾提出各自的方案，以排斥对方势力的渗入，但后来美苏双方被迫作出让步，通过直接谈判及召开国际会议的方式来进行和谈。

阿以矛盾根深蒂固，双方对于矛盾如何解决分歧巨大，即使有第三方干预，和平进程依然艰难。尤其在巴勒斯坦的建国权、民族自决权以及耶路撒冷的归属这些实质性问题上，双方很难妥协，民族情绪难以抚平。但庆幸的是，虽然接受的解决方案很难达成，激烈的讨价还价不可避免，但和谈的趋势已势不可当，始于戴维营协议的中东和平进程有了新的希望。

美苏争夺的新态势
"星球大战计划"与"新思维外交"

攻守态势转变,以缓和对强硬。"新思维外交"VS"星球大战计划"。

一位以保守主义著称的美国总统里根,一位以新思维面目出现的苏联领导人戈尔巴乔夫,两位大国领袖揭开了冷战的新剧幕。

里根的"星球大战计划"

美国"星球大战计划"出台于冷战后期,由于苏联拥有比美国更强大的核攻击力量,美国担忧"核平衡"的态势被打破,美国总统里根在1983年3月提出关于建立《反弹道导弹防御系统的战略防御计划》。1985年1月4日,美国政府正式公布了该计划,因此项计划扩展到宇宙空间并涉及太空武器,所以称为"星球大战计划"。1983年3月23日,美国总统里根发表了著名的"星球大战"演说,"星球大战计划"正式更名为"战略防御计划",其要防御的目标就是可能对美国本土发动袭击的洲际弹道导弹。

"星球大战计划"包括两个部分:一是"洲际弹道导弹防御计划",就是在宇宙空间建立多层防御体系,将来袭导弹的飞行轨道分为几个阶段,在不同的阶段采取不同的防御手段,前级防御层可以减轻后级防御层的压力,后级防御层可以填补前级防御层的漏洞,摧毁穿过前级防御层的来袭导弹,达到全部摧毁来袭导弹的目的;二是"反卫星计划",就是研制和部署天基与陆基相结合的反卫星武器系统,以摧毁对方的卫星。"反卫星计划"是战略防御系统一个不可分割的组成部分,它利用太空基地的监视系统,对敌卫星进行监视,并在必要时指令天基或陆基定向能武器系统摧毁敌人卫星。由于卫星在监视、预警、通信、导航等方面具有不可替代的作用,美国战略防御系统重要的任务就是使对方的卫星无法发挥作用。

根据该计划,美国将建立由陆基定点防御系统

里根铜像

和太空反弹道导弹组成的多层次、多手段的战略防御体系,以保护美国及其盟友不受苏联核导弹的威胁。"星球大战计划"对国际格局影响深远,主要表现为:一是使国际社会间军控谈判复杂化。二是导致军备竞赛升级,国际紧张局势加剧。三是军备竞赛进一步消耗了苏联有限的资源和财力。四是"星球大战计划"是美国对外战略的一项新内容,成为美国未来争夺世界霸权的一个重要工具。

戈尔巴乔夫的"新思维外交"

美国倚仗其经济技术优势一再对苏联实行"经济制裁",尤其想通过"星球大战计划"拖垮苏联,打破美苏战略均势。1985年戈尔巴乔夫上台以后,认识到其面临的严峻挑战,实际上是一场包括尖端技术、经济活力和应变能力的综合国力竞争。他对苏联的经济发展重新进行了评估,把振兴经济、增强综合国力作为刻不容缓的战略任务。为实现这一战略目标,戈尔巴乔夫不仅在政治、经济领域提出了一系列改革思想,而且尤其注重"新思维外交"的对外推行,以争取一个对苏联发展有利的国际环境。

"新思维外交"主要表现在以下三个方面。一是对美关系上,苏联采取以缓和对强硬的灵活姿态,在最为突出的核军备竞赛领域中,戈尔巴乔夫声称,"没有人能够在核战争中获胜,也不能赢得核军备竞赛"。二是地区争夺上,主要是保持既得利益,避免与美国迎头相撞;注意改善同邻国的关系,改变过去自我孤立的做法,表示要改善同中国、日本的关系,并承认欧洲经济共同体是一个"政治现实",竭力推动在欧洲重建缓和,鼓励西欧的独立倾向,承认世界的多极化。三是在强调苏联—东欧"协调行动"的前提下,放松对东欧国家的控制,并扩大与西方国家的经济合作,加速苏联

1931年3月2日,戈尔巴乔夫出生于苏联南部斯塔夫罗波尔边疆区的一个小乡村,曾任苏联共产党总书记、苏联总统

经济的发展步伐;同时,以军备控制为重要内容,开展多边缓和外交,努力谋求改善同各方关系,为实现加速发展战略创造更有利的国际环境,以增强综合国力。

"新思维外交"的提出实质上是苏联无力承担军备竞赛所导致的经济恶化、政治僵化、国家生活失去活力的结果,事实上承认了苏联在与美国的和平竞赛、军备竞赛中的失败,试图通过"新思维"来改善其面临的国际环境,停止沉重的军备竞赛,为国内改革创造环境。"新思维外交"使苏联成功地改善了同中国等国家的关系,并从阿富汗撤军,成功实现了战略收缩。但"新思维"过于强调全人类的利益,忽视了国家利益。因此,西方国家一方面鼓励新思维,另一方面加紧对苏东地区实行和平演变。

冷战时代

泥足巨人
苏联出兵阿富汗

> 帝国的过度扩张必然导致败亡。
> ——[美]保罗·肯尼迪《大国的兴衰》

地处西南亚的阿富汗被苏联看作南下战略的突破口，为了控制这一联结欧、亚、非三大洲的战略要地，苏联于1973年和1978年两次策动政变，在阿富汗扶植亲苏政权，并通过签订一系列条约和协定，使阿富汗成为依附于苏联的仆从国。1979年12月，苏联出动数万军队，大举入侵阿富汗，扶持亲苏傀儡政权上台。

苏联出兵早有预谋

入侵阿富汗之前，苏联通过"经援"和"军援"，在阿富汗进行了大量的战场建设。其中修建了几条战略公路和两个空军基地及喀布尔国际机场，并在苏阿边境修建了大型后勤补给基地。另外，在阿富汗的几千名苏联军事顾问和技术专家，早已控制着阿军一些要害部门和部队，对阿军情况比较熟悉。

1979年11月底，苏军以保卫在阿基地和人员安全为名，开始向阿调运先遣部队。12月上旬，1500名配备有坦克、火炮的苏军人员被空运进阿富汗，配置在萨兰山口，一些工兵部队也进入阿境，修复赫拉特附近被破坏的路段、桥梁并恢复一些机场和军事设施。同时以"军援"为名，通过公路向阿运进大批武器装备。圣诞节前夕，先后向阿富汗巴格兰姆空军基地和首都喀布尔机场分别空运了1个空降团和1个多空降师，先期夺占、控制要害地区。为了指挥对阿富汗的武装入侵，协调有关军区和各军种之间的行动，苏军建立了总部和军区之间的中间战略指挥机构，并在捷尔梅兹开设了前方指挥部。同时派出先遣电台潜入阿境内重要军事基地待命，专门的通信指挥网也开通完毕。

在阿富汗，苏联顾问以冬季装备换季和检查维修为名，集中和拆卸了阿军的主要武器装备，而且限制作战飞机飞行，使阿军实际上被

苏联士兵乘坐空降坦克行驶在喀布尔街头

解除武装处于无法作战状态。阿富汗总统阿明被诱骗离开总统府，转移到郊区行宫，失去了与各战斗部队的联系。苏联还对西方发动了外交和宣传攻势，大肆宣扬苏联从东德部分撤军，抨击北约在西欧部署中程导弹，对伊朗扣留美国人质事件推波助澜，以此转移西方对其侵阿行动的注意力。

苏联入侵阿富汗遭到全世界反对

苏军入侵阿富汗，还遭到了世界大多数国家的强烈谴责。1980年1月，联合国第六届特别会议通过了《要求外国军队无条件和全部撤出阿富汗》的决议。以后历届联合国大会上，苏联都遭到各国的强烈谴责，要求苏军撤出阿富汗，实现政治解决阿富汗问题。苏军的入侵，给阿富汗人民带来了深重的灾难。战争中大约100万阿富汗人死于战火，600万人被迫逃离家园，沦为难民。

1986年2月，在阿富汗人民的顽强抵抗和世界舆论的强烈谴责下，苏联被迫表示，愿意政治解决阿富汗问题。1988年，在联合国秘书长德奎利亚尔的主持下，苏联、美国、阿富汗喀布尔政权和巴基斯坦四国外长在日内瓦签署了政治解决阿富汗问题协议。协议包括四项文件和一项关于联合国提供监督的备忘录，要求巴基斯坦和阿富汗喀布尔政权互不干涉内

> **知识链接：勃列日涅夫时代苏联的对外政策**
>
> 勃列日涅夫执政时间从1964年至1982年，整整18年。20世纪60年代末是苏联继续推行赫鲁晓夫制定的"和平共处"总路线及勃列日涅夫的"缓和"政策的时期，也是苏联进攻战略的准备阶段。整个20世纪70年代是苏联正式执行积极进攻战略，与美国进行全球争霸并大肆对外扩张的时期，也就是苏联进攻战略的实施阶段。20世纪80年代是苏联战略收缩时期。

政、阿富汗难民自愿返回家园，以及由美、苏提供国际保护。协议还规定，苏军从1988年5月15日起，9个月内全部撤出阿富汗。1989年2月15日，苏军按照协议规定全部撤出了阿富汗。1991年5月，联合国提出了阿富汗和平计划，建议成立多党政府。

苏联入侵阿富汗，被视为20世纪70年代苏联全球战略攻势的顶峰，也是苏联霸权主义面目的彻底暴露。入侵阿富汗，使苏联在国内外陷入空前的孤立。而阿富汗人民风起云涌的反抗运动，更使侵阿苏军陷入了难以自拔的泥潭。

1981年，数个阿富汗反政府武装联合成立了阿富汗圣战者伊斯兰联盟，并开始接受美国、巴基斯坦、沙特阿拉伯和埃及等国的军事援助，在全国点燃新一轮战争硝烟。图为1987年在库纳尔省的"圣战"战士

第三世界的发展之痛
债务危机

为加快发展经济，发展中国家大量举借外债。

债务问题爆发，发展中国家出现经济瓶颈。

20世纪80年代，发展中国家面临严重的债务问题。衡量一个国家外债清偿能力有多个指标，其中最主要的是外债清偿率指标，即某国在一年中外债的还本付息额占当年或上一年出口收汇额的比率。一般情况下，这一指标应保持在20%以下，超过20%便表明外债负担过高。

困扰第三世界的债务问题

发展中国家的债务问题开始于20世纪70年代，80年代初危机爆发。1976—1981年，发展中国家的债务迅速增长，到1981年外债总额积累达5550亿美元。经过了两年的调整，发展中国家的债务危机逐渐得到了缓和，但是没有十分显著的成效。到1985年底，债务总额上升到8000亿美元，1986年底为1.035万亿美元。其中拉丁美洲地区所占比重最大，约为全部债务的1/3，其次为非洲（尤其是撒哈拉以南地区）债务危机的形式更加严峻，1985年这些国家的负债率高达223%。20世纪80年代的这场债务危机的主要特点为：第一，私人银行贷款增长较政府间和金融机构贷款增长更快；第二，短期贷款比重增加，中长期贷款比重下降；第三，贷款利率浮动的多于固定的。

严重的债务危机不仅对债务国造成了很大的影响，也对发达国家的债权银行造成了影响，甚至整个社会也因此面临着巨大的压力。为此，包括国际金融组织在内的有关各方为解决债务危机提出了许多设想和建议，涉及债务重新安排、债务资本化及证券化等。尽管众多措施对缓解债务危机产生了一定的效果，但国际债务形势仍然十分严峻，债务问题并没有得到彻底的解决，债务危机还远远没有结束。1989年，所有发展中国家的债务余额已高达1.262万亿美元，发展中国家债务余额与当年出口额的比率高达187%，其中撒哈拉以南非洲国家的这一比率更高达371%。发展中国家的偿债率为22%，而在债务形势严重的拉美国家，这一比率高达31%。到1990年，发展中国家的债务总额已经达到1.341万亿美元。

沉重的债务

债务危机的起因

债务危机主要包括内部和外部两方面原因。

希腊债务危机

> **知识链接：衡量一国债务状况的常用指标**
>
> 国际上通行的衡量一国债务状况常用的指标有三项：负债率、债务率、偿债能力。负债率是一国的外债余额与经济总规模（GNP 或 GDP）的比率，用于衡量一国经济总规模对政府债务的承载能力或经济增长对政府举债依赖程度的指标。债务率是一国年末债务总余额占当年货物和服务贸易外汇收入之比。偿债能力是一国当年中长期债务还本付息额加上短期债务付息额与当年货物和服务贸易项下外汇收入之比。

从各发展中国家内部因素看，20 世纪 60 年代以后，广大发展中国家大力发展民族经济，为了加快经济发展速度，迅速改变落后面貌，举借了大量外债。但由于各方面的原因，借入的外债未能迅速促进国内经济的发展，高投入、低效益，造成了还本付息的困难。

从外部因素看，导致债务危机的原因主要包括以下几个方面。第一，国际经济大环境不利。20 世纪 80 年代初，经济萧条已经成为世界难题，这也是引发债务危机的一个重要原因。第二，20 世纪 70 年代后期，国际金融市场的形势对发展中国家不利。国际信贷紧缩、对发展中国家贷款中私人商业贷款过多，这也成为导致 20 世纪 80 年代债务危机的重要原因。第三，美国 20 世纪 80 年代初实行的高利率，加重了发展中国家的债务负担。反过来，债务危机的爆发对发展中国家和发达国家又都产生了巨大的影响。第四，1973—1974 年的全球石油价格大涨，使得欧洲各国储备的美元迅速散播到全球各地。石油输出国将巨额的石油收入存入欧洲的国际银行，而这些银行再将钱贷给发展中国家，石油冲击使得发展中国家可以得到的国际贷款大为增加。

债务危机的教训

从债务危机形成的原因看，有几条教训是值得利用外资国家汲取的。一是必须加强外债管理，搞好宏观控制。外债的管理要有统一的归口领导单位，还要有统一的、系统的外债政策。二是外债政策应同国内其他政策配套，应成为整个国民经济发展战略和政策中的一个有机部分。一方面，要根据国家财力、外汇、项目和出口情况等制订出借债和偿债计划，并使之同整个国民经济发展相吻合。另一方面，要保证借款总额中的相当一部分用在经济建设项目和创汇项目上，并着眼提高投资产值率、投资利润率、投资创汇率和投资偿债率，并缩短投资回收期。在制订国内经济目标时，要避免高速度和政府支出过大，以免债务膨胀。三是应鼓励和加强出口创汇，使出口增长大于外债的增长，偿债率要控制在 30% 以下。

冷战时代

主权之争
马尔维纳斯群岛战争

马岛军事行动，欲缓解国内危机。
马岛战争战败，阿根廷军政府倒台。

马尔维纳斯群岛，简称马岛，位于南大西洋，主要由索莱达岛和大马尔维纳斯岛组成，总人口约2000人，绝大多数是英国移民后裔。首府为斯坦利港（即阿根廷港）。南乔治亚岛是马岛的附属岛屿，位于马岛东南716海里处。

马岛问题的历史由来

英国和阿根廷围绕马岛归属问题的争斗由来已久，有复杂的历史背景。英阿争议的焦点在于，是谁先发现并有效占领这些群岛。英国认为马岛是英国航海家约翰·戴维斯（John Ravis，约1550—1605年）1592年先发现的。1690年，英国人约翰·斯特朗将其命名为福克兰海峡，所以英国一直称马岛为福克兰群岛。而阿根廷认为马岛是葡萄牙人戈梅斯在1520年发现的。历史上法国、西班牙也曾占领过马岛。18世纪初，大批法国人先后来到马岛，称其为马洛伊内群岛，后转化为西班牙语的马尔维纳斯群岛。1764年，法国人在东岛建立定居点；1765年，英国人在西岛建立定居点；1766年，西班牙以25万英镑的价格从法国手里买下东岛；1770年，西班牙又出兵占领西岛。1767—1816年，马尔维纳斯群岛是西班牙的殖民地；1816年，阿根廷脱离西班牙的殖民统治。两年后，阿根廷在马尔维纳斯群岛上升起国旗，继承对马岛的主权。

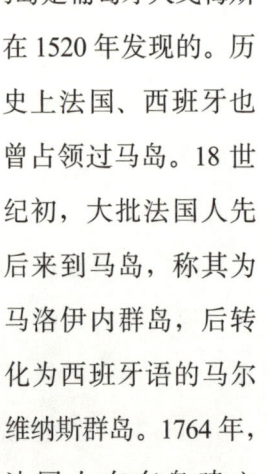

1832年，英阿两国争夺马岛战争爆发。英国获胜后，英方在该岛上设有总督和地方行政机构，派驻警察管理治安。岛上住有2000多名英裔居民，其他国家人口仅占岛上居民总数的1%—2%，英国人实际占领该群岛达150年。二战结束后，阿英两国就马岛主权归属问题进行了长达15年、约150次谈判，未能达成任何协议。阿根廷一直坚持英方应无条件承认其对马岛的主权。英阿关于马岛问题的谈判随着20世纪70年代盛传南大西洋海底石油天然气资源丰富而更趋僵化，最终导致马岛战争再次爆发。

阿根廷挑起马岛危机

1980年初，阿根廷爆发了严重的经济危机，同时国内出现了大规模的反政府运动。1982年2月，英阿双方在纽约关于马岛主权的谈判再一次失败，为缓解国内政治危机，阿根廷政府制定了代号为"罗萨里奥"的行动计划，试图以武力来收复马

福克兰群岛是一个位于南大西洋的群岛。主岛地处南美洲巴塔哥尼亚南部海岸以东约500公里，南纬52°左右海域

128

马岛战争共持续10周半，数天内伤亡惨重。英军在马岛布拉夫湾登陆的行动，遭到阿军飞机的猛烈轰炸，仅在1982年6月8日一天之内，英军便有48人死亡，150多人受伤

岛。1982年3月19日，阿根廷一家公司的39名工人来到南乔治亚岛拆除一家旧鲸鱼加工厂，并在岛上升起了阿根廷国旗。英国立即提出强烈抗议。3月24日，英国原驻马岛的海军"忍耐号"破冰船，搭载两架直升机和140名士兵，前往南岛给予施压。3月26日，阿根廷总统加尔铁里（Galtieri，1926—2003年）下令提前实施"罗萨里奥"计划，派遣第六十两栖特混编队以及第二十特混编队前往收复马岛。3月31日，英国政府为和平解决争端提出向阿根廷派出特使商讨解决办法。而阿根廷外长拒绝该建议，加尔铁里亦拒绝里根总统保持克制的要求。4月2日，阿根廷总统加尔铁里下令对马尔维纳斯群岛发动突然袭击，俘虏了岛上的英国驻军并占领了马岛。得知此消息的数十万阿根廷人聚集在总统府前的"五月广场"进行庆祝，全国十多个政党一致表示支持政府的行动，总统加尔铁里的威望达到顶峰。

而英国得知阿根廷占领马岛的消息之后宣布与阿根廷断交，并制定了全面战略方针。1982年4月3日，英国决定向马岛派遣舰队。4月24日，英舰队抵达马岛海域。25日，英陆战第42突击营攻占了南乔治亚岛，并重创阿潜艇一艘，打响了马岛战争的前哨战。至4月29日，英舰队完成了对马岛的海上封锁部署。在此期间，阿根廷从国内调集部队增兵马岛，运送武器、弹药和作战物资。同时，在岛上构筑、完善工事，加强防御部署。至英军登陆时，阿驻马岛兵力已增至1.3万余人。经过40多天激烈的海陆空战斗，英国军队夺回了马岛的控制权。1982年6月14日，阿根廷与英国签订停战协议，战争以英国重新控制马岛而告终，但并未解决主权问题。

阿根廷战败，军政府倒台

阿根廷无论是在实力还是决心上，都缺乏战争准备。阿根廷决策高层以国内政治需要及个人意愿作为重大军事战略决策的主要依据，以民族主义激情来推动甚至取代冷静的战略形势判断，为战争的失败埋下了祸根。由于阿根廷此次战争的失败，国内的反政府运动规模越来越大，加尔铁里被迫卸任总统，军事独裁政权倒台。而胜利的英国却不然，来自阿根廷的侵略使英国人民的爱国主义情绪更加强烈，爱国主义思潮使得英国的保守党在1983年的普选中赢得了胜利。

英国首相撒切尔夫人在议会的反对声中主张发动马岛战争并获胜

冷战时代

中东博弈
美苏暗中插手两伊战争

两伊战争是一场具有极高研究价值的战争，这不仅是因为其战局复杂多变，还因为当时两个超级大国在这场战争中的外交角逐也可以看作是20世纪80年代两者中东政策的缩影。

两伊战争发生在20世纪80年代，处于冷战结束的前夜。两伊战争的缘起是多个因素综合作用的结果，涉及领土、石油争端，民族、宗教、文化冲突，地区霸权争夺以及两伊领导人之间的个人矛盾，等等。

两伊战争的缘起

囿于篇幅，本文主要围绕领土争端、宗教矛盾、民族仇恨三个因素展开。

从领土争端方面看，阿拉伯河界线问题是两伊战争的导火索。1937年，伊拉克与伊朗签订了边界划分协议，将国界划到阿拉伯河面上主要航线的中间位置。1975年3月15日，在阿尔及利亚总统的沟通下，双方签订了《阿尔及尔协议》，该协议将国界确定为阿拉伯河的中央。对伊拉克来说，唯一可以进出波斯湾的出海通道就是阿拉伯河，因此伊拉克认为如果将阿拉伯河水道与伊朗平分，对伊拉克而言是十分不利的，更认为《阿尔及尔协议》实质上是一纸不平等条约。1975年9月17日，伊拉克撕毁了这项条约。

从宗教方面而言，伊朗和伊拉克虽都信奉伊斯兰教，但伊朗人口90%以上都是什叶派穆斯林，伊拉克虽然也是什叶派穆斯林占多数，但掌握国家政权的却是逊尼派穆斯林。自伊朗伊斯兰革命胜利后，宗教领袖霍梅尼试图将伊斯兰原教旨主义运动推广到整个中东地区，对于伊拉克作为什叶派穆斯林的发源地而逊尼派大权在握的现状不满，号召伊拉克民众推翻萨达姆政权，建立政教合一的国家体制。由于霍梅尼曾经被流放到伊拉克，在当地什叶派穆斯林中有不小威望，为打击萨达姆政权，在什叶派穆斯林聚集的伊拉克南部地区爆发了一些反政府武装事件，对萨达姆的统治构成了一些威胁。伊朗伊斯兰革命后，阿拉伯国家担心伊朗的武装政权向周边地区扩散，暗中支持伊拉克，加强了萨达姆入侵伊朗的信心。

伊朗境内的伊拉克T-62坦克残骸

在战胜伊朗后，萨达姆建设的凯旋门——胜利之手。现在是巴格达市中心一个大检阅场的入口

从民族问题来说，伊朗主要由波斯人组成，而伊拉克及大多数阿拉伯国家是阿拉伯人占多数。历史上，两族人民的冲突，积累了不小的民族矛盾。加上两个民族在对方国内互为少数民族，利益得不到足够保障。正如历史上归属于奥斯曼帝国的伊拉克行省的胡齐斯坦省，位于伊朗西部，是伊朗境内阿拉伯人的主要集中区，这一地区的阿拉伯人曾多次反抗伊朗统治，追求民族独立。但由于该地区是伊朗主要的石油和粮食产地，具有重要战略地位。此外，伊朗和伊拉克国内均存在作为少数民族的库尔德人，两国也都支持着对方的库尔德人取得民族独立以使国家分裂。

美苏对两伊战争的态度

两伊战争从1980年打到1988年，此时美苏两个超级大国虽然仍有对峙之势，但是对这场战争的态度已经发生微妙复杂的变化。两伊战争中美苏两国不约而同地在国际社会宣称"严守中立"，暗中却对交战双方都予以支持。因此，这场战争不仅仅是伊朗和伊拉克之间的一场激烈厮杀，同时由于处在冷战两极格局之中，美苏对两伊战争的态度在一定程度上影响战争的进程。对美国而言，保证波斯湾自由通航与遏制苏联是其首要的目标，而对苏联来说，获得两伊在阿富汗问题上的妥协与防止美国在中东的扩张是其战略重心。

美苏争夺全球霸权与两伊争夺波斯湾霸权相矛盾。两伊战争中，伊拉克实行灵活务实的外交政策，对美苏都保持友好关系。伊朗则不然，一方面，它坚决反对美国对波斯湾的染指；另一方面它也反对苏联插手波斯湾问题。与此同时，伊朗和伊拉克都坚定反对苏联对阿富汗的侵略，致使苏联不得不通过在两伊战争中对双方的援助或者妥协的方法，来换取两伊在阿富汗问题上的缓和。

综上所述，两伊战争的复杂性表现在：美苏对两伊战争的政策取决于美苏在中东的战略利益和两国的地缘政治考虑，也取决于两国当时的国内政治和全球战略，也在很大程度上受制于当时伊朗和伊拉克的国内政治、外交定位和战争形势。由此可见，国际关系体系具有整体性和联动性，内部单元的变化就可能引起整个国际关系体系的变动，国际关系的这种特性加剧了两伊战争的复杂性。

被俘的伊朗士兵

以巴分治
巴勒斯坦国的诞生与美国中东政策的变化

以巴分治，中东战乱根源由此而生。

冷战烟云，几经沧桑，巴勒斯坦终立国。

巴勒斯坦，古称"迦南国"，位于亚洲西部，地处亚、欧、非三洲交通要冲，战略地位十分重要。历史上，巴勒斯坦频繁遭遇强国入侵，历史命运坎坷。第二次世界大战后，巴勒斯坦建国问题成为国际社会广泛关注的焦点之一。

巴勒斯坦国的诞生

1947年11月，在英、美的支持下联合国通过181（II）号决议。该决议规定巴基斯坦在1948年结束英国的委任统治后建立犹太国（约1.4万平方公里）和阿拉伯国（约1.1万平方公里），给予耶

耶路撒冷面积只有126平方公里，图为被一圈城墙所围绕的耶路撒冷老城

路撒冷圣城以特殊地位。1948 年 5 月以色列建国后，于 1948 年、1956 年、1967 年、1973 年四次同周边敌视以色列的阿拉伯国家发生大规模的战争，并于 1948 年和 1967 年两次战争中占领耶路撒冷整个地区，此后又在 1980 年 7 月宣布统一的耶路撒冷为其永久的首都。耶路撒冷问题成为阻碍巴以和平进程的症结之一。1964 年 5 月，在耶路撒冷市召开的巴勒斯坦第一次全国委员会会议决定成立巴勒斯坦解放组织（以下简称"巴解"）。1969 年，巴勒斯坦总统阿拉法特担任巴解执委会主席。1978 年 9 月，埃及、以色列和美国签署了戴维营协议，被占领土的巴勒斯坦人获得了有限的自治权，巴解组织则拒不接受自治。1988 年 11 月，巴勒斯坦全国委员会第 19 次特别会议通过独立宣言，宣布耶路撒冷为新成立的巴勒斯坦国的首都。

阿拉法特站在阿尔及尔松树俱乐部会议厅的讲堂上宣布，巴勒斯坦人民从此有了自己的国家。全体巴勒斯坦全国委员会代表和在场听众起立鼓掌，欢呼这一庄严的宣告。巴勒斯坦独立国家是巴勒斯坦全国委员会第 19 次特别会议经过三天研

> **知识链接：中东不是地域名称**
>
> 中东不是地域名称，目前也没有明确的区域范围，传统上的"中东"一般来说包括巴林、埃及、伊朗、伊拉克、以色列、约旦、科威特、黎巴嫩、阿曼、卡塔尔、沙特阿拉伯、叙利亚、阿拉伯联合酋长国（以下简称阿联酋）、也门、巴勒斯坦、塞浦路斯和土耳其等 17 国。有的还将马格里布国家（阿尔及利亚、利比亚、摩洛哥、突尼斯、毛里塔尼亚）纳入其中，有的从不同战略角度还将其他相关国家（阿富汗）纳入其中。

究和讨论，最后决定成立的。巴勒斯坦国的重建是巴勒斯坦人民长期英勇斗争的胜利，也是历时 40 年的阿以争端中具有历史意义的事件。获悉这一激动人心消息的西岸和加沙地带的巴勒斯坦人民，以罢工、罢市、游行示威等方式欢庆自己国家的成立。

当阿拉法特主席宣读独立宣言之后，巴勒斯坦全委会主席萨耶赫宣布举行升国旗仪式，在雄壮激昂的巴勒斯坦国歌声中，巴勒斯坦国旗在会场庄严升起。在巴勒斯坦国成立大会上，阿尔及利亚外长贝赛伊发表讲话，祝贺巴勒斯坦的新生，并宣布阿尔及利亚承认兄弟的巴勒斯坦国，突尼斯总理

第三次中东战争，以色列方面称六日战争。1967 年 6 月，以色列占领了叙利亚戈兰高地。图为战争期间以色列坦克向戈兰高地挺进

巴库什（Baccouche，1930— ）也参加了巴勒斯坦国成立大会的闭幕式。巴勒斯坦全国委员会特别会议发表独立宣言和政治声明，重申召开公正解决巴勒斯坦问题的中东国际和会，强调会议应保障巴勒斯坦人民的合法权利，特别是民族自决权，要求以色列必须从被占领的巴勒斯坦领土和耶路撒冷撤走，以实现这一地区的安定和平。

美国中东政策的变化

在数千年的历史进程中，不同民族在中东地区不断征战，早期的主要目的是占有或控制贸易通道和战略要塞。自从中东地区发现油气资源后，西方列强又将占有或控制油气资源作为首要目标。第二次世界大战之后，占有或控制中东地区油气资源成为美国的国家战略，也是其控制全球的重要手段及措施。为实现和保障在中东地区的利益，美国充分利用中东地区民族、文化、历史的多样性和复杂性，以及各种矛盾，在不同时期制定和实施了有差别的中东政策。

中东地区的埃及、叙利亚、伊拉克和南也门倾向于东方阵营，传统的君主制国家则基本上属于西方阵营。在冷战的大背景下，美国的政策以争夺全球霸权为目标，采取与苏联直接对抗的方式，"你支持的我就反对，你反对的我就支持"。

在五次中东战争中，美国始终是以色列的战略盟友，坚定地支持、援助以色列，每年的军事援助额达30亿美元。在第一次中东战争爆发后，阿拉伯国家基本上与美国中断了外交关系，而曾经坚定支持以色列建国的苏联则站在美国的反面，与以色列断绝外交关系转而支持阿拉伯国家，中东地区绝大多数国家都站在苏联一边。特别是1967年的第三次中东战争基本上属于代理人战争，以、阿分别从美、苏得到武器装备。从分析可知，

> **知识链接：《中东国家通史》**
>
> 西北大学彭树智教授主编的多卷本丛书《中东国家通史》，是我国出版的第一部中东各国通史。它是一套包括13卷本的地区国别史，每卷由一个国家或国家群所组成。全书各卷依次为：《阿富汗卷》《沙特阿拉伯卷》《以色列卷》《巴勒斯坦卷》《伊朗卷》《土耳其卷》《伊拉克卷》《叙利亚和黎巴嫩卷》《埃及卷》《也门卷》《约旦卷》《塞浦路斯卷》《海湾五国卷》。每卷约25万字左右，各卷虽自成一体，但又互为联系。
>
> 这套书比较全面地反映了中东各国的历史发展进程，是国内中东国家通史研究方面的重要参考资料。一方面，各卷采用历史叙述方式，由古及今地阐明各国历史变迁的过程、特征和规律。另一方面，各卷关注世界及中东的时代背景，并对各国的社会、政治、军事、经济、教育、学术、艺术、科技、地缘环境等方面进行了全方位、多层次的研究。各卷入史的众多事实和历史细节，都在参阅国内外大量图书文献的基础上，经过严格的筛选和缜密的推敲与考证，融汇了前人研究的成果，是一套可读性较强的学术著作。

美国的中东政策较为灵活，为维护自身在中东地区的利益，其总是阻止战争扩大、升级，避免战时过长。每次中东战争，美国都是主动调解双方矛盾，督促实现停火，得到了一些中东地区国家的认可，逐步与沙特等国家恢复了外交关系。在20世纪70年代，美国与沙特达成了一项"不可动摇"的协议，把美元作为石油的唯一定价货币，并得到了石油输出国组织（欧佩克）其他成员国的同意。

耶路撒冷老城小巷密布，沉淀着历史的遗迹，仿佛在诉说几千年来这里的浮世繁华

苏联解体的先声
东欧剧变

经济困难引发政局动荡，东欧各执政党领导人被迫放弃集权道路。

反对派势力大增，通过大选建立新政权，苏联解体之势已现。

1989—1990年，东欧局势发生了激烈的动荡，急转直下的政局变化，令全世界为之瞠目。在短短一年多里，东欧的波兰、匈牙利、民主德国、捷克斯洛伐克、保加利亚、罗马尼亚6国政权纷纷易手，执政四十多年的共产党、工人党或下台成为在野党，或改变了性质。紧随其后，阿尔巴尼亚劳动党于1992年3月在大选失败后下台；南斯拉夫最终分裂为五个独立的共和国。

伴随执政党丧失执政地位，东欧各国的社会制度也发生了根本性的变化。在政治上，实行多党制为基础的议会民主；在经济上，否定公有制占主导地位，开始实行混合所有制或私有制基础上的市场经济。剧变后的东欧各国，背离了社会主义方向。

波兰与匈牙利局势

1980年以后，波兰团结工会通过抨击时政，作出许多美好的承诺，赢得了波兰人民的支持。几个月后，全国1300万工人中有1000万加入团结工会，其中有波兰统一工人党1/3的党员（约100万）。由于经济形势的进一步恶化，社会更加动荡不安。1988年，波兰的经济形势再度恶化，上半年全国居民的收入虽然增加了63.7%，但通货膨胀率也高达51%，更严重的是市场供应严重匮乏，造成人心浮动，团结工会乘机东山再起。拉科夫斯基（Rakowski，1926—2008年）新政府为了稳定国内政局，对团结工会等反对派采取了宽容的政策。

2009年10月31日，美国前总统老布什、苏联前总统戈尔巴乔夫和德国前总理科尔，在柏林出席柏林墙倒塌20周年纪念活动

1989年2—4月，统一工人党和团结工会等各方代表参加圆桌会议，达成关于团结工会合法化和实行议会民主等协议，并决定在1989年6月举行大选。此后，波兰形势急转直下，在6月的议会选举中，团结工会获胜。7月，雅鲁泽尔斯基（1923—2014年）以一票优势当选总统。9月，波兰组成以团结工会为主体的政府。并在12月改国名为波兰共和国。1990年1月，四十多年来一直居于执政地位的波兰统一工人党宣布停止活动，同年12月，团结工会领导人瓦文萨取代雅鲁泽尔斯基，成为波兰总统。

1989年2月，匈牙利社会主义工人党中央全会讨论重新评价1956年事件，格罗斯的"稳健改革派"和波日高伊（Pozsgay，1933—2016年）的"激进改革派"发生分歧。最后达成妥协：既承认该事件是因党和国家领导人失误引发的"人民起义"，又指出反革命势力插手导致民族悲剧，决定重新安葬纳吉。6月14日，匈政府声明哀悼纳吉以及1956年所有牺牲者。10月6日，匈党召开十四大，把该党改建为"匈牙利社会党"，以混合经济、自治制度、多党制议会基础上的民主社会主义为奋斗目标。反对改建的部分党员在前总书记格罗斯支持下于12月17日重新召开十四大，声明"匈牙利社会主义工人党并未解散"，选举了新的中央领导机构。匈党正式分裂。10月18日，匈国民议会通过宪法修正案，把"匈牙利人民共和国"改为"匈牙利共和国"。

捷克斯洛伐克局势

20世纪80年代中期，捷旧的经济政治体制已成为社会生产力发展的严重障碍。随着国内政局的发展，以"七七宪章"为代表的反对派组织开始活跃起来。1988年8月和1989年8月，反对派先后借苏联东欧5国，出兵捷克20周年、21周年之际，组织大规模的群众游行集会，要求为"布拉格之春"平反，并提出鲜明的反对社会主义政治口号。成为捷剧变的导火线，引起社会矛盾日益尖锐，社会动荡迅速升级。社会矛盾的加深也加剧了捷共内部的分歧，总书记雅克什（Jakeš，1922—2020年）和总理阿达麦茨（Adamec，1926—2007年）形成对立的两个中央，政治局势逐渐失控。1989年11月17日，"七七宪章"等12个反对派组织在布拉格成立"公民论坛"，提出要追究参与镇压"布拉格之春"者的责任、要现任捷共领导人下台等4

> **知识链接：《从苏联到俄罗斯：民族区域自治问题研究》**
>
> 左凤荣、刘显忠教授合著的《从苏联到俄罗斯：民族区域自治问题研究》一书，利用新档案资料，详尽、系统地研究从苏联到俄罗斯民族区域自治问题。全书重点考察苏联时期民族区域自治政策的形成、发展与存在的问题，把苏联的民族区域自治政策放到当时的历史条件下来考察；以发展的观点来考察从苏联到俄罗斯民族区域自治政策演变的历史逻辑；在论述当今俄罗斯民族区域自治政策时，与苏联时期进行比较，进而把握了当今俄罗斯民族理论与民族政策、民族区域自治制度的变化。

1989年，人们准备推倒柏林墙

项政治要求，成为主宰局势发展的政治力量。捷共总书记雅克什辞职，中央主席团和书记处也集体辞职，"公民论坛"的大部分要求被接受。反对派的得势也加深了捷共内部的混乱，半数党员退党。12月，捷共召开特别代表大会，提出民主社会主义的路线和政策，并正式为"布拉格之春"平反，试图改变局面。但反对派组织并未就此罢休，他们每天筹划50万人上街游行，逼迫共产党交出国家政权，即使在达到参与政府的目的后，仍然不断动用"街头政治"向政府施压，终于使捷共在1990年6月的首次大选中丧失政权。此后捷共被取缔。

南斯拉夫局势

1989年10月，南共联盟中央委员会通过了《政治体制改革纲领》，决定把多党制引入政治体制，放弃"一党垄断"。南斯拉夫开始发生变化。此后，各种政党和组织纷纷出现，民族分离主义势力也趁机活跃起来，政治分裂的势头不可逆转。1990年1月，南共联盟第14次非常代表大会召开，但未获成果。分裂势力愈来愈甚，中央机构陷入瘫痪状态，导致南共联盟解体。反对党迅速崛起，在6个共和国的地方选举中，由原各共和国联盟演变而成的社会党在4个共和国丧失执政地位。南斯拉夫进一步陷入民族分裂、国家解体的境地。民族分离主义势力作用下，克罗地亚、斯洛文尼亚、波黑、马其顿宣布成立独立主权国家，并得到西方国家的承认。塞尔维亚和黑山两个共和国则宣布建立南斯拉夫联盟共和国，中国、俄罗斯等国予以承认。这样，南斯拉夫分裂成5个独立的主权国家。2006年5月21日黑山独立公投，独派以微弱的优势获胜，6月3日黑山会议正式宣布独立，6月5日塞尔维亚国会亦宣布独立，并且成为塞黑国家联盟的法定继承国，塞黑国家联盟解体。

民主德国局势

20世纪80年代以来，以昂纳克为首的德国统一社会党未能采取有力措施推动改革，使得社会矛盾日积月累，日益突出，党内外不满情绪不断增长。1989年5月，匈牙利放宽边界限制，大批民主德国人假道匈牙利、奥地利，涌入联邦德国，仅仅9、10月间，就有10万名青年人逃往联邦德国。移民风潮进一步加剧了社会动荡和政治风暴，各种势力纷纷登上了政治舞台，形形色色的反对派组织广泛成立。10月，在民主德国的40周年国庆活动中，来访的苏联领导人戈尔巴乔夫公开要求民主德国领导人改变态度，实行改革，促使局势进一步紧张。不久，执政18年之久的昂纳克被迫辞职，克伦茨（Krenz，1937—　）成为总书记，接着又成为国务委员会主席和国防委员会主席。11月9日，

位于罗马尼亚的重生纪念碑，立于2005年

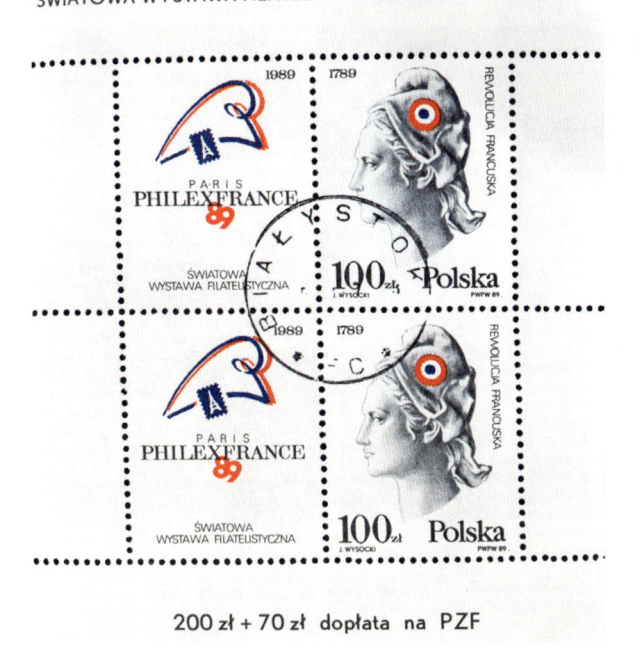

20世纪80年代末，一枚以法国革命人物为主题的波兰邮票

民主德国宣布开放东柏林及与联邦德国的边界。联邦德国总理科尔抓住时机，在11月28日提出了关于德国统一的"十点计划"，被民主德国方面拒绝。但是，在民主德国内，社会经济形势日益恶化，人民要求统一的呼声越来越高。12月，德国统一社会党改名，新党的党章中取消了关于党是工人阶级先锋队和党对社会的领导作用以及党的民主集中制原则等关键性内容。为了结束国内的混乱局面，在征得戈尔巴乔夫同意后，民主德国领导人提出了德国统一的方案。

1990年3月，民主德国举行大选，得到西德政府支持的以基督教民主联盟为主体的德国联盟获胜，组成民主德国大联合政府，基民盟主席德梅齐埃任总理，由德国统一社会党改名的"民主社会主义党"被排斥在政府之外，两德统一的步伐加快。7月1日，两德统一使用西德马克，东德马克停止流通。次日拆除柏林墙。8月底，两德统一条约在柏林签字，民主德国并入联邦德国，原民主德国被划分为5个州；10月3日，这5个州集体加入联邦德国。经过45年的分裂之后，德国重新实现了统一。

罗马尼亚、保加利亚和阿尔巴尼亚局势

1965年3月，齐奥塞斯库开始担任罗马尼亚党中央第一书记，1974年齐奥塞斯库成为罗马尼亚总统。罗马尼亚执行了争取和维护国家独立自主和基本路线，并实施了一系列政治经济的改革，取得了一定成效，但与人民生活密切相关的问题没有得到根本解决。20世纪80年代后期，人民的不满增加。齐奥塞斯库不但没有改变政策，反而采取了更为激烈的行动，下令开展农村规范化运动，将分散的乡合并，建立农工中心，预计要拆迁8000个村庄，全国一半以上的村要被缩减，遭到了农民的强烈反对，由于被拆迁者中有许多是匈牙利族和塞尔维亚族人，这一行动也引起了邻国匈牙利和南斯拉夫的不满。1989年12月16日，蒂米什瓦拉城数千人上街示威游行，喊出了"打倒齐奥塞斯库"的口号。22日晚，罗马尼亚救国阵线委员会宣告成立，前罗共中央书记伊利埃斯库当选为主席。28日，救国阵线宣布将罗马尼亚社会主义共和国改名为罗马尼亚。罗马尼亚共产党停止一切活动。1990年5月，罗马尼亚举行了首次自由选举，救国阵线委员会领导人伊利埃斯库当选为总统。

保加利亚因民族问题引发政局动荡，反对派得势。1990年，在保共的不断妥协下，反对派全面掌握了政权。

阿尔巴尼亚曾以奉行极左路线而闻名，在国内危机加深和国外压力增大的情况下，政局出现变化，由放弃执政党的领导权、承认政治多元化发展到取消社会主义制度、取消马列主义指导思想，并且实行三权分立，国家机构实行"非党化和非政治化"。

至此，东欧社会主义国家完成了历史性的剧变。

冷战时代

苏联解体
美苏两极格局的瓦解和冷战的结束

以意识形态划分东、西欧的雅尔塔体系开始崩溃。
二战后形成的两极格局不可逆转地走向终结。

1981年里根出任美国总统后，推行新的"遏制"政策。1983年3月，他提出"战略防御计划"（即"星球大战计划"），企图在新一轮的军备竞赛中拖垮苏联。1985年，苏共总书记戈尔巴乔夫提出了"新思维"改革。戈尔巴乔夫"新思维"指导下的改革没有力挽狂澜，国内经济形势日趋恶化，联盟分裂的倾向不断加剧。最终戈尔巴乔夫的改革以苏共亡党、苏联解体而结束。

戈尔巴乔夫"新思维"改革的失败

戈尔巴乔夫内外改革的逐步"西化"，也威胁到苏联自身的生存。1985年3月戈尔巴乔夫担任苏共总书记后的一段时期，强调把对内对外工作重点转移到发展经济上来，实行改革，争取尽快发展生产力，但并没有否定社会主义，主导思想大体上是积极的。但是，由于各种原因，经济改革难以推动，戈尔巴乔夫便转向政治改革，提出了"更新"社会主义的口号，力求为经济改革扫除障碍。他全面彻底地批判了苏联社会主义建设模式，纠正办法却是采用属于"全人类共同价值标准"的"民主和人道主义"，即用所谓"全人类标准"来改造社会主义。在对外关系上，则根据"新思维"，放弃与美国和其他西方国家的对抗，并全面做出让步。这以后，1988年6月苏共第二十九次代表会议上把苏共由"领导核心"改为"政治先锋队"，1990年12月正式向西方七国首脑提出苏联的改革计划。预定7年内苏联和七国集团共同或平行采取行动，使苏联的改革进程同西方的援助活动协调一致，苏联将扩大私有制在国民经济中的比例，完成向资本主义市场机制的转变，使苏联经济与世界经济融为一体。西方七国则参与抑制苏联改革的计划，并由西方监督

列宁像被推倒。从1989年柏林墙倒塌开始，苏联的加盟共和国开始推倒列宁像的运动。一时间，这些加盟共和国列宁像突然消失了，以"列宁"命名的道路和广场也纷纷改名。当时，在苏联的加盟共和国看来，推倒列宁像意味着本国的历史将与苏联的历史划清界线

美俄关系新篇章

知识链接：《苏联解体：20年后的回忆与反思》

李慎明教授主编的这本《苏联解体：20年后的回忆与反思》收录了近两三年俄罗斯出现的最新资料，如回忆录、访谈录、档案材料、分析研究成果以及部分尚未出版的手稿等，既有政治人物的政治回忆和访谈，也有档案材料的挖掘以及历史细节的揭秘，还有专家学者的深度研究与解析等。为深入思考和研究苏联解体、苏共亡党的原因与教训提供素材或佐证。

苏联对西方援助的利用。这表明，苏联自动放弃了改革的自主权。不仅如此，戈尔巴乔夫主动要求西方在政治上也来帮助苏联改革。面对苏联日益"西化"的表现，许多苏联共产党的干部、知识分子、普通百姓及舆论工具都曾尖锐地指出其危险性。

"8·19"事件与苏联解体

1991年8月19日清晨6时，由苏联副总统亚纳耶夫等八人组成的"国家紧急状态委员会"发动了"8·19"事件，试图"使国家和社会尽快摆脱危机"。但这是在背水一战。结果，紧急状态委员会仅存64小时便归于失败。8月21日，戈尔巴乔夫发表声明，说他已完全控制局势。事件参与者很快遭到逮捕。6年多改革所形成的政治力量对比和政治环境，以及苏联共产党战斗力丧失，决定了他们的失败命运。他们本身又没有提出明确而有号召力的纲领，也就难以取得群众的支持。"8·19"事件后，局势急转直下。戈尔巴乔夫和叶利钦以苏联总统和俄罗斯总统的名义，针对苏共发布一道又一道的命令，在全国范围内实行"非党化"。苏共办公机构被查封，财产被没收，报纸被停刊，档案被封存。"8·19"事件失败后，戈尔巴乔夫地位大大下降，叶利钦的势力陡然上升，各共和国纷纷宣告独立。12月25日，戈尔巴乔夫辞去总统职务。同日，镰刀锤子红旗落地。这样，一个成立于1922年12月，曾叱咤国际风云数十年的大国——苏维埃社会主义共和国联盟消失了。

这张照片摄于1991年12月8日，当时的俄罗斯总统叶利钦（左）和白俄罗斯最高苏维埃主席史坦尼斯拉夫·舒什凯维奇（1934—2022年）（右）签署了一份文件，声明"苏联作为一个地缘政治现实和国际法主体已不复存在"

一话一说一世一界

为现实服务的经济

二战后,苏联与美国的经济冷战过程概况如下:一是依托经济计划拉拢盟友、打击对方。美国借马歇尔计划向西欧输出了大量商品,赢得西欧国家的追随。苏联为反击马歇尔计划,先后与东欧国家签订一系列经济贸易协定,进而巩固与东欧的经济联系。二是遏制与制裁。随着美苏冷战的加剧,以美国为首的西方国家利用经济上的优势,对苏联进行经济遏制和经济制裁。为顶住经济封锁,苏联成立了经济互助委员会。三是石油贸易战。针对苏联急于修建通向西欧的石油管道的情况,1962年至1965年美国对苏联实行大口径输油管道的禁运,延缓了友谊管道的建设,严重影响了苏联的石油运输。20世纪80年代中期,里根政府通过迫使沙特增加石油产量,导致国际市场上油价暴跌,苏联外汇储备收入锐减,加剧了苏联的经济危机。

美苏经济关系作为其政治关系的"晴雨表",伴随着两国关系的曲折发展也呈现出不同的特点:一是美国和苏联经济贸易的主要对象国为阵营内部国家,以此来达到政治目的;二是两大阵营内的国家表现出对美苏不同程度的经济依赖;三是两大经济模式并存,但彼此间合作与交流较少,这在一定程度上减缓了经济的融通,不利于经济全球化的发展。

以美元为中心的国际货币体系
布雷顿森林体系

以美元为中心的国际货币体系,是战后美国霸权的重要支撑。
虽终难逃崩溃命运,却成功铸就美元国际地位。

"布雷顿森林体系"是指二战后以美元为中心的国际货币体系。1944年7月,西方主要国家的代表在联合国国际货币金融会议上确立了该体系,因会议地点为美国新罕布什尔州布雷顿森林,史称"布雷顿森林体系"。

布雷顿森林体系的建立

两次世界大战之间的20年中,国际货币体系分裂成几个相互竞争的货币集团,各国货币竞相贬值,动荡不定。第二次世界大战后期,美英两国政府出于本国利益的考虑,构思和设计战后国际货币体系,分别提出了"怀特计划"和"凯恩斯计划"。"怀特计划"和"凯恩斯计划"同样以设立国际金融机构、稳定汇率、扩大国际贸易、促进世界经济发展为目的,但运营方式不同。建立布雷顿森林体系的关键人物是美国前财政部助理部长哈里·怀特,凭借战后美国拥有全球2/3黄金储备和强大军事实力的大国地位,他力主强化美元地位的提议力挫英国代表团团长、经济学大师凯恩斯,"怀特计划"成为布雷顿森林会议最后通过的决议蓝本。美英双方于1944年4月达成了践行"怀特计划"的"关于设立国际货币基金的专家共同声明"。

1944年5月,美国邀请参加筹建联合国的44个国家及政府的经济特使在布雷顿森林召开了联合国国际货币金融会议(又称布雷顿森林会议),商讨战后的世界贸易格局。经过为期3周的激烈争论后,会议通过了以"怀特计划"为基础的《国际货币基金协定》和《国际复兴开发银行协定》。

布雷顿森林现在是人们滑雪和远足的好去处,但它被众所周知的还是曾产生巨大影响的布雷顿森林体系

为现实服务的经济

1945年12月27日,参加布雷顿森林会议的国家中的44国代表在《布雷顿森林协定》上签字,决定成立国际货币基金组织(简称IMF)和世界银行(简称WB)。这两个机构自1947年11月15日起成为联合国的常设专门机构。

"布雷顿森林体系"的主要内容包括：美元与黄金挂钩、其他国家货币与美元挂钩、实行可调整的固定汇率、各国货币兑换性与国际支付结算原则、确定国际储备资产、国际收支的调节。

布雷顿森林会议在"金本位制"崩溃后建立了一个新的国际货币体系，确立了以美元为中心的国际货币体系，即布雷顿森林体系。布雷顿森林体系实际上是一种以美元和黄金为基础的国际金汇兑本位制，又称美元—黄金本位制。它使美元在战后国际货币体系中处于中心地位，美元成了黄金的"等价物"，美国承担以官价兑换黄金的义务，各国货币只有通过美元才能同黄金发生关系，美元处于中心地位，起世界货币的作用。从此，美元就成了国际清算的支付手段和各国的主要储备货币。

走向崩溃的布雷顿森林体系

20世纪70年代初，在日本、西欧崛起的同时，美国经济实力相对削弱，无力承担稳定美元汇率的责任，造成贸易保护主义抬头，美国不得不相继两

2014年5月21日，第31届布雷顿森林体系委员会会议在美国华盛顿特区、世界银行总部举行。时任国际货币基金组织总裁克里斯蒂娜·拉加德(左)在布雷顿森林体系委员会的听证会上发言

次宣布美元贬值。各国纷纷放弃本国货币与美元的固定汇率，采取浮动汇率制。以美元为中心的国际货币体系瓦解，美元地位下降。欧洲各国的许多人甚至一度拒收美元。在伦敦，一位来自纽约的旅客表示："这里的银行、旅馆、商店都一样，他们看到我们手里的美元时流露出的神情，好像这些美元成了病菌携带物一般。"在巴黎，出租车上挂着"不再接受美元"的牌子，甚至乞丐也在自己帽子上写着"不要美元"。

尽管布雷顿森林体系终究难以维系，但美元的世界霸主地位已经确立，并且随着世界经济形势的发展，美国凭借着硅谷的科技创新和世界经济一体化进程，其综合实力依旧独领风骚，令美元始终保持着世界最重要国际货币的地位。

图为参加布雷顿森林会议的44个国家代表团团长的合影

世界两大金融机构
国际货币基金组织与世界银行

国际货币基金组织、世界银行，闻名遐迩的国际经济组织，经济方面的"联合国"。

国际货币基金组织和世界银行都是第二次世界大战后建立的全球性的重要国际金融组织，国际货币基金组织、世界银行于1945年12月27日成立，它们与世界贸易组织并列被称为世界三个经济"联合国"。

国际货币基金组织

国际货币基金组织于1947年3月1日开始工作，11月15日成为联合国的专门机构，总部设在华盛顿。国际货币基金组织在经营上有其独立性，与世界银行并列为世界两大金融机构之一，其职责是监察货币汇率和各国贸易情况、提供技术和资金协助，确保全球金融制度运作正常。

国际货币基金组织的主要宗旨：通过一个常设机构来促进国际货币合作，为国际货币问题的磋商和协作提供方法；通过国际贸易的扩大和平衡发展，把促进和保持成员国的就业、生产资源的发展、实际收入的高水平，作为经济政策的首要目标；稳定国际汇率，在成员国之间保持有序的汇价安排，避免竞争性的汇价贬值；协助成员国建立多边支付制度，消除妨碍世界贸易的外汇管制；在有适当保证的条件下，基金组织向成员国临时提供普通资金，使其有信心利用此机会纠正国际收支的失调，而不采取危害本国或国际繁荣的措施；按照以上目的，缩短成员国国际收支不平衡的时间，减轻不平衡的程度等。

国际货币基金组织的最高权力机构为理事会，由各成员方派出的两名正、副理事组成（一般由各国的财政部部长或中央银行行长担任）。理事会每年9月举行一次会议，各国理事单独行使本国的投票权（各国投票权的大小由其所缴基金份额的多少决定）；执行董事会负责日常工作，行使理事会委托的一切权力，由24名执行董事组成，其中8名由美、英、法、德、日、俄、中、沙特阿拉伯指派，其余16名执行董事由其他成员分别组成16个选区选举产生；中国为单独选区，亦有一席。执行董事每2年选举一次；总裁由执行董事会推选，负

国际货币基金组织的职责是监察货币汇率和各国贸易情况、提供技术和资金协助，确保全球金融制度运作正常。该组织徽标是东西半球与代表和平的橄榄枝

为现实服务的经济

2011年6月28日，法国财长克里斯蒂娜·拉加德出任国际货币基金组织总裁

> **知识链接："巴统"**
>
> 1950年1月9日，美国正式成立"对共产党国家出口管制统筹委员会"，因其总部设在美国驻巴黎大使馆，该机构又简称为"巴统"。其重要职能是管制美国及其西方盟国与以苏联为首的社会主义国家的贸易，禁止向社会主义国家出口战略物资。美国的这些政策使东西方贸易锐减，1948年美国对苏联的出口额2700多万美元，到1952年锐减至只有1.5万美元。1994年"巴统"才宣告解散。

责基金组织的业务工作，任期5年（可连任），另外还有3名副总裁。

世界银行

世界银行，国际复兴开发银行的通称，是联合国下设的一个专门机构，是为发展中国家资本项目提供长期贷款的国际金融机构。世界银行的官方目标为消除贫困，根据其有关协定规定，其所有决定都必须旨在推动外商直接投资和国际贸易，以及为资本投资提供便利。世界银行由两个机构组成：国际复兴开发银行与国际开发协会。世界银行与世界银行集团并不一样，后者包括世界银行、国际金融公司、多边投资担保机构以及国际投资争端解决中心。

世界银行初建的目的是帮助欧洲国家和日本在二战后的重建，以及辅助非洲、亚洲和拉丁美洲国家的经济发展。世界银行成立初期贷款主要集中于大规模的基础设施建设，如高速公路、机场和发电厂等。日本和西欧国家"毕业"（达到一定的人均收入水平）后，世界银行贷款完全集中于发展中国家。从20世纪90年代初，世界银行也开始向东欧社会主义国家和原苏联加盟共和国贷款。

世界银行向发展中国家提供长期贷款和技术协助来帮助这些国家实现它们的反贫穷政策。世界银行的贷款被用在非常广泛的领域中，从医疗和教育系统的改革到诸如堤坝、公路和国家公园等环境和基础设施的建设。除提供财政帮助外世界银行还在所有的经济发展方面提供顾问和技术协助。1996年詹姆斯·沃尔芬森（James Wolfensohn, 1933—2020年）担任总裁后，世界银行将重点集中在反贪污运动上。一些国家认为这种做法违反了世界银行协议第10节第10款中规定的"非政治性"。不过世界银行在社会经济学的名义下曾多次涉及国家改革甚至选举的活动。

1945年12月27日，世界银行在布雷顿森林会议后正式宣告成立

冷战时期西方主要的经济学理论
凯恩斯主义经济学

二战后最具影响力的西方经济学，也是引起争论最大的经济学，这就是凯恩斯主义，一座难以绕开的经济学丰碑。

凯恩斯主义或称凯恩斯主义经济学，是建立在凯恩斯的著作《就业、利息和货币通论》的思想基础上的经济理论，主张国家采用扩张性经济政策，通过增加需求促进经济增长。凯恩斯经济理论认为，宏观的经济趋向会制约个人的特定行为。18世纪晚期以来的政治经济学或者经济学建立在不断发展生产从而增加经济产出的基础上，而凯恩斯则认为对商品总需求的减少是经济衰退的主要原因。由此出发，他认为维持整体经济活动数据平衡的措施可以在宏观上平衡供给和需求。因此，凯恩斯的经济学和其他建立在凯恩斯理论基础上的经济学理论被称为宏观经济学，用以区分注重研究个人行为的微观经济学。

凯恩斯主义经济学的形成

《就业、利息和货币通论》出版初期曾受到批判和质疑，引起广泛争论，但其基本观点不久便被资产阶级经济学界普遍接受。凯恩斯的追随者对《就业、利息和货币通论》进行了大量的诠释、修补和发展，形成了在经济理论和政策上具有广泛影响的凯恩斯学派。在第二次世界大战后，特别是在20世纪五六十年代，凯恩斯主义在西方经济学界占有重要地位。凯恩斯的著作《就业、利息和货币通论》、马克思的《资本论》和亚当·斯密的《国富论》被认为是欧洲资本主义世界三大经典经济学理论。

罗斯福新政是指1933年富兰克林·罗斯福任美国总统后实行的一系列经济政策，核心是救济（Relief）、复兴（Recovery）和改革（Reform），也称"3R"新政。图为纪念富兰克林·罗斯福的邮票

凯恩斯经济理论的主要结论是经济中不存在生产和就业向完全就业方向发展的强大自动机制。这与新古典主义经济学所谓的萨伊法则相对，后者认为价格和利息率的自动调整会趋向于创造完全就业。试图将宏观经济学和微观经济学联系起来的努力成了凯恩斯《就业、利息和货币通论》以后经济学研究中最富有成果的领域。一方面，微观经济学家试图找到他们思想的宏观表达；另一方面，例如货币主义和凯恩斯主义经济学家试图为凯恩斯经济理论找到扎实的微观基础。二战后，这一趋势发展成新古典主义综合学派。

由于《就业、利息和货币通论》的总量分析是

为现实服务的经济

1944年7月，英国经济学家凯恩斯在布雷顿森林会议上讲话

在假定现有劳动力技艺和数量，现有资本设备数量和技术、竞争程度、社会结构等都不变的前提下进行的，因此它所使用的分析方法被称为"短期的比较静态分析"。凯恩斯的追随者为使本书在理论上更完善，使它"长期化""动态化"，提出了各种"经济波动理论"和"经济增长理论"，寻求资本主义得以稳定增长的途径。在这一过程中，凯恩斯主义者内部由于对待传统庸俗经济学的态度有差异以及分析中运用的概念、前提等不同，又分解为两个分支：新古典综合派和新剑桥学派。

凯恩斯主义经济学的局限和失灵

《就业、利息和货币通论》对二战后资本主义国家的经济政策有重要影响，凯恩斯的追随者竭力把该书提出的政策建议具体化，并特别强调财政政策的作用。他们以调节社会总需求（包括消费、投资、出口、政府对货物和劳务的购买）、实现经济稳定增长为目标，提出在萧条时期要降低税率、增加政府开支实行赤字预算、增发公债、增加货币供应量、降低利率等来刺激投资和消费；在高涨时期则完全相反以遏制投资和消费。受凯恩斯主义者影响，许多资本主义国家纷纷把充分就业和经济增长作为政策目标，推行凯恩斯主义财政金融政策。这些政策虽然在战后20世纪五六十年代对刺激经济增长、缓和经济危机、减少失业起了一定作用，但由于它没有也不可能解决资本主义所固有的基本矛盾，财政赤字、通货膨胀有增无减，而危机和失业并未消除，终于到20世纪70年代初出现了物价高涨和大量失业并存的"滞胀"。对此，凯恩斯主义者既无法自圆其说，更提不出可行对策，连他们自己也哀叹凯恩斯理论出现了危机，需要重新加以诠释和修补。该书所阐发的理论和政策的失灵，正是当前资本主义制度危机加深的一个反映。

凯恩斯毕业于1441年创立的剑桥大学国王学院，该学院在剑桥大学众多学院中财力最雄厚。第一次世界大战后，凯恩斯参与学院的资产管理与投资，让国王学院的资产得以长期受益

计划经济体制
斯大林模式

成也萧何，败也萧何。
将苏联推上超级大国的经济体制，也成为其最终垮塌的内在根源。

苏联高度集中的计划经济体制是斯大林社会主义模式的一个重要组成部分。苏联高度集中的计划经济体制的形成，其客观原因为：苏联是世界上第一个社会主义国家，如何建设社会主义，建立什么样的经济体制，无先例可循；当时苏联处于资本主义包围之中，受到严重的战争势力的威胁，需要高度集中的经济体制；等等。

高度集中的历史原因

苏联之所以最初选择和建立高度集中的计划经济体制，是受客观和主观两方面因素的影响。

从客观原因看：首先，苏联经过社会主义改造建立的社会主义所有制是单一的公有制，在工业上是国家所有制（全民所有制），在农业上是集体农庄所有制（集体所有制），不允许其他所有制形式存在。所有制形式过分单一化，不仅与当时的生产力水平不符合，而且由于生产资料所有权和经营权过分统一，又成为经济管理权限过度集中的基础。其次，当时苏联发展国民经济的主要任务是用新技术改造国民经济各部门，以便迅速实现国家工业化。由于原有的物质技术基础比较薄弱，生产增长主要依靠外延扩大再生产，要求把有限的人力、物力和财力用于急需的重点建设，采取集中管理体制比较有利于实现经济发展的战略目标。再次，二战前的苏联，是世界上唯一的社会主义国家，帝国主义的包围和战争的威胁使苏联具有一种加速发展经济，特别是加速发展工业的紧迫感，

镰刀和锤子象征组成国家的是工人阶级和农民阶级的联盟

这使其经济体制不得不在很大程度上带有备战因素。二战爆发后，苏联靠高度集中的经济体制取得了反法西斯战争的胜利，不仅证实了建立这种体制的必要性，还进一步强化了它的集中程度。最后，20世纪50年代以前严峻的国际国内环境，让人们依然保持着较高革命热情，使这种管理体制得到支持和谅解。

从主观原因看：20世纪30年代苏联理论界

为现实服务的经济

十月革命胜利后，苏联在推进生产资料所有制变革的进程中，选择了计划经济体制，并在计划经济体制的影响下建立了涵盖经济生活、政治生活、文化生活和社会生活各方面的高度集中统一的社会管理体制

> **知识链接：斯大林经济模式**
>
> 斯大林经济模式是苏联工业化和经济发展过程中所采用的、并且延续约70余年的一种经济体制。它形成的标志是苏联1936年宪法的通过。这种经济体制是一种高度集中的计划经济模式，即通过国家权力，全面干预和管理国民经济各部门，通过指令性计划集中进行资源配置，进行社会生产活动。具体表现为经济运行排斥市场和价值规律；政府通过计划确定全社会的产、供、销和企业的人、财、物；等等。

占优势的观点是，社会主义经济本质上是计划经济，市场只能是私有制商品经济的产物，计划与市场在本质上是不可能统一的。虽然专家们认同商品、货币、价值规律在社会主义经济中的作用，但认识的出发点不是社会主义经济的内在必然性，而是不断论证社会主义被改造了的性质。直到1952年，斯大林的著作《苏联社会主义经济问题》才对商品货币关系等问题作了科学的说明。斯大林所阐述的一些科学思想，不仅对苏联而且对所有社会主义国家的社会主义建设都有重要指导意义。但是，斯大林的理论思想也有不少缺陷，例如，他否认生产资料是商品，否认价值规律对全民所有制生产的调节作用，从而大大限制和缩小了价值规律、市场机制发挥作用的范围。

苏联计划经济体制的弊病

这种高度集中的经济体制，虽然在当时适应了生产力发展的需要，但随着苏联经济的发展，它的弊病逐步暴露出来，成为苏联经济发展的障碍。这些弊病主要表现在：它使国家行政机构的管理权限绝对化，企业和劳动者的积极性难以发挥；完全按照指令性计划进行生产，市场机制和经济杠杆的作用受到很大限制，经济效益差；政企职责不分、工作效率低、官僚主义严重；等等。

集体农庄是苏联农民为共同经营农业生产而组织的社会主义集体经济组织。在集体农庄中，基本生产资料属于集体所有。农庄人员进行集体劳动，农庄的收入在扣除补偿生产资料消耗、提取公有基金以后，按庄员的劳动数量和质量分配给个人消费，同时允许庄员保留一定数量的宅旁园地和小农具，自养一定数量的牲畜和家禽，经营家庭副业

冷战时代

赶超欧美
苏联第四个"五年计划"

经济计划，任务艰巨。
计划经济，苏联模式。

苏联的第四个五年计划是指1946年至1950年，苏联继续社会主义建设的历史进程。这段时期是斯大林晚年时期，苏联恢复并发展国民经济，医治了战争的创伤，成为地跨欧亚的社会主义超级大国。苏联在此期间大力推广自己的模式。

计划的制定

二战给苏联造成了极其严重的损失。苏联在卫国战争中牺牲人口2700多万。战火毁坏了1710座城市城镇，烧毁劫掠了7万多座乡村的9.8万个集体农庄，摧毁8万多座工业企业。造成的物质损失估计达2.5万亿卢布，其中直接经济损失达6800亿卢布。这大约是苏联国家全部财富的33%，苏联战前45%的国民生产总值。苏联人口最密集、工业最发达地区的经济遭到严重破坏。苏联国民经济部门的发展被拖后了10—15年。

1946年3月，苏联最高苏维埃通过了恢复和发展国民经济的第四个五年计划（1946—1950年），计划的基本任务是：重建国家受害地区，使工业和农业恢复到战前水平。根据该计划，先恢复、发展重工业和铁路运输业，然后大量生产主要消费品，并使国民经济各部门的技术不断取得进步。

计划的实施

在斯大林领导下，通过苏联人民无比艰辛的

图为苏联领导人斯大林以及写有"五年计划四年完成"的旗帜

奋斗，第四个五年计划取得的成果超出预料：1948年，工业生产达到了战前的总体水平；到1950年，苏联工业总产值比1940年增加了73%，国民收入比1940年实际增长了64%；苏联的重工业比1940年增长了107%，轻工业增长了24%。

1950年苏联国民经济总值（以1970年的美元

为现实服务的经济

了著名的利佩茨克大型钢铁联合企业。在苏联的西部地区，乌克兰和白俄罗斯的工业重新投入生产。第四个五年计划超额完成了工业生产的总体计划。

在工业战线上，顿巴斯煤矿的工人排除了6.5亿立方米的矿井积水，等于排干了一个面积70平方千米，水深10米的湖。矿工们还修复了2500多千米倒塌的坑道，这几乎相当于在莫斯科和巴黎之间修筑了一条离地面200—700米的隧道。经过艰苦奋斗，工业战线提前9个月完成了"四五"计划。修复、新建投产的大型工矿企业6200多个，相当于第一、二个五年计划新建企业的总和。

在农村，联共（布）中央和苏联政府也采取了各种恢复和振兴农业的办法，苏联的农业也迅速得到恢复。这些措施包括，政府坚决制止非法侵占集体农庄公有土地，精简集体农庄行政管理人员，加快恢复农业机械的生产等。

通过实施恢复和发展国民经济的第四个五年计划，苏联不但医治了严重的战争创伤，实现了国民经济的恢复，而且经济实力比战前大大增强了。

20世纪50年代苏联海报：烟囱的烟是苏联的气息

计算）达到1710亿美元，当时几个主要资本主义大国的情况是：美国4280亿美元、英国870亿美元、法国710亿美元、德国650亿美元、日本410亿美元、意大利370亿美元。苏联在国民经济总值方面跃居世界第二位。

苏联成功地恢复了战争年代被毁坏的电站、冶金厂、机械制造厂和采掘工厂。第聂伯河水电站在1947年重建完成，顿巴斯煤矿的产量在1948年就超过了战前的最高水平，南方的扎波罗热钢铁基地和亚速夫钢铁厂重建完成，斯大林格勒拖拉机厂和哈尔科夫拖拉机厂重建完成。在乌拉尔地区、西伯利亚和远东地区规模巨大的水电站、钢铁联合企业、冶金和金属加工厂、大型机械联合企业如雨后春笋般兴起。此外还兴建了下塔吉尔、车里亚宾斯克等新兴工业中心，建设

顿涅茨煤田（简称顿巴斯）是乌克兰最大的煤炭基地，苏联时期闻名的亚速钢厂、伊里查钢厂、焦炭厂、化工厂、盐矿都建于此

话说世界

冷战思维

"冷战"是一个描述二战结束后至苏联解体前大国竞争的概念。而"冷战思维"则是在东西方冷战的国际大环境中，人们观察国际事务的特有思维模式或认识框架。冷战思维产生于特定的历史时期，是对峙大国国家思维模式的典型代表，能够为研究国家行为体的思维模式及其行动策略选择提供理论指导。

冷战时期，无论是西方阵营抑或是苏联阵营，新执政者上台后总是提出看似颠覆前任政策的新战略，从表面上这种现象出于偶然，实质上是美苏战略思想随着两大阵营攻守态势的变化而变化。艾森豪威尔主义、杜鲁门主义、尼克松主义、卡特主义、里根主义，赫鲁晓夫的"三和路线"、勃列日涅夫主义、戈尔巴乔夫的"新思维"思想等，无一不向读者传递战略思想调整的迫切性和重要性。只有深入地了解冷战时期美苏执政者的战略思想，研究两国决策者的思维方式，才能够帮助读者透过纷繁复杂的政治现象进行深入理性的思考。

冷战时代

填补中东"真空"
艾森豪威尔主义

中东殖民统治瓦解,苏联趁机插足。美国不甘落后,排挤英法、抵制苏联。

艾森豪威尔主义为马歇尔计划的组成部分之一,是美国总统艾森豪威尔在冷战时期提出的一项对外政策。

美苏角力:艾森豪威尔主义出笼

苏伊士运河国有化和英法侵略埃及的失败,标志着帝国主义在中东的殖民统治开始瓦解。中东民族解放运动的空前高涨,强烈地冲击着西方殖民势力。苏联趁机插手中东问题,在苏伊士运河事件中站在埃及一边,借此扩大自己在中东地区的影响。美国为了排挤英法传统势力,镇压中东民族解放运动,抵制苏联势力的渗透,进而独霸中东,急需制定一项新的中东政策。

1957年1月5日,美国总统艾森豪威尔向国会提出关于"中东政策"的特别咨文。主要内容是:由国会授权总统动用2亿美元给中东国家以经济和军事援助;总统有权应这些国家的请求提供武力援助,只要这些国家面临"国际共产主义控制的任何国家的武装侵略"。艾森豪威尔抛出的这个以侵略和独霸中东为目的的特别咨文,被称为"艾森豪威尔主义",有时也被称为"填补力量真空主义"。

艾森豪威尔主义一出笼,就遭到诸多国家的反对。除了当时亲美的土耳其、以色列、伊拉克、黎巴嫩和伊朗等国表示支持外,其他西亚、北非国家都拒绝接受艾森豪威尔主义,认为它是帝国主义奴役阿拉伯人民的一种新形式。

中东反对美国干预地区事务

1957年1月10日,叙利亚政府针对艾森豪威尔的中东新政策发表声明,指出:保持中东的和平与安全纯粹是中东地区人民的责任,反对其他国家"干预这个地区的事务"。1月12日,苏联塔斯社发表声明,反对美国在中东推行艾森豪威尔主义。1月19日,埃及、叙利亚、沙特阿拉伯和约旦四国领导人,在开罗签订为期10年的公约并发表一项会议公报,驳斥了美国提出的所谓"中东真空"的说法,宣布阿拉伯民族主义是制定阿拉伯政策的唯一基础。1月26日,埃及总统纳赛尔公开表示,埃及不承认任何势力范围,任何地区的保卫应由这个地区本身来承担。他谴责艾森豪威尔主义是一个

德怀特·戴维·艾森豪威尔,美国政治家、军事家。第二次世界大战期间,他担任盟军在欧洲的最高指挥官。1952年作为共和党总统候选人参加总统竞选获胜,成为美国第34任总统,1956年再次竞选获胜,蝉联总统

冷战思维

约旦国王侯赛因1953年5月2日正式登基，他是美国在中东地区最坚定的盟友之一

"从内部袭击阿拉伯国家的政策"。2月25日至27日，埃及、叙利亚、沙特阿拉伯和约旦四国首脑再次在开罗举行会议，会后发表的公报表示，四国将奉行不偏不倚和积极中立的政策，以保护他们的民族利益。

美国为了在中东地区推行艾森豪威尔主义，一方面派"特使"前往中东游说，另一方面对拒绝艾森豪威尔主义的国家施压甚至采取颠覆手段。

1957年4月24日，美国在约旦策动政变，颠覆了维护民族利益的纳布西政府。约旦国王侯赛因任命了以哈西姆为首相的新政府，从而引发了国内动乱。4月29日，艾森豪威尔政府宣布向约旦提供1000万美元的紧急援助，并准备用军事力量保持约旦的"稳定"。8月12日，叙利亚政府发表声明，以颠覆活动罪将3名美国驻叙使馆官员驱逐出境。美国进行报复，无理驱逐叙驻美外交官员。8月21日，叙利亚总统阿特利为加强阿拉伯国家的团结，共同对抗艾森豪威尔主义，同埃及总统纳赛尔举行会谈。此后，埃及武装部队根据《埃叙共同防御协定》，从9月中旬开始进驻叙利亚，以加强叙利亚的防御力量。9月23日，美国和巴格达条约的5个参加国在伦敦开会，策划反对叙利亚的新阴谋，对叙进行军事威胁。土耳其在叙利亚边境将军队从3万人增加到5万人。10月7日，叙利亚外长比塔尔在联大揭露美国干涉中东的真相。10月8日，苏联领导人表示，如果叙利亚遭到入侵，苏联将出面干涉。10月14日，埃及军队增援叙利亚。10月16日，叙利亚向联合国控告土耳其对叙进行威胁。总而言之，在世界人民的支援下，叙利亚挫败了美国的阴谋。美国在中东的倒行逆施，使中东人民更加认清了艾森豪威尔主义的本质。

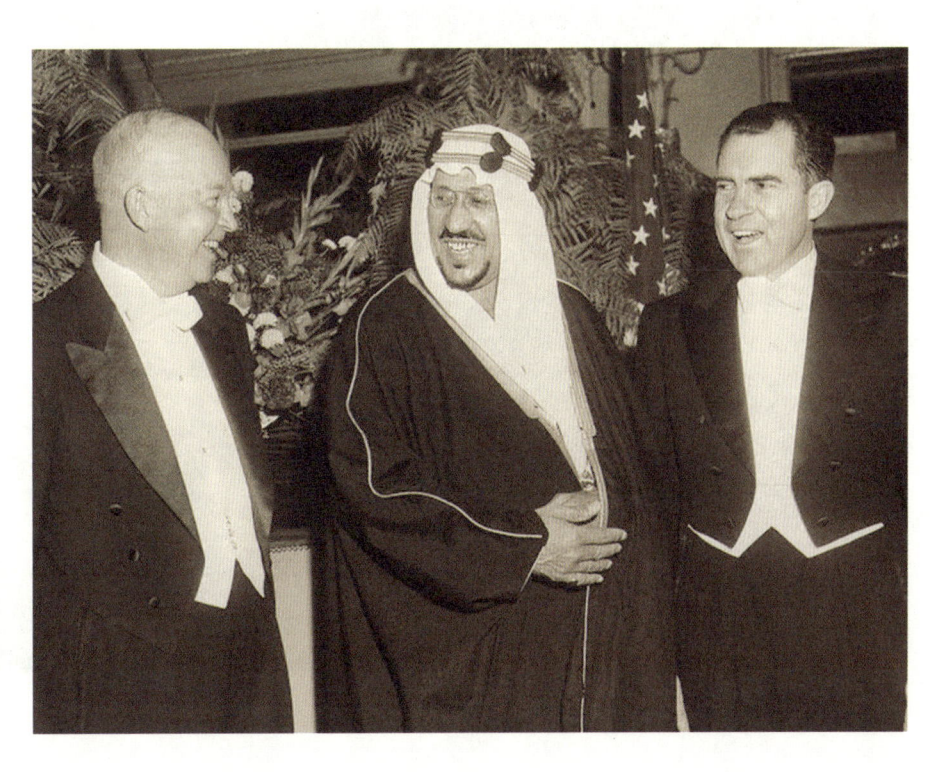

中东政策是艾森豪威尔主义的主要一环。1957年，艾森豪威尔总统（左）和副总统理查德·尼克松（右）与沙特阿拉伯国王（中）一起出席了沙特阿拉伯国王在华盛顿特区五月花饭店举行的盛大晚宴

冷战时代

收缩美国全球义务
尼克松主义

为维持美国霸主地位，制定新的对外战略和政策。

以"伙伴关系"为核心，实力为后盾、谈判为手段。

尼克松上台后面临着自珍珠港事件以来，历届总统都未曾遇到的、最恶劣的国际形势和国内危机。美国需要有新的对外战略与政策来应对国际新局势，以保持美国在国际政治中的主导地位。

两极争霸：美国面临极其复杂的外交环境

尼克松对美国在国际政治舞台上的地位和作用以及国际局势的重大变化都有较为清醒的认识，采取了较为现实的态度。尼克松认为，该时期美国面临着极其复杂的外交课题。主要表现在：一是国际局势呈现出多样化的倾向。战后美国外交一直受美苏对抗的两极体制的概念所限制。20世纪60年代末70年代初，由于世界各国政治、经济发展的不平衡，出现了美、苏、西欧、日本和中国五大政治中心。如何对待这种变化并制定相应的外交政策，这是尼克松碰到的首要难题。二是美国惯于用自己的实力和"榜样"来推行外交政策，维持其霸主地位。尼克松当政前后情况发生了变化。美国的经济

尼克松主义是美国总统尼克松提出的调整对外政策的战略重点的主张。图为在椭圆形办公室的尼克松

实力和军事力量相对下降，政治影响力也大大减弱。受越南战争的冲击，美国的榜样作用引起了人们的怀疑。美国再也不能随心所欲地凭借其实力把世界塑造成它所希望的样子。因此，尼克松的任务是恢复美国的实力和信心，利用有限的手段推行自己的外交战略。三是战后以来美国一直推行遏制战略，把自己的头等任务定为遏制共产主义的扩展，把加强同盟国的团结作为维护美国国家安全利益的基石。为此，美国自诩为世界民主、自由的保护者和抵制共产主义威胁的防御者。而尼克松面临的则是共产主义世界政策的变化和内部的分裂、盟国的发展强大、美国自身的相对衰落。美国需要同敌手改善关系，以建立一种减少敌意的关系以及重新评价美国对盟国的安全责任。这些都会影响到美国同盟友的关系。

尼克松主义的形成

1969年7月25日，尼克松在关岛同新闻记者的非正式谈话中阐述了他的新亚洲政策：美国"恪守条约的义务"，对于该地区国家的国家安全和军事防务，美国"鼓励并期望将逐渐由亚洲各国自己来处理""自己承担起解决这些问题的责任"。美国将继续在亚洲发挥重要的作用，但必须"避免采取那些会使亚洲国家依赖我们以致把我们拖入像越南那类冲突中去的政策"。美国支持亚洲国家的集体安全，但不要"发号施令"。同年11月3日，尼克松在关于越南问题的全国电视讲话中正式把他的亚洲政策公布于世。尼克松的关岛讲话被称为"关岛主义"。1970年2月8日，尼克松向国会提交外交政策的国情咨文，把上述政策推广到美国的全球外交："美国仍将参与盟国与友邦的防卫与发展"，但美国"不能——也不会——为世界上所有自由国家设想和拟订全部计划，执行全部政策，承担全部防

> **知识链接：《尼克松：白宫的最后岁月》**
>
> 1972年6月，受《华盛顿邮报》委托，伍德沃德与伯恩斯坦合作，开始对"水门事件"进行跟踪报道。经过长期锲而不舍的调查，他们终于找到了共和党人侵入民主党总部及尼克松总统试图掩盖事实真相的证据。为避免遭到弹劾和起诉，尼克松总统不得不于1974年8月宣布辞职，成为美国历史上第一位在任期内辞职的总统。根据此次采访调查，伍德沃德和伯恩斯坦创作了《尼克松：白宫的最后岁月》一书，这是一部经典的揭秘白宫内幕的作品，该书讲述了尼克松作为总统的最后几个月戏剧化的日子。

务责任。如果我们的援助能在某地显著生效，并且这样做对我们有利的话，我们将会提供援助"。尼克松对自己提出来的政策主张不断加以补充和完善，"尼克松主义"由此形成。

尼克松主义的基本内容

"伙伴关系""实力""谈判"是尼克松主义的三大支柱。其中，以"伙伴关系"为核心，以"实力"为后盾，以"谈判"为手段。尼克松的伙伴关系是要加强同北大西洋公约组织成员国之间的关系，在亚洲要加强同日本的关系以及世界上"自由"国家和独立国家的关系，解决它们共同面临的问题，特别是对付苏联的扩张。尼克松认为，美国在世界上的影响不仅来自"我们的军事或经济实力"，而且还来自世界其他地方对"我们的思想与成就"的需求。美国的外交政策不仅是由能否服务于它的国家利益来判断，还必须同美国的思想意识形态结合起来。尼克松认为，国际局势的巨大变化，对抗时代

冷战时代

1973年，尼克松会见来美访问的苏联领导人勃列日涅夫

让位于谈判时代。谈判是美国处理同共产党国家关系的主要途径。

具体外交措施

尼克松主义的主要内容可以概括为，在美国实力不足的情况下，通过适当收缩，减轻内外压力；通过缓和对苏关系，扭转战略上的被动；通过改善对华关系加强对苏的制约；通过维护均势，确保美国的霸权地位。尼克松政府为了实施外交政策的原则，达到外交政策的目标，采取了一系列具体措施。加强同北大西洋公约组织成员国和日本的伙伴关系。

20世纪60年代中期以来，西欧同美国在政治、经济、外交乃至防务等方面的摩擦日益暴露出来。美国政府对在新的情况下美欧之间出现的问题需要作出新的反应，采取新的措施与政策。早在1969年2月，尼克松出访欧洲时就表示"美国决心用一种新的彬彬有礼的态度来很好地倾听北约伙伴的意见"，继续履行对北约的军事义务，提供安全保障，并把北约视为美国"整个安全政策的基石""美国对外政策的任何一个方面都比不上同西欧的关系需要有更多的注意和关心"，这是因为"我们的价值观、我们的目标、我们的根本利益同欧洲是紧密联系的"。同日本关系方面，美国认为日本是共同体中的一个基本成员，应该参与"大西洋问题的解决"。

1974年6月26日，北大西洋公约组织政府首脑在布鲁塞尔会议上通过了大西洋关系宣言。宣言强调"它们的防御是完整而不可分割的"，其共同的目标是"防止外国对联盟任一成员国独立和完整造成任何威胁"；美国重申"有决心与盟国一道，使欧洲的军力保持在必要的水平上，以维持威慑战略的信誉,并在威慑失效时保持防御北大西洋地区的能力"。

尼克松对社会主义国家推行缓和政策,改善同苏联和中国的关系。一方面,美国同苏联举行最高级会谈,并就一系列重大的国际问题和双边关系问题进行了认真的谈判,取得了积极效果。美苏签署了相互关系原则和限制进攻性战略武器条约等重要文件,美苏关系由对抗走向缓和。另一方面,尼克松实现了对中国的历史性访问,打开了中美关系通向正常化的大门,在重建中美正常关系的漫长道路上迈出了可喜的一步。尼克松政府的对华政策反映了美国外交路线的重大转变,也说明他是一位识时务者。中美关系的发展是中美两国互动的结果。它符合两国人民的根本利益,有利于缓和亚洲和世界的紧张局势。

尼克松进驻白宫后决心结束侵越战争,实现"光荣的和平",扭转美国士气与尊严下降的趋势。美国侵略越南不但给越南人民造成了巨大的灾难,也使美国政府背上了沉重的包袱。侵越战争造成了美军死亡约5.8万人,伤1.5万人,耗费2000多亿美元,加深了美国的社会危机与政治危机,严重削弱了美国推行外交政策的实力与信心。1973年1月27日,《关于在越南结束战争、恢复和平的协定》签订;3月19日,侵越美军全部撤出越南。直至1975年4月30日早上8点,美国大使馆的撤离行动才告结束。

尼克松推行的外交是美国战后外交的一次重大调整。尼克松主义是美国霸权地位衰落的产物,企图在美国实力不足的情况下仍然维持美国的霸权地位。但是,尼克松推行现实主义外交也取得了一定的成效,对缓和国际紧张局势起到了重要的推动作用。

1975年4月28日,美国总统福特在白宫的椭圆形办公室会见国务卿亨利·基辛格及副总统纳尔森·洛克菲勒,讨论美军撤出越南西贡(现胡志明市)事宜

冷战时代

新波斯湾战略
卡特主义

卡特主义出台，采用新波斯湾战略。美国回归进攻路线，由战略收缩转入进攻。

1980年1月23日，美国总统卡特在国情咨文中提出了一项对海湾地区的政策声明。这项声明中包含重视国家安全、维持世界和平、加强美国意识形态对世界的影响、恢复美国在第三世界中的政治存在等内容，被称为"卡特主义"。

从缓和到强硬

卡特总统执政以来，维持了自20世纪60年代以来美苏之间有限的缓和，他提出了"世界秩序战略"来促进美苏缓和。他认为东西方关系虽然是美国对外政策的一个重要方面，但不再是中心问题。美国应更多地注意全人类面临的共同的经济和社会问题，此战略的核心首先是美、日、欧的三边联合，其次是南北关系，最后才是东西方关系。世界秩序战略以谋求与苏联关系缓和为宗旨，加强了对外政策中的道义原则。但是，作为指导外交活动的战略思想，这种战略具有诸多不合时宜的缺陷。

1977年5月22日，卡特在印第安纳州的圣玛利亚大学发表关于外交政策的讲话。他强调美国的外交政策"要建立在对它的价值保持一贯纯正以及对它的历史观点保持乐观的基础上"。卡特声称美国外交政策制定的基本前提是反映美国对于促进人权事业所负有的基本义务、工业化民主国家间的密切合作、强有力的防御能力，和以更全面的和更对等的方式改善同苏联和中国的关系、缩小南北差距以及鼓励所有国家摆脱狭隘的国家利益而关注诸如核战争的威胁、种族仇恨、军备竞赛、环境污染、饥饿、疾病等全球性问题。

卡特政府实现了同中国关系的正常化，促成埃及和以色列缔结和平条约，签订了新的巴拿马运河条约、解决运河及运河区问题。卡特面对苏联利用缓和策略来扩大影响与势力范围实行迁就的政策，没有作出坚决的反击。当苏联及代理人向非洲推进时，卡特称美国希望避免超级大国在这里的竞争，想通过外交途径迫使苏联撤退。由于美国未作出积极的应对，苏联在第三世界的扩张更加肆无忌惮，并连连得手。苏联在缓和战略掩盖下的扩张以及中东事态的发展对卡特政府提出了严重的挑战，这迫使美国必须作出明确的决策。

伊朗、阿富汗局势与卡特主义的诞生

伊朗一直是美国在中东的战略资本，是防止苏

吉米·卡特，美国第39任总统，也是美国著名政治家与社会活动家。图为吉米·卡特的雕像

冷战思维

吉米·卡特（Jimmy Carter），1924年10月生于佐治亚州普兰斯。曾于1955年至1962年任佐治亚州萨姆特县学校董事会董事长，1962年至1966年任佐治亚州参议员。1974年任民主党全国委员会议员竞选委员会主席，1977年任美国第39任总统，1980年争取连任落选，1982年起在亚特兰大的埃默里大学任名誉教授，2002年获诺贝尔和平奖

联向中东扩张的前哨阵地。1978年下半年，伊朗爆发了反对国王统治的群众运动。流亡巴黎的宗教领袖霍梅尼回国并于1979年2月接管了伊朗的政权。霍梅尼政权强烈反美，把美国视为头号敌人。同年11月，伊朗人占领了美国驻德黑兰大使馆，扣留美国人质。伊朗政局的变化，切断了美国战后以来所营造的防御体系中的一环。卡特认为这是对美国安全利益和遏制苏联南下的政策极为沉重的打击。

1979年12月末，苏联出兵侵占阿富汗，卡特政府认为苏联的举动威胁和损害了美国的战略利益。1980年1月4日晚，卡特发表演说，宣布了美国为抗议苏联入侵阿富汗而对其进行制裁的决定：撤回参议院正在审查的关于第二阶段限制进攻性武器条约的请求，实行部分粮食禁运；严禁向苏联出售可能用于军事范围的高科技项目；大大削减苏联在美国海域内捕鱼的特权；召回美国驻莫斯科大使；终止两国之间的一切官方交往，其中包括科技和文化交流项目等。卡特随后又追加一项抵制莫斯科夏季奥运会的条款。

1980年1月23日，卡特主义正式诞生。卡特认为美国的利益和价值面临着最为严重的挑战，这是因为：苏联军事力量的稳步增长和国外军事行动的增加；西方民主国家对中东石油的严重依赖，而中东处于动荡之中；许多发展中国家仿效伊朗革命、进行社会和宗教压迫以及经济和政治的变革。卡特强调，在这样的国际环境中，美国要保持自己的目标，追求国家的最大利益：保护美国人质的生命安全并尽可能得到释放；迎接来自苏联军事实力的挑战，寻求解决分歧的途径。

> 1979年伊朗人质事件，伊朗学生占领美国大使馆。1979年伊朗爆发伊斯兰革命后，美国大使馆被占领，66名美国外交官和平民被扣留为人质。这场人质危机始于1979年11月4日，一直持续到1981年的1月20日，长达444天。很多人至今仍认为，这场人质危机导致了当时的美国总统吉米·卡特竞选连任失败

冷战时代

里根主义
美国与苏联争夺第三世界的新政策

四年努力,力量与信心得到恢复。里根主义诞生,美国与苏联争夺第三世界。

里根主义是美国推行强权政治的典型表现,其目标是为遏制苏联在第三世界的影响,扩大美国在第三世界的势力范围。里根主义产生的国际背景有三方面:一是苏联在20世纪70年代奉行的扩张政策,造成了一部分地区的局势动荡,第三世界国家反苏情绪日增;二是许多第三世界国家经济面临危机,而苏联本身经济困难,所能给予的援助较少;三是第三世界的重要性使里根政府意识到扩大美国在这一地区影响的必要性。

外交与防务新特点

1981年1月,里根成为美国第40任总统。里根执政初期,在外交和防务方面的一个突出特点就是更加重视西南亚、波斯湾和中东的局势,他一再强调苏联对这个战略地区的严重威胁,并表示要对这一狭长地带的安全给予"最直接的关注",放在"最优先的地位"。里根的新对外政策纲领表明,美国开始重视其在第三世界的战略利益。

1982年2月24日,里根在加勒比湾倡议中提出:"我相信,我们半球的自由与和平发展需要我们帮助这里的政府控制来自它们边界以外的侵略,保卫它们自己……我们做什么都是谨慎和必要的。"1983年4月17日,里根在国会联席会议上进一步阐释了美国对中美洲的三大基本目标:支持民主、改革和人类自由,即美国利用援助、说服,以合法的途径培植民主体制;支持该地区受到威胁国家的安全;支持对话,通过该地区国家和一国内部的谈判解决问题。

1986年3月14日,里根向国会提交了《自由、地区安全和全球和平》的咨文,全面系统地阐述了美国现行全球外交政策。咨文中首次提出针对第三世界的施政方针,以及与苏联争夺第三世界。里根政府之所以特别关注第三世界,这是因为第三世界对美国来说有着生死攸关的战略利益。第三世界是美国的重要贸易伙伴和能源、原料的供应地。据统计,在20世纪80年代,美国出口商品的35%输往第三世界,进口的能源和原材料约40%—45%来自这些国家和地区。因此,第三世界在美国同苏

罗纳德·威尔逊·里根,美国右翼政治家,曾担任加利福尼亚州州长,第40任(第49—50届)美国总统(1981—1989年)。图为里根图书馆前悬挂的里根照片

1964年，美国总统罗纳德·里根和夫人南希在加利福尼亚一艘船上的合影

联争夺世界霸权的斗争中有着极为重要的战略地位。美国积极鼓励和支持第三世界国家实现经济自由化、市场化的努力，广泛促进其民主运动，特别是提出与实施里根主义，削弱苏联在第三世界的影响和势力。

争夺第三世界的策略

里根主义的战略目标是同苏联争夺第三世界，尤其是先争夺美国的"后院"拉丁美洲。里根主义是实施"里根经济学"的基础上，在美国的力量与信心得到恢复和发展后提出与实施的，它是里根对苏联推行新遏制政策的一个极为重要的方面。

里根主义的主要内容是：第一，地区安全关系到美国的切身利益，"只有在一个其他民族也能在不受国外的高压或暴政压迫的情况下，由自己来决定自己的命运"，美国未来的和平与繁荣才能得到最可靠的保证。苏联在发展中国家继续推行扩张政策是对全球安全的威胁。第二，苏联在全世界的扩张使美国的安全受到严重威胁。美国要为苏联实现其野心设置障碍，并鼓励苏联自我克制。

知识链接：里根经济学

1981年，里根提出"经济复兴计划"的四大支柱：大幅度减税，削减联邦政府开支，减少政府对经济的干预，取消不利于工商业发展的规章约束和严格控制通货数量。这些措施兼采供应学派和货币学派的优长，被人们称之为"里根经济学"或"里根革命"。这些措施的确成为1983—1984年经济强劲复苏的重要推动力量，但"里根经济学"也留下了巨大隐患，美国经济陷入"三高一低"：财政赤字高、外贸逆差高、内外债务高和美元比值降低。

第三，美国反对以任何形式出现的暴政，不管它是左的暴政还是右的暴政，谴责苏联式的独裁政权对世界和平构成的几乎是独一无二的威胁。第四，美国要用军事力量和经济实力支持自由战士，做友邦的后盾，防止地区冲突的扩大，遏制共产主义扩张。

里根是位长袖善舞的总统，特别擅长与人打交道，戈尔巴乔夫也为他的魅力所倾倒。图为1987年戈尔巴乔夫和里根在白宫签署《中程核武器条约》。2018年10月31日，美国宣布退出《中导条约》

从合作到防御
战后初期苏联外交理论的调整

二战后,苏联奉行积极防御的现实主义外交政策,美苏之争逐渐由意识形态之争转为霸权之争。

二战结束以后,苏联成为唯一有实力与美国抗衡的国家。面对以美国为首的西方国家的遏制政策,苏联毫不示弱。苏联领导人坚信苏维埃制度的优越性,在对外政策上以维护苏联国家利益为根本出发点,与西方国家展开了对峙和对抗。

苏联对外战略的基本目标

以苏联国家利益为核心的世界革命战略是斯大林一贯倡导的对外战略。20世纪20年代中期,斯大林提出了"一国社会主义理论"。这一理论认为只有充分发动无产阶级的世界革命,才能保障苏联的国家安全,并获得世界革命的"最后胜利"。1925年4月俄共(布)第十四次代表大会的决议指出:"在目前情况下,对俄共来说这一任务就是,从直接援助其他国家的革命运动起,直到为本国农民生产印花布,也就是说,要努力在苏联建立社会主义的经济,同时也要尽力援助世界各国的无产阶级革命的队伍。斯大林认为,保证"一国社会主义"需有一个和平的建设环境,使苏联的国土远离帝国主义战略侵略的基础是以暴力革命的方式广泛推进"世界革命",彻底摧毁一切压迫剥削的根源——帝国主义世界体系。所以,世界革命和苏联安全是斯大林时期对外战略的基本目标,而他的一套战略理

1943年斯大林格勒会战取得胜利,从根本上改变了二战的战争格局,形势朝着对反法西斯阵营有利的一面转化。但会战结束后如何协调各战场的行动,共同对法西斯作战,成了摆在反法西斯同盟面前十分迫切的问题。美英苏三国同意举行一次首脑会晤,苏美英三国领袖斯大林(右)、罗斯福(中)和丘吉尔(左)被世人称作"二战三巨头"。图为雅尔塔会议

论也都是围绕这两个目标展开论述的,并形成其独特的逻辑。

斯大林关于两个阵营的理论

二战后,美国为谋求世界霸权,明确提出要遏制所谓苏联的"共产主义扩张",要把苏联的影响遏制在东欧,避免其在西欧和中东等地产生影响。美

苏联五年计划是斯大林统治时期全国性的经济计划，目标是令苏联的经济迅速发展。该计划是由斯大林推展，成为苏联共产党经济发展的总方针。图为1928年，苏联"三个五年计划"的宣传海报

> **知识链接：《俄罗斯文明与外交》**
>
> 姚海教授主编的《俄罗斯文明与外交》一书，从文明与外交相互关系的层面，梳理俄罗斯外交的发展演变。本书在选题、思路、方法、观点和选取的材料方面都颇有新意，在贯通俄罗斯发展道路的基础上，把理论探讨和实证研究结合起来，探讨了俄罗斯强国外交中所具有和隐含的文明特征。这为正确认识和理解当代俄罗斯的外交，提供了独特的文明、文化视角，具有很强的现实参考意义。

国公开对苏联采取强硬政策，在苏联引起强烈反应。

1946年2月9日，斯大林在一次演讲中结合二战的起源时指出：资本主义的世界经济体系包藏着总危机和军事冲突的因素，战争不可避免。为此，他要求苏联在二到三个五年计划中，大大提高工业水平，以作为防止不可测事件的保障。斯大林强调：苏维埃社会制度比非苏维埃制度更有生命力，比它更稳固；苏维埃社会制度是比任何一个非苏维埃制度都要优越的社会组织形式。美国当局认为斯大林的演讲是"好战的声明"，杜鲁门总统要求美国驻苏使馆就此演讲进行调查。1947年9月22日，日丹诺夫代表苏共中央在组织苏联共产党情报局成立大会上发表演说，在此基础上该会议通过了《关于国际形势的宣言》。该宣言指出："战后国际舞台上的基本政治势力已重新配置，世界形成了帝国主义反民主的阵营和反帝国主义的民主阵营"。由此两个阵营的说法被普遍应用。同时，这也被看作苏联的冷战宣言。

1952年，在《苏联社会主义经济问题》一书中，斯大林完整地提出两大阵营的理论，并认为一系列人民民主国家的建立，"和苏联一起形成了统一的和强大的社会主义阵营，而与资本主义阵营相对立"。两大阵营理论的提出是为苏联同美国进行全面的政治、军事、经济和文化对抗服务的，这一理论在强调社会主义阵营与资本主义阵营的斗争不可调和、水火不相容的同时，更强调社会主义阵营内部各国在意识形态、政治、经济、对外战略等方面都必须与苏联保持"行动的一致性"，特别是新兴的社会主义国家的内外政策都应当服从于苏联的政策走向，成为执行苏联政策的驯服工具。以两大阵营理论为基础，斯大林进一步提出"两个平行的也是互相对立的世界市场"的观点，以"非黑即白"的简单两分法看待冷战"帷幕"之下，东西方之间的分裂与对峙。

冷战时代

审时度势，共同主宰
赫鲁晓夫的"三和路线"

三和路线，即"和平共处""和平竞赛"及"和平过渡"。

赫鲁晓夫上台后，针对国际形势的新变化，在苏共二十大上提出了"三和路线"。主张苏联在采取主动灵活的策略谋求与西方阵营缓和的同时，加紧对第三世界的渗透和扩张。赫鲁晓夫的"三和路线"是以谋求苏联国家利益为宗旨，以实现美苏合作，共同主宰世界为目标。

"三和路线"的提出

20世纪50年代，世界形势发生了巨大变化，社会主义阵营与资本主义阵营形成了对峙局面。亚非拉民族解放运动蓬勃发展，中国、朝鲜、越南等国抗击帝国主义的斗争取得了胜利，这沉重打击了资本主义阵营，增强了社会主义阵营的力量，使国际政治力量对比发生了有利于社会主义阵营的变化。1953年8月，苏联氢弹试爆成功，打破了美国国际核垄断地位。虽然社会主义阵营的力量在不断壮大，特别是苏联的经济、军事力量大为增强，但在总体实力上仍落后于以美国为首的西方资本主义阵营。

斯大林时期对东欧国家实行极为严格的控制，引起了东欧国家的不满和抵触情绪，要求独立自主的呼声渐高。同时，在资本主义阵营内，由于西欧联合自强，日本经济开始起飞，对美国的依赖逐渐减小。鉴于两大阵营内部的变化，在东欧社会主义阵营，继续推行斯大林时期阵营间强硬对抗的政策已不合时宜。

1953年3月斯大林逝世，使得苏联对外政策调整成为可能。马林科夫政府在制定新的对外政策上做出了有益的探索。为了扭转斯大林时期的战略困境，化解美苏大规模直接冲突的风险和减轻军备负担，马林科夫政府对外采取了一系列旨在缓和紧张局势的措施，如促进朝鲜停战，主动与南斯拉夫和好，放弃对土耳其的领土要求及苏土共管黑海海峡的要求，与以色列恢复外交关系，等等。为赫鲁晓夫日后提出"三和路线"打下了一定的理论和实践基础。

三和路线的内涵

1956年苏共召开二十大，确认了1953年以来

1959年7月24日，莫斯科，美国副总统尼克松与苏联领袖赫鲁晓夫在电视演播室中。当日，尼克松为美国国家展览会揭幕，并与赫鲁晓夫发生了"厨房辩论"

苏联对外政策的重新评价和所作的重大调整,并从理论上予以系统化。赫鲁晓夫改变了斯大林认为新的世界大战必将来临的看法,提出世界战争是可以避免的,并在此基础上阐述了苏联对外政策的总方针,即"和平共处""和平竞赛"及"和平过渡"。

赫鲁晓夫将不同社会制度下各国的和平共处视为苏联对外政策的总原则和总路线。他认为,国际社会主义阵营的出现和力量的壮大为防止侵略战争提供了物质前提,而新兴民族国家中的和平愿望以及资本主义国家中的和平运动已发展成为一股巨大的政治力量,其广泛性和组织状况已远非战前可比,在这种情况下"战争并不是注定不可避免的"。"核爆炸的火焰将毁灭一切生物","在目前形势下,世界只有两条道路:或者和平共处,或者发动最具毁灭性的战争,除此之外没有第三条道路"。赫鲁晓夫特别强调了苏美关系的重要性,声明要与美国建立全面友好合作的关系,并以超级大国的姿态宣称"世界上两个最强大的国家……苏联和美国建立持久的友好关系,对巩固世界和平将有重大意义"。

关于两种制度的和平竞赛问题,赫鲁晓夫指出,和平竞赛的根本内容是用实践来证明哪一种制度更

1961年,维也纳,肯尼迪与赫鲁晓夫举行会谈

好更进步,特别是能提高人民的生活水平。社会主义体系在这一竞赛中必将获胜的依据,在于社会主义生产方式比资本主义生产方式具有绝对的优越性。

到20世纪50年代早期,国际政治力量的对比,核武器的掌握控制,亚非拉民族解放运动的高涨等新情况的出现,客观上要求出台新的对外政策,而赫鲁晓夫顺应时代要求,从苏联的国家利益出发对此做出了较为现实主义的回答,并在客观上促进了国际局势的缓和。

1956年,莫斯科,苏联领导人赫鲁晓夫在苏联共产党第二十次代表大会上讲话

挑战美国霸权
戴高乐主义

> 像法兰西这样伟大的民族，决不能让这些怀疑和焦虑吓倒。尽管路途艰难，但是我们前进的脚步不能颤抖，否则既有损于我们的尊严，也会带来致命的危险。奴隶可以呻吟，弱者可以胆怯，但我们是自由的人民，能够坦然面对现实……
>
> ——戴高乐

戴高乐主义就其本质而言可称为法兰西民族主义，其构成包括三个重要方面：民族主义思想、集权主义思想和独立自主思想。戴高乐主义以谋求法国在国际政治中的独立自主和世界大国地位为政治目标。

戴高乐生平

在法国历史上，戴高乐是一位与拿破仑一样充满传奇色彩的英雄人物。他在法国通常被称为"戴高乐将军"。戴高乐在第二次世界大战期间创建并领导自由法国政府（法兰西民族委员会）还发表了著名的电台讲话，号召法国人民抵抗纳粹德国的侵略。二战后，戴高乐的政治生涯跌宕起伏。1947—1958年，他辞职下野，隐退于法国东部的小村庄科隆贝双教堂的寓所里，并埋头写作《战争回忆录》。1958—1962年，戴高乐东山再起，当选为法兰西共和国和非洲、马达加斯加法国属地的总统。1962年，戴高乐推行"自由独立的政策"，即谋求摆脱冷战时期形成的两极对立，同时加强法国在全世界的地位，寻求1960年以来宣布独立的原非洲殖民地和马达加斯加地区国家，以及亚洲和拉丁美洲国家的支持。戴高乐支持发展核武器、制定泛欧

戴高乐，法国军事家、政治家、外交家、作家，法兰西第五共和国的创建者

洲外交政策、努力减少美国和英国的影响、促使法国退出北约、反对英国加入欧洲共同体、承认中华人民共和国，这一系列思想政策被称为"戴高乐主义"。

戴高乐主义的诞生

二战后，法国丧失了欧洲大国的地位，美国成了统治全球，特别是独霸欧洲的真正盟主，欧洲许

多国家都在紧紧地追随美国，但是拥有大国之梦的戴高乐却极力为恢复法国的大国地位而不懈努力。早在二战期间，戴高乐在领导"自由法国"运动时，就已萌发了抗美的固执观念，随着战后国际形势的发展，戴高乐维护法兰西民族独立，争取法国大国地位的外交政策日益成熟。1940年6月18日，当戴高乐在暮色中走出英国广播公司播音室时，戴高乐主义诞生了。

戴高乐主义是在法国面临战争、投降、屈辱和失败，国土沦陷，国家的主权和独立无从谈起的形势下诞生的，戴高乐本人也是在不被别人所尊重的情况下起步的。法国虽然曾经是大国，但是现在却无权参与大国的决策，直到战争结束才只争得一个"准大国"地位。但戴高乐从来没有放弃实现他的伟大目标，没有忘记为法国创造丰功伟绩，为此同罗斯福较量，同丘吉尔谈判。戴高乐认为，"除非站在最前列，否则法国就不能成为法国，唯有丰功伟绩才能弥补法国人民天性中的涣散。以当前的我

1963年，法国戴高乐将军欢迎联邦德国领导人康拉德·阿登纳到访

国与当前的其他国家相处，如果没有一个高尚的目标和真正的胸怀，就会遭到致命的危险。"

1958—1966年，为了实现大国之梦，建立一个伟大的法兰西帝国，戴高乐与美国展开了旷日持久的对抗。1960年2月13日，法国在撒哈拉沙漠进行了一次核试验。1962年5月1日，法国研制出了原子弹，成为后来世界上五个核大国之一。戴高乐主义的实施对于维护法国的主权和独立，提高法国国际地位，推动欧洲联合和世界多极化发展有积极作用。但限于实力对比，其很难从根本上改变法国的国际地位。

1944年8月26日，巴黎解放后，成群的法国爱国者在香榭丽舍大街排队观看法国自由坦克和勒克莱尔将军的第二装甲师穿过凯旋门。在人群中可以看到支持戴高乐的横幅

冷战时代

勃列日涅夫主义
苏联对外扩张理论

整个20世纪70年代是苏联正式执行积极进攻战略，与美国进行全球争霸并大肆对外扩张的时期，也就是苏联进攻战略的实施阶段。勃列日涅夫主义即在此历史背景下诞生。

20世纪60年代末是苏联继续推行赫鲁晓夫制定的"和平共处"总路线及勃列日涅夫的"缓和"政策的时期，也是苏联进攻战略的准备阶段。

扩张理论的出台

1964年10月14日，勃列日涅夫成为苏联的第五位领导人。1968年4月上旬，勃列日涅夫在苏共中央全会上发表了《关于国际形势的迫切问题和苏共为世界共运的团结而斗争》的讲话，提出面对帝国主义和各种思潮的进攻时，苏共要采取积极进取的态度，认为"同敌对的意识形态作不调和的斗争，坚决揭露帝国主义的阴谋，对苏共党员和全体劳动人民进行共产主义教育以及加强党的整个意识形态活动，具有特殊意义"。他要求各级党组织"向资产阶级意识形态进攻"，加强苏联人的"爱国主义和国际主义感情"。全会的公报称，苏共中央要为"社会主义大家庭在政治上、经济上和国防上的不断加强而作出一切必要的努力"。有西方学者称该公报是勃列日涅夫主义的前奏，它表明苏联已经强烈感到苏东国家所面临的威胁，当这种威胁降临时苏联准备采取干涉行动。

出兵捷克斯洛伐克

随着捷克斯洛伐克改革的进展，苏联感到局势的严重，决定进行思想上的反击。1968年7月3日，勃列日涅夫在克里姆林宫苏匈友好大会上发表讲话，说资产阶级制度的辩护士会用种种假社会主义的外衣打扮起来，以便打着"民族形式"的招牌来动摇社会主义、削弱社会主义国家之间的兄弟关系。因此兄弟党要加强"国际主义团结、组织政治统一战线进行反帝斗争"。勃列日涅夫表示"我们是国际主义者。我们不能、也永远不会对其他国家的社会主义建设的命运，对世界上整个社会主义和共产主义事业抱漠不关心的态度"。

苏联纠集东欧国家入侵捷克斯洛伐克之后，在国际上遭到了普遍的谴责。勃列日涅夫寻找种种理由为自己的侵略行径进行辩护。宣扬武装侵略的必要性和合理性，炮制"有限主权论"。勃列日涅夫认为，各社会主义国家虽然有权考虑本国的民族条

德国柏林墙遗迹"兄弟之吻"。根据1979年苏联领导人勃列日涅夫和民主德国战友埃里希·昂纳克会面时的一张照片绘制

冷战思维

勃列日涅夫和卡斯特罗拉手的纪念邮票，象征着社会主义大家庭的亲密无间

件来确定自己的社会主义发展的具体形式，但是各国都毫无例外地要遵循"普遍规律，背离了这些普遍规律就可能离开社会主义本身"。在勃列日涅夫看来，捷克斯洛伐克的事态发展是在断送社会主义的成果，威胁了苏联的安全利益。因此，为了社会主义大家庭的利益，出兵捷克斯洛伐克是苏联履行无产阶级国际主义义务。

综上所述，勃列日涅夫主义是指，军事上以美国为主要对手，战略重点在欧洲，将过去追求的苏美合作主宰世界改为力求取代美国，称霸世界，在苏联及华沙条约成员国内，推行的一套对外扩张和对东欧社会主义国家进行思想和政治控制的理论。

> **知识链接：《勃列日涅夫的十八年》**
>
> 《勃列日涅夫的十八年》是我国苏联史专家叶书宗先生晚年的又一部力作。这部书立足于历史事实，根据解密档案，全面客观地描述了勃列日涅夫执政时期的苏联历史，着力描写了苏联各个领域里有代表性的人物的活动，展现了这一时期真实的苏联历史。
>
> 《勃列日涅夫的十八年》围绕两条平行线展开：一是力求客观地展示在勃列日涅夫当政时期苏联历史真实面貌的基础上，着重阐述勃列日涅夫何以能平稳当政十八年。二是在展示勃列日涅夫当政时期内"稳定"的基础上，着重厘清、阐述苏联社会内在的、深层次的、渐进式的变化。

苏联入侵捷克斯洛伐克期间，布拉格青年举着国旗经过一辆燃烧的苏军坦克

冷战时代

改弦更张
戈尔巴乔夫改革的"新思维"

> 世界已今非昔比,世界上的新问题再不能按照过去世世代代留下来的思维方式来解决了。
> ——戈尔巴乔夫

"新思维"是戈尔巴乔夫改革思想的重要组成部分,甚至一度成为苏联改革的代名词。"新思维"是戈尔巴乔夫对迅速变化着的外部世界的重新认识,以及对苏联作为一个超级大国,其地位日益衰败这一客观事实作出的判断和反应。"新思维"涉及政治、经济、外交、历史、人文等各方面的问题,其提出有着深刻的国内外背景。

"新思维"产生的国内外背景

苏联是当时世界上仅次于美国的超级大国,但是它并没有为世界提供一个成功的发展模式。苏共中央领导人安德罗波夫与契尔年科相继去世,他们把一个危机四伏的国家留给了戈尔巴乔夫。1985年3月,戈尔巴乔夫当选苏共中央总书记。戈尔巴乔夫上台之初,苏联国内政治经济弊端日益显露出来,尤其是苏联模式严重阻碍了社会经济的发展,加之长期与外部世界隔绝、军备竞赛、阿富汗战争以及苏联在世界各地的介入和插手,使其耗费了大量的财力和人力,国民经济不堪重负。

苏联在"两个阵营"的对抗中,处处以自己的国家利益为重,在处理与其他社会主义国家及社会主义政党的关系时,大国沙文主义盛行。20世纪60年代,中苏意识形态争论导致中国与苏联国家关系全面恶化。1969年中苏边界军事冲突爆发、

戈尔巴乔夫,苏联最后一任苏共总书记、苏联总统。他推动苏联在经济、政治和军事等多领域进行改革

70年代中国采取团结第三世界国家联合反霸的对外政策方针,使苏联对外扩张的霸权主义政策受到遏制。

苏联对东欧地区实行霸权政策亦愈演愈烈。1968年,勃列日涅夫推出"有限主权论",公然出兵捷克斯洛伐克,遭到世界舆论的谴责。苏联还打着国际主义的旗号,积极向第三世界国家渗透扩张,直至干涉第三世界主权国家的内政,1979年悍然出兵阿富汗。所有这些,都加剧了苏联与西方

冷战思维

戈尔巴乔夫时期的所谓社会主义大家庭成员已经貌合神离。图为1985年戈尔巴乔夫会见罗马尼亚领导人尼古拉·齐奥塞斯库

国家的对抗，引起了广大第三世界国家的不满，从而使苏联在国际舞台上日益孤立。

"新思维"的主要目标

20世纪80年代，苏联的外部环境发生了对苏联不利的变化。由于长期奉行与美国争夺世界霸权的对外战略，苏联在"输出革命"、与资本主义进行"总决战"的旗号下，在世界各地进行自己国力无法长期支持的疯狂扩张，争夺势力范围，与美国展开不断升级的军备竞赛。美苏两大阵营长期对峙的态势，加剧了世界各地的紧张局势，而且招致包括中国在内的绝大多数第三世界国家的强烈反对。

"新思维"提出的目标有以下几点：第一，尽可能消除与外部世界的对抗因素，结束与西方的冷战，减轻苏联的战略负担，为改革创造缓和的外部环境；第二，积极加入世界经济体系，消除以往游离于世界经济体系之外对自身经济发展的不利影响；第三，确立与资本主义长期和平共处的关系，使"社会主义和资本主义之间的对抗，仅仅并且完全通过和平竞赛与和平竞争的方式进行"。为实现新思维的战略目标，戈尔巴乔夫对苏联外交战略指导思想进行了重大调整，修改并提出了一些重要的理论观点，树立一套用以指导苏联外交实践的新的价值标准，用以构成戈尔巴乔夫"新思维"思想政策。

为了宣传苏共领导人对苏联国内形势和新的国际形势的认识和看法，戈尔巴乔夫应美国出版商的请求，撰写了《改革与新思维》一书。1987年11月，该书在苏联和美国分别用俄文和英文同时出版。戈尔巴乔夫在书中宣称，"新思维"是核时代的政治思维，它不仅针对苏联国内问题，还是在苏联社会主义建设面临急剧转折时期提出来的，其目的在于指导苏联的"改革"。"新思维"在国际社会引起强烈的反响，并对苏联后来的改革和外交活动产生了重要的影响。

1988年苏联邮票，宣传"新思维"和改革，邮票中写道：改革是依靠群众的创造性生活

话说世界

为外交政策服务的宗教

宗教是影响外交的重要因素之一。在开展外交活动过程中，一些国家的政府常授权、委托或默认国内各种宗教组织、宗教领袖、宗教信众开展针对另一国内宗教组织、宗教领袖、宗教信众的交流活动。这种在宗教领域开展的外交活动可称为宗教外交。

冷战时期，美苏两国争先恐后抛出"宗教牌"，其原因有三。一是美苏在指导思想上均将宗教视为一种外交工具，通过舆论宣传攻势，为本国外交寻求"合法性"。二是利用本国的宗教资源促进本国外交目标的实现。苏联利用莫斯科牧首区在东正教世界的影响力来实现苏联的外交目标。三是利用"宗教牌"打击竞争对手。杜鲁门总统执政时，刻意把上帝营造成反对苏联的"第一道防线"，意图联合世界上所有信仰宗教的力量，建立一条国际反共"宗教阵线"。

总而言之，宗教是一种重要的外交资源，美苏在冷战时期所施行的宗教外交手段是为两极格局争霸所服务的。

冷战时代

信仰之剑
冷战时期美国与苏联的宗教外交

冷战时期，宗教依然是大国竞争中重要的外交资源，它始终未远离国际政治的角力场。

宗教是影响外交的重要因素。虽然1648年欧洲"三十年宗教战争"结束后，交战双方签订了《威斯特伐利亚和约》。和约中的"去宗教化"条款，导致宗教被排除在威斯特伐利亚国际体系之外，但事实上宗教始终未远离国际政治的角力场。尤其在冷战时期，美苏两国政府均打出"宗教牌"，积极利用各种宗教组织开展对外宗教交流活动。在指导思想上，美苏两国皆将宗教视为一种外交工具，目的是为本国外交提供"合法性"。

宗教因素对美国外交政策的影响

美国是一个具有浓厚宗教信仰的国家，宗教因素在美国对外战略中具有举足轻重的地位。冷战时期，宗教因素对美国外交政策的影响主要有三点：一是宗教因素影响和塑造了政治决策者对国家利益的看法及对外政策的主导信念，同时也为政策制定者提供工具和手段，他们借此达成一致的反共产主义舆论。例如，杜鲁门执政时期，为打击莫斯科牧首区在东正教世界的影响力，美国政府决定联合世界上所有信仰宗教的力量，建立一条国际反共"宗教阵线"。接着，杜鲁门政府抛出了一份名为"美国信息交流项目中的道德和宗教因素"的报告，要求美国在优先联合"天主教徒、新教徒、东正教徒和犹太教

> **知识链接：国际最大的佛教组织——世界佛教徒联谊会**
>
> 1950年5月25日，29个国家129名佛教僧人和学者在科伦坡集会成立了名为世界佛教徒联谊会（以下简称"世佛会"）的国际性佛教组织。总部初设科伦坡，1969年选定泰国曼谷为永久会址。联谊会的宗旨是促进佛教徒严格实践佛陀的教义，弘扬佛法，加强佛教徒的紧密团结，交换各国佛教情况和意见，兴办社会、教育、文化、慈善等福利事业。每年公历5月的月圆日为佛诞节。

杜鲁门时期为取得"人心之争"的胜利，美苏两国政府都打出"宗教牌"，积极利用各种宗教组织开展对外宗教交流活动。图为杜鲁门总统

为外交政策服务的宗教

1943年至1953年，俄罗斯东正教会在苏联政府支持下开展了一系列实为"公共外交"的对外交流活动，以弥补公共外交理论与实践研究中的"短板"。图为俄罗斯滴血救世主教堂

> **知识链接：世界上最大的基督教会组织——世界基督教会联合会**
>
> 1948年8月22日至9月4日，世界基督教会联合会正式成立。基督教联合会强调"凡认耶稣基督为上帝及救主"的教会都可加入成为会员，进一步促进教会不同宗派之间互相学习和彼此合作。1961年，世界基督教会联合会与国际宣教协会正式合并。自此，普世教会合一运动汇为一条主流。为了促使不同地域和群体的基督徒联合，基督教信仰大幅度简化。

徒"的基础上，与伊斯兰教、佛教、印度教"求同存异"，以"反对共产主义"。二是宗教作为美国对外交流的重要桥梁。艾森豪威尔上台后，制定了"宗教行动计划纲要"，利用宗教组织、宗教领袖、普通信徒，对缅甸、泰国、老挝等小乘佛教国家开展宗教交流活动。不久，又将"计划纲要"扩展至伊斯兰教国家、印度教国家。三是宗教利益集团通过游说达到影响国会，从而实现影响对外政策的目标。1974年，美国国会通过了《杰克逊-瓦尼克修正案》，法案规定"在苏联允许犹太人和其他少数民族自由移居国外之前，禁止向苏联提供最惠国关税待遇和得到美国政府的贷款"。美国欲借此法案向苏联等社会主义国家施加经济压力，并拉拢社会主义国家中的宗教信徒。

苏联的宗教外交策略

苏联是信奉无神论的国家，在其成立初期对宗教采取敌视态度。在苏联卫国战争中，俄罗斯东正教会在团结民众抗击纳粹的过程中作出了重要贡献，斯大林晚年开始实施宗教宽容政策，并积极利用宗教来服务苏联的内政外交。赫鲁晓夫时期，虽然他也曾发动过反宗教运动，但其仍未遗忘利用基督教和平会议、穆斯林团体等开展保卫世界和平、裁军、对外解释苏联宗教现状的活动。勃列日涅夫上台后，苏联除了利用俄罗斯东正教会及世界教会联合会的平台，对西方国家民众开展反对美国的斗争宣传外，还利用国内穆斯林团体开展对穆斯林国家的宗教渗透、利用国内佛教徒开展对亚洲佛教国家的出访、朝圣等交流活动。到戈尔巴乔夫执政时期，苏联政府在"新思维"外交思想的指导下，也积极利用国内宗教组织开展与罗马天主教会、国外宗教组织领导人、宗教团体等系列交流活动。

1948年8月22日至9月4日，44个国家的147个教会组织在阿姆斯特丹通过章程草案，正式成立世界基督教会联合会。图为该组织的会标

冷战时代

俄罗斯东正教殿堂
圣瓦西里大教堂

造型别致、雕刻奇异，历史悠久、意义重大。

沙俄末期破败不堪，苏联时期多次修复。

圣瓦西里大教堂是俄罗斯最负盛名的教堂，它以9个形态和颜色各异的洋葱头圆顶闻名于世，堪称克里姆林宫和红场一带的地标建筑。精美绝伦的东正教教堂建筑艺术在这里呈现得淋漓尽致，其壁画艺术尤为值得赞赏。参观红场的观众，总是想一睹其风采。

历史传说

圣瓦西里大教堂位于俄罗斯首都莫斯科市中心的红场南端，紧傍克里姆林宫。中央的塔高约47米，周边环绕8座圆顶塔楼建筑。这座教堂建成于1560年，当时为纪念伊凡四世战胜喀山汗国而建。沙皇钦点俄国建筑师巴尔马和波斯特尼克主持教堂修建，教堂建成后伊凡大帝以修道士瓦西里的名字命名。

这座教堂有许多美丽的传说。一种有趣的说法是，在战争中俄罗斯军队由于得到了8位圣人的帮助，战争才得以顺利进行。为纪念这8位圣人才修建了这座教堂，8个塔楼上的8个圆顶分别代表一位圣人，而中间那座最高的教堂则象征着上帝的至高地位。教堂建造完成后，为了保证不再出现同样的教堂，伊凡四世残酷地刺瞎了所有建筑师的双眼，伊凡四世由此获得了"恐怖沙皇"的名号。1555—1561年，大教堂改建为9个造型别致、匠心雕琢的石制教堂，主台柱高57米，成为当时莫斯科最高建筑。关于这座教堂的用途，还有一个历史传说。相传，教堂地下室曾被用作国库，有两个贵族得知后，决定抢劫这里的财宝。1595年，他们密谋在城市周围放火，以调开警卫。但是他们的阴谋失败了，两人最终被处死。

建筑特色

圣瓦西里大教堂为俄罗斯东正教堂，展示了16世纪俄罗斯民间建筑艺术风格。每个塔楼的正门均朝向中心教堂内的回廊，因此从任何一个门进去都可遍览教堂内全貌。教堂外围均设有走廊和楼

圣瓦西里大教堂由俄罗斯建筑师巴尔马和波斯特尼克根据沙皇的命令主持修建，于1560年建成。1924年起该教堂被辟为博物馆。它现在仍然是正式的博物馆，但是自2000年起已经恢复了宗教仪式

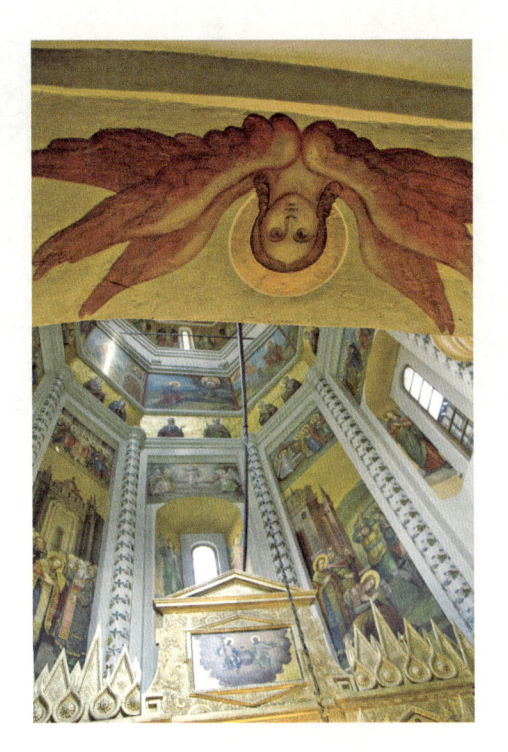

圣瓦西里大教堂内部，几乎在所有过道和各小教堂门窗边的空墙上都绘有16—17世纪的壁画

梯环绕。

整个教堂由9座塔楼巧妙地组合为一体，在高高的底座上耸立着8个色彩艳丽的塔楼，簇拥着中心塔。棱形柱体塔身上层刻有深龛，下层是一圈高高的长圆形的窗子。另外8个塔的排列是：外圈东西南北方向各一个较大的塔楼，均为八角棱形柱体。不像西欧的教堂有正面、侧面和背面之分，圣瓦西里教堂的任何一面都是正面，西方教会教堂的平面是纵长横短的十字，而作为东正教教堂，它的平面是呈正"十"字形的，这与它的正八边形结构很吻合，同时也显出它与西方教会教堂的差异。洋葱头圆顶颜色绚丽，在阳光下闪闪发光，好似童话中的城堡。

教堂内部，几乎在所有过道和各小教堂门窗边的空墙上都绘有16—17世纪的壁画。殿堂分作上下两层。16世纪俄罗斯军队攻克当时最坚固的城堡之一——喀山城堡时，所使用的武器装备在这里展出；陈列在喀山被围景况模型旁边的是一份攻占计划，俄国士兵的阵容和行动地点在这份16世纪的作战计划中可以查阅到。从教堂落成至1595年，这里曾存放过大量国库库银。现在教堂内存放着大量16—17世纪的文物。

教堂修复

1912年，教堂因其破旧不堪而被俄罗斯文物保护协会视为危旧房。十月革命后，政府开展修复工作。1918年开始修复大圆顶和西塔大门，20世纪20年代末30年代初陆续修缮其他部分，沿保留下来的白色石基座复原了门前台阶。内部在30年代中期被修复，1956—1965年中心教堂的壁画由艺术家仿16世纪原貌重新画过。1967—2012年，教堂圆顶表面的铁板由政府出资改为铜板，同时顶部十字架和镂花檐板重新镀金。这项工程繁复浩大，仅覆盖几个圆顶就耗费一毫米厚的铜板约30吨。1980年正门和外部回廊得以复原。圣瓦西里大教堂历史上很少使用过，现为俄罗斯国立历史博物馆分馆，作为建筑文物供参观。

位于圣彼得堡的彼得保罗大教堂保存了从彼得大帝到尼古拉二世，几乎所有俄罗斯沙皇和皇后的遗骸。末代沙皇尼古拉二世一家于1998年7月安葬于此

冷战时代

苏联时期的博物馆
彼得保罗大教堂

因彼得堡建城而奠基，开辟俄国通往欧洲的新门户。

巴洛克风格的教堂博物馆，吸引无数苏联人神往。

彼得保罗大教堂坐落在圣彼得堡市涅瓦河畔。苏联成立初期，该教堂被辟为博物馆。彼得保罗大教堂是一座早期巴洛克式大教堂。

历史变迁

18世纪之前，沙皇俄国缺少出海口岸。当时对外贸易往来的唯一海港是北冰洋上的摩尔曼斯克港。但该港位于北极圈附近，气候寒冷，结冰期漫长，一年的通航期不到半年光景。若要与欧洲主要国家联系，就得取道北冰洋和大西洋，航程远达数千海里。这对热衷于向外侵略扩张的沙皇帝国来说是极不利的。于是，彼得一世于1700年发动了"北方战争"，从瑞典手中夺取了芬兰湾东端的涅瓦河口，在波罗的海之滨取得了一处立足点，获得了通向欧洲的新门户。

自夺得涅瓦河口之日起，彼得一世就在此安营扎寨，并立即大兴土木。从1703年起，在涅瓦河三角洲上建起了一座要塞和城堡——圣彼得堡。同时，大教堂也为了纪念圣徒彼得保罗而隆重奠基。它是彼得保罗要塞内的主要名胜古迹（要塞即彼得堡旧城，因该教堂的建成而被俗称为彼得保罗要塞），也是彼得堡最早的象征物。

罗曼诺夫王朝覆灭后，大教堂在1919年被关闭，于1924年改为博物馆，2000年以后才恢复了宗教仪式。大教堂内保存了从彼得大帝到尼古拉二世时期历代俄罗斯沙皇和皇后的遗骸（只有彼得二世和伊凡六世没有埋葬在这里），尼古拉二世一家于1998年7月安葬于此。2006年9月28日，亚历山大三世的皇后，末代沙皇尼古拉二世的母亲玛丽亚·费奥多罗芙娜（1847—1928年），在去世78年以后，从丹麦罗斯基勒大教堂迁葬至彼得保罗大教堂。

彼得保罗大教堂位于俄罗斯圣彼得堡。图为教堂远景

为外交政策服务的宗教

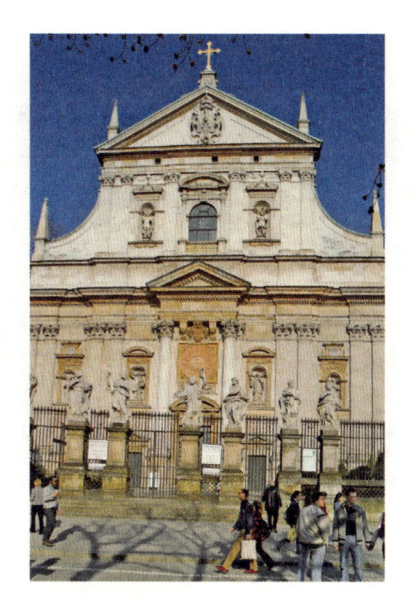

彼得保罗大教堂于1919年被关闭，1924年改为博物馆。现在它仍然是正式的博物馆，但是自2000年起已经恢复了宗教仪式。图为教堂前来往的游客

> **知识链接：《马克思、恩格斯、列宁、斯大林论宗教》**
>
> 唐晓峰研究员主编的《马克思、恩格斯、列宁、斯大林论宗教》一书，摘编收录了马克思、恩格斯、列宁和斯大林有关宗教问题的主要论述，并按照"论认识宗教问题的方法""论宗教的本质""论宗教的发生与发展""论宗教的社会作用""论宗教与科学""论宗教与政治""论宗教与文化""论宗教与哲学""论宗教与民族""论神学"这十个部分及若干主题进行分类整理，有助于读者了解马列经典作品对宗教问题的精彩论述。

建筑特色

这座教堂原是木结构，1712年改建成石砌建筑，1733年完工。瑞士建筑师多梅尼科·特列津尼主持设计建造，为一座巴洛克风格的教堂。外表线条简洁，形象庄严肃穆。一座高大尖顶的钟楼威武地屹立着——从远处就可以看见它那金光闪闪、垂直的金属尖，陡然冲破要塞矮墙。彼得保罗要塞的尖顶高123米，是全城最高的建筑。顶尖高40米，为金属结构，表面用薄金粘贴而成。上端是一个做成天使十字架形状的风向标。天使高3.2米，翼展3.8米。但从地面仰望却显得很小，似乎远在天边。1720年教堂的钟楼上曾装有音乐报时钟，1756年它毁于水灾。1776年又新装自鸣钟。钟的机械部分由荷兰工匠克拉斯造，有11个钟铃——最小的重16千克，最大的重5吨，在1761年就已运抵彼得堡。1952年自鸣钟又被改造，每昼夜可自鸣四次，及时向人们报时，并成为要塞的一大景观。这个钟楼也曾多次给市政当局带来麻烦，如闪电轰击尖顶，引起火灾；对其的修理，则要求能工巧匠们既有本事，又有胆量，既要灵巧，又要心细。历史上，修建内部结构的工匠彼得·杰鲁什金不用脚手架仅仅使用绳子登上顶端，修好了损坏的十字架，因此得到了世人的尊敬。

彼得保罗大教堂的内部装修也很特别。橡木雕成的涂金圣像壁装饰成一座三开间的凯旋门，圣像壁上的每一组图案加工极其精细准确。教堂四壁以鲜亮的颜色为基调装饰，拱顶雕有各式图案，弧形窗边挂有18幅以福音故事为题材的绘画。大厅悬挂着镀铜吊灯和有色水晶灯架，内壁饰有43座精雕细镂的木刻雕像。彼得大帝和罗曼诺夫王朝家族有多人死后均葬在这里，他们的陵墓在教堂南门离祭坛不远的地方。其中，亚历山大二世夫妇陵墓上的墓碑特别引人注目，石棺是用阿尔泰玉石和乌拉尔蔷薇辉石雕刻而成，仅这项工作就耗费了17年时间。大教堂亦曾被作为显耀俄国武力的博物馆。这里陈列过18世纪俄国军队与瑞典和土耳其作战期间缴获的各种证章，城门和要塞的钥匙，20世纪初这些战利品被分散到其他博物馆展出，现在教堂内只有42枚证章的复制品。

冷战时代

圣母升天大教堂
唯一通往天堂之路

历史悠久，标榜正统。
禁教时期，唯一通往天堂的道路。

圣母升天大教堂是最先受到苏联新政权关注的一批建筑。在苏联禁教时期，唯有此教堂仍向民众敞开大门，受到东正教的推崇。1929年，大教堂成为国家历史博物馆分馆。1990年，圣母升天大教堂被列入世界遗产名录。

建造历史

圣母升天大教堂是一座东正教教堂，该大教堂被视为莫斯科大公国的诸教堂之母，从1547年到1896年，俄国历代君主加冕仪式都在此隆重举行。此外，俄国东正教会大部分牧首和莫斯科都主教都安葬于此。这座教堂是意大利建筑师费奥拉凡特蒂设计建造的。为了标榜正统，它基本上照12世纪弗拉基米尔城的圣母升天教堂的样式建造，里面有一排排圣像画和天使像，宝石的光辉映照漆金柱子，顶上有5个俄式的洋葱形穹隆，结构较轻，空间较开阔。

建筑特色

圣母升天大教堂是俄罗斯现存最古老的教堂。以12世纪当地流行的"无色人工宝石建筑结构"而闻名，是12世纪俄罗斯建筑中最伟大的创造之一。到了19世纪，由于原教堂不再使用，又在原教堂右侧建了一座白色石教堂。教堂内还有文化中心、图书馆等。

大教堂白石上装饰着《亚历山大·马其顿升天》等石刻画，以及狮头和妇女头像浮雕，象征着基督永生，也表明教堂用于圣母崇拜。教堂西部的水彩壁画《最后的审判》，有部分被保存下来。

整个教堂恢宏壮观，其墙壁和屋顶上有很多圣像画和彩色浮雕壁画。尤其是大教堂里保存了许多俄罗斯最古老的圣像，包括从诺夫哥罗德转到这里、可能绘制于12世纪的圣格奥尔基（俄罗斯保卫者）圣像，还有从弗拉基米尔迁来莫斯科的东正教大主教彼得的圣像。历代莫斯科大主教，还有后来历代俄罗斯东正教总主教，都安息在这座教堂里，沿墙排列着他们的坟墓。据说这里的圣像图共画有1000位左右的圣人。

圣母升天大教堂位于克里姆林宫中心，它以当时弗拉基米尔的圣母升天大教堂为模本建设而成，是莫斯科必去景点之一

为外交政策服务的宗教

圣母升天大教堂的墙壁和屋顶上有很多圣像画和彩色浮雕壁画，圣像画共有 1000 幅左右。图为带有强烈的拜占庭马赛克风格的《圣母与圣子》壁画

知识链接：喀山教堂

喀山教堂是俄罗斯圣彼得堡涅瓦大街上的著名教堂，始建于 19 世纪初。这座帝国风格的建筑看起来不像一座典型的东正教堂，但是一些东正教活动还在这里举行。大教堂参照罗马圣彼得大教堂的风格设计，在苏联时期担任宗教和无神论博物馆。直到 2000 年，这座教堂被完全修复。

这座建筑的平面图呈十字形，中间上方是一个圆筒型的顶楼，顶楼上是一个端正的圆顶。半圆型的柱廊由 94 根圆柱组成，面向涅瓦大街，环抱广场。但是由于教堂的正门面向北方，侧面面对涅瓦大街很不美观。所以，在教堂东面竖立了 94 根科尼斯式半圆型柱式长廊，这使喀山教堂变成典型的俄式教堂。柱廊前面矗立着俄军统帅库图佐夫纪念碑和俄国陆军元帅纪念碑。教堂里有库图佐夫墓和 1812 年打败拿破仑所获的战利品。

在俄国政治生活中，这座教堂也起过十分重要的作用，它是俄国各地诸侯向莫斯科大公宣誓效忠的地方，在"伊凡雷帝"给自己加上"沙皇"头衔以后，又成了沙皇加冕的教堂，靠南边还保存着当年装饰有精美木雕的伊凡四世宝座。

圣母升天教堂糅合了文艺复兴时期的欧洲风格和拜占庭传统，高大的白色石墙、细长而简洁的窗框、金色的弧形檐线配合 5 个金顶，圣洁而庄严。1992 年，大教堂被列入联合国教科文组织《世界文化遗产名录》。

图为圣彼得堡的喀山教堂外景

E. HEMINGWAY. PRIX NOBE[L]

200F POSTE AÉRIENNE

EMPIRE CENTR[...]

Vasarhelyi

经典频现的文史哲

冷战时期,文史哲领域取得了重要成果,其作品也深深打上时代发展的烙印。丘吉尔是有史以来第一位获得诺贝尔文学奖的政治家。他的代表作《第二次世界大战回忆录》,以英国人的角度讲述了二战时期的重大历史事件,揭露了中、英、美、苏各大国间鲜为人知的政治、军事内幕,是一部全景式的历史、文学著作。

海明威的文学作品《老人与海》采取了纵式结构的方式,即在众多渔夫中选择老人圣地亚哥作为他小说的主人公,选择了马诺林作为老人的伙伴,选择了大海作为老人捕鱼的环境,选择了一生中难得遇见的大马林鱼作为老人的对手,把这一系列情节的发展按自然的时空顺序安排在两天时间内进行,这样实际上有许多东西并没有被真正剪裁掉,而是让读者自己去完成,可谓寓意深刻。

艾瑞克·霍布斯鲍姆是当代最重要的马克思主义历史学家之一。其代表作"年代四部曲"结构恢宏,叙事晓畅,成为当代极为流行的历史著作,让全球数以百万计的普通人获得了触摸历史的机会。

创立于二战之前,繁荣于冷战时期的法兰克福学派亦值得读者关注。法兰克福学派是以德国法兰克福大学的"社会研究中心"为活动基地的一群社会科学学者、哲学家、文化批评家所组成的学术社群,被认为是新马克思主义学派的一支。

丘吉尔的文学作品
《第二次世界大战回忆录》

过去曾有几位首相、外相，甚至还有两位美国总统荣获诺贝尔和平奖。如今，有史以来第一次，又有一位伟大的政治家获得了诺贝尔文学奖。

温斯顿·丘吉尔曾两度出任英国首相，在第二次世界大战期间他领导英国取得了战争最后的胜利，成为20世纪叱咤国际政坛的风云人物之一。1953年，二战的现实体验、丰富的写作经历以及对"英国病"的深刻感触，刺激丘吉尔创作《第二次世界大战回忆录》一书。丘吉尔的这部代表作凭借其较高的文学成就，荣获诺贝尔文学奖。

丘吉尔的写作经历

丘吉尔是英国政坛唯一一位身居政府高位并经历一战和二战的人。在《世界危机》、《东战线》和《战后》等几部书中，丘吉尔曾记录了第一次世界大战的实况。一战后，丘吉尔又创作了许多文学作品。首先打动读者的是丘吉尔作品中令人振奋的战争场面。《我的早年生活》（1930年）中记录了许多引人入胜的冒险故事。给读者留下深刻印象的有：学校里难管教的儿童，骑兵中打马球的中尉（当时大家都说他太笨，不适于当步兵），在古巴、印度边境地区、苏丹以及布尔战争时在南非的战地记者。作为一位语言描绘家，年轻的丘吉尔不但富有活力而且还有敏锐的目光。

丘吉尔最擅长的还是用语言来作画。《河上的战争》（1899年）中所描绘的镇压马赫迪起义的最后战斗的情景已深深地印在读者的脑海里。仿佛能看到成群的伊斯兰托钵僧在读者面前挥舞长矛和长枪，黄褐色的沙土墙被子弹打得粉碎，英埃军队井然有序地向前推进，骑兵冲锋时丘吉尔险些丧命。

丘吉尔描绘的历史战役场景有一种迷人的力量。以布伦海姆战役为例，读者会全神贯注地追随那血腥的战争棋局上的每一步，您会看到弹雨在紧挨着的棋盘方格上翻起道道深沟，会被骑兵迅雷激雨般的冲锋、短兵相接的猛烈厮杀深深吸引。

《第二次世界大战回忆录》

丘吉尔的代表作《第二次世界大战回忆录》又

丘吉尔（1874—1965年），英国政治家、演说家、军事家和作家

经典频现的文史哲

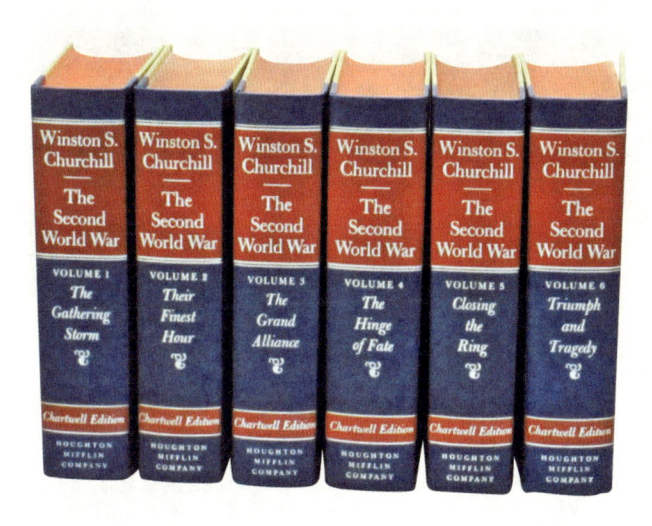

《第二次世界大战回忆录》是英国前首相丘吉尔在第二次世界大战结束之后完成的著作

> **知识链接：英国病**
>
> 第二次世界大战后英国经济发展的一个重要特点是经济增长缓慢，后来人们把这种在西方发达国家中长期发展缓慢、国力相对削弱的现象叫"英国病"。二战后，英国经济与社会矛盾都演变到极其严重的地步，为了摆脱困境、寻求发展，政府采用"福利国家"政策，实施社会改革。随着社会发展，"福利国家"越来越成为英国政府的沉重负担。

名《不需要的战争》，作品以英国人的角度讲述了二战时期的重大历史事件，揭秘了中、英、美、苏各大国间许多鲜为人知的政治、军事内幕，是一部全景式的历史著作。如果你对二战时期具体的军事和政治细节感兴趣，并且厌倦了大段引用各种文件和数据的反复论证，想对二战前后整个世界的历史做大略的脉络梳理，这会是个不错的读本。

此书的叙事时间段为1919—1945年，丘吉尔以自己的经历亲述二战始末。作者给读者呈现了苏德战场、太平洋战场、北非战场、欧洲第二战场、亚洲战场等惊心动魄的画面，他以一个重要盟国首领的宏大视野，叙述了20世纪人类历史最动荡不安的关键时刻。丘吉尔对二战前国际形势特别是纳粹德国野心的剖析是此书最精彩的部分，英法等国就希特勒对莱茵兰、奥地利和捷克斯洛伐克军事行动的纵容，最终刺激希特勒争霸世界的野心。依丘吉尔之意，如果在希特勒野心初露的时刻，英法等国以一种强硬的做法来予以警告或者打击，或许历史会改变。

丘吉尔认为，没有哪一次的战争能比二战更容易被制止的。一战给世界带来了巨大的破坏，好不容易留存下的，又在这次大战中被毁光了。在亿万人付出巨大努力和牺牲之后，我们仍无法获得和平与安全。现在，我们又处于危险之中，比起曾被我们克服的更为严重，这可以说是人类悲剧的高潮。

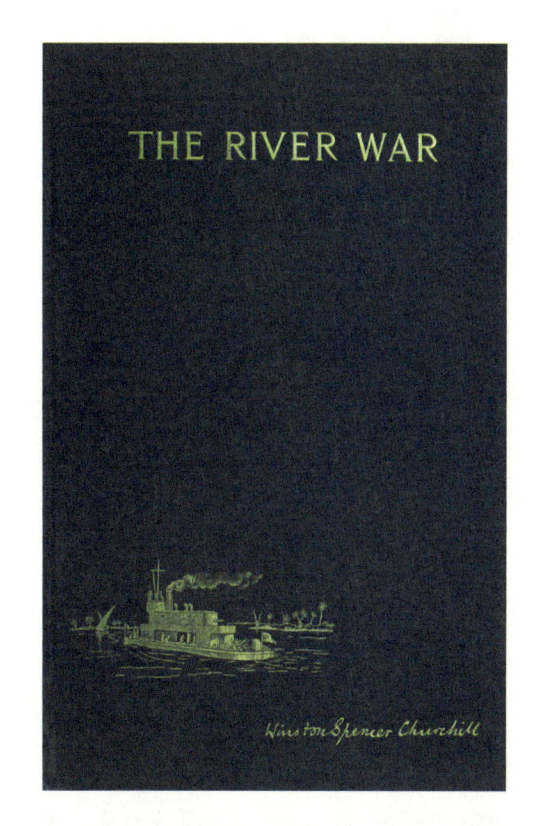

《河上战争》主要内容是大英帝国卷入苏丹战争的历史，该书是丘吉尔写作的第二本书，1899年版最初有两卷共1000多页，1902年被删减为一卷

冷战时代

叙事艺术的代表作
《老人与海》

这是一场人与自然搏斗的惊心动魄的悲剧。老人每取得一点胜利都付出了惨重的代价，最后遭到无可挽救的失败。但是，从另外一种意义上来说，他又是一个胜利者。因为，他不屈服于命运，无论在怎么艰苦卓绝的环境里，他都凭着自己的勇气、毅力和智慧进行了奋勇的抗争。

——《老人与海》

《老人与海》是美国作家海明威于 1951 年在古巴创作的中篇小说，故事围绕一位老年古巴渔夫与一条巨大的马林鱼搏斗而展开。在 20 世纪的小说作品中，海明威的《老人与海》颇受瞩目。

创作素材来源

《老人与海》这部小说是根据真人真事撰写的。第一次世界大战结束后，海明威移居古巴，认识了老渔民格雷戈里奥·富恩特斯。1930 年，海明威乘坐的船在暴风雨中沉没，富恩特斯搭救了海明威。从此，海明威与富恩特斯结下了深厚的友谊，并经常一起出海捕鱼。

1936 年，富恩特斯出海很远捕到了一条大鱼，但由于这条鱼太大，在海上拖了很长时间，导致在归程中遭到鲨鱼袭击，返回时鱼只剩下了一副骨架。据此海明威在《老爷》杂志上发表了一篇通讯稿，题目为《在蓝色的海洋上》。当时这件事给了海明威很深的触动，并觉察到它是很好的小说素材，但却一直也没有机会动笔写它。

1950 年圣诞节后不久，海明威产生了极强的创作欲望，在古巴哈瓦那郊区的别墅"观景社"，他开始动笔写《老人与海》（起初名为《现有的海》）。

到 1951 年 2 月 23 日就完成了初稿，前后仅用了 8 周。4 月，海明威把手稿送给去古巴访问他的友人们传阅，博得了一致的赞美。海明威本人也认为这是他"这一辈子所能写得最好的一部作品"！

布局清晰，节奏感好

海明威采取了纵式结构的方式，即在众多渔夫中选择老人圣地亚哥作为他小说的主人公，选择了非常可爱的孩子马诺林作为老人的伙伴，选择了辽阔深远的大海作为老人捕鱼的典型环境，选择了一

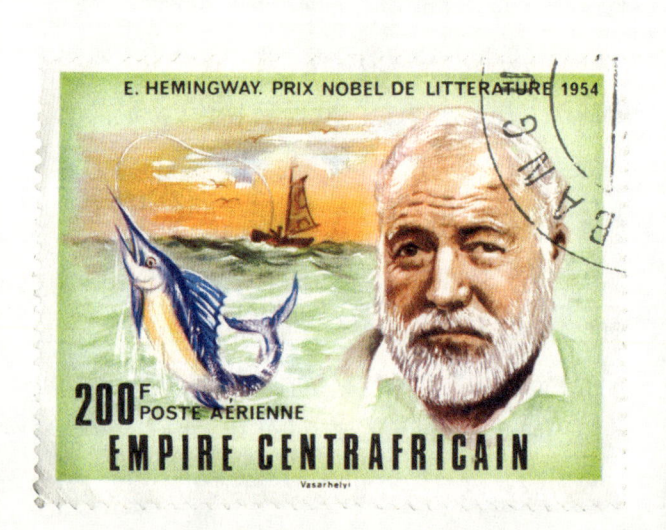

海明威，出生于美国伊利诺伊州芝加哥市郊区奥克帕克，美国作家、记者，被认为是 20 世纪最著名的小说家之一

海明威的许多作品，比如《乞力马扎罗的雪》，都完成于秀丽的美国最南端的小岛城市基韦斯特。图为位于基韦斯特的海明威故居

知识链接：《寂静的春天》

法国著名文学家勒克莱齐奥说："对大自然的热爱和尊重，一直都是文学创作的重要源泉之一。"1962年，美国科普作家蕾切尔·卡逊撰写了《寂静的春天》一书，此书是人类首次关注环境问题的著作。它那惊世骇俗的关于农药危害人类环境的预言，强烈震撼了社会广大民众。在该书的影响下，联合国于1972年在斯德哥尔摩召开了"人类环境大会"，并由各国签署《人类环境宣言》，开始了世界范围的环境保护事业。

生中难得遇见的大马林鱼作为老人的对手，把这一系列情节的发展按自然的时空顺序安排在两天时间内进行。这样实际上有许多东西并没有被真正剪裁掉，而是让读者自己去完成，达到"一石多鸟"的艺术效果，寓意深厚。作品集中体现了主题："人并不是生来要给打败的，你尽可以把它消灭掉，可就是打不败他。"这是他笔下"硬汉子"形象所反映的"重压下的优雅风度"。

小说的全部时间非常紧凑，前后只有4天：出海的前一天，一老人从海上归来为引子，让周围的人物一个个出场，交代了他们与老人之间的关系：一个热爱他，跟他在一起学习钓鱼的孩子马诺林；一对非常自私的父母；一群尊敬他，但永远不能理解他的打鱼人；一个关心他的酒店老板。老人就生活在这样的人物群体中，相比之下，他与众人有着明显的不同，老人很乐观，心胸开阔，是个经验丰富、充满信心、勤劳勇敢、富于冒险、热爱生活的纯朴的古巴渔民。同时，这种轮辐式结构还能产生线索清晰明了、中心集中突出、故事简洁明快的效果。

海明威在论述节奏时曾这样说："书启动时比较慢，可是逐渐加快节奏，快得让人受不了，我总是使情绪高涨到让读者难以忍受，然后稳定下来，免得还要给他们准备氧气瓶。"这篇小说给人的节奏感就是这样，故事开始给我们交代老人与周围人的关系时，娓娓道来，速度比较缓慢，随着老人航海的进程，速度也逐渐加快着，当老人与马林鱼、鲨鱼正面交锋时，速度之快达到了极点。特别是鱼在不断地挣扎，起伏波动，鲨鱼在猛烈地进攻，老人很疲惫的情况下，读者情绪高涨，深深地替老人捏一把汗。

《老人与海》的插画。海明威凭借《老人与海》一书先后获得普利策奖和诺贝尔文学奖

冷战时代

特写

英国马克思主义学派代表人物
霍布斯鲍姆

他是多才多艺的左派史家大师,写作以宏大的历史视野和饶有趣味的文风著称。

艾瑞克·霍布斯鲍姆是当代首屈一指的马克思主义历史学家。1917年,霍布斯鲍姆出生于埃及亚历山大城,他的父亲是一位犹太裔英国商人,母亲出身于奥地利首都维也纳一个富有的犹太珠宝商家庭。尽管家境殷实,但在一战爆发后霍布斯鲍姆一家仍不得不四处迁徙,1919年他们举家搬迁至维也纳,1931年徙居柏林,1933年又因希特勒掌权而转赴英国。

20世纪30年代,霍布斯鲍姆加入了英国共产党。在英国剑桥大学历史系学习时,霍布斯鲍姆开始致力于马克思主义史学研究。为推动英国马克思主义史学的发展,霍布斯鲍姆倾注了毕生的心血。他在劳工史、农民暴动和世界史领域中的研究成果,对学术界产生了深远的影响。同时,他以马克思主义唯物史观为指导,既注重对社会运动发展规律的探讨,又很注重历史学的功用问题,得到了史学研究者们的广泛重视。

1978年,霍布斯鲍姆被聘为伦敦大学经济和社会史荣誉教授,曾长期在伦敦大学任教,并被授予美国国家科学院和匈牙利国家科学院的荣誉院士称号。霍布斯鲍姆一生著作等身,其代表作有:《劳工的转折点》(1948年)、《早期农民造反》(1959年)、《工业与帝国》(1968年)、《革命家》(1973年)、《传统与创新》(1983年)、"19世纪三部曲"(1962年、1975年、1987年)、《民族与民族主义》(1990年),等等。霍布斯鲍姆写出了这些颇具影响力的马克思主义史学著作,其成功之处在于他正确地运用马克思主义历史观来指导具体的史学实践。

霍布斯鲍姆作品赢得了举世公认的声望还在于,他亦是叙事体史学的大家。其宏观通畅的写作风格将叙述史学的魅力扩及大众,正如《新左派评论》著名编辑佩里·安德森所言:霍布斯鲍姆是不可多得的兼具了理性的现实感和感性的同情心。一方面他是个脚踏实地的唯物主义者、提倡实力政治;另一方面他又能将波希米亚、土匪强盗和无政府主义者的生活写成优美哀怨的动人故事。

霍布斯鲍姆荣登世界"近现代史大师"宝座的作品,当属他的"年代四部曲":《革命的年代:1789—1848》《资本的年代:1848—1875》《帝

艾瑞克·霍布斯鲍姆是工业资本主义、社会主义和民族主义兴起时期的英国历史学家。从意识形态上讲,他是马克思主义者,他的社会政治信念影响了他的作品的性质

国的年代：1875—1914》和《极端的年代：1914—1991》。这四部书结构恢宏，叙事晓畅，成为当代极为流行的历史著作，让全球数以百万计的普通人获得了触摸历史的机会。作者认为，社会为历史学家研究的课题提供了丰富的史料，历史学家如能正确使用这些史料，就不应只为其他史家而写作。换言之，学术不应只为少数人服务，因此历时几十年时间写就了这套面向普罗大众、从法国大革命一直讲述到苏联东欧社会主义集团的解体、时间跨度达三个世纪的"年代四部曲"。在学者热衷于为大众"制造困惑"的时代，霍布斯鲍姆始终直面现实，坚持明晰流畅的论述和优雅洗练的文风，以其宏大的历史视野和饶有趣味的写作方式，使这四部立足前沿的学术著作能为普通大众接受，进而成为历史畅销书。

"年代四部曲"全面梳理了从法国大革命至冷战结束的世界历史重要脉络，在全球史流行之前就叙述了全球范围的历史，不仅无所不包，而且具有全球意义。前三部讲述了英国工业革命和法国大革命带来的资本主义和大众民主的发展。《极端的年代》的主题则是20世纪的危机。

自出版以来，"年代四部曲"不断再版重印，已成为简明而深刻的历史叙述的经典。"年代四部曲"也是公认的"现代世界史的最佳入门读物"，已翻译成40多种语言，累计销量突破500万册，成为全球持续畅销的历史杰作。中文版最新修订出版，英国前首相布莱尔、巴西前总统卢拉、意大利前总统纳波利塔诺以及爱德华·萨义德、尼尔·弗格森、托尼·朱特等欧美著名学者隆重推荐。

基于其卓越的文化贡献，霍布斯鲍姆曾于1998年被英国皇室授予英国荣誉勋爵称号，也曾获得过欧洲最受关注且奖金额最高的人文和自然科学奖项巴尔扎恩奖。进入21世纪后，霍布斯鲍姆依旧笔耕不辍，《趣味横生的时光——我的20世纪人生》《霍布斯鲍姆看21世纪》等书相继出版，在离世前几月，他依然在整理自己的最后一部作品《断裂的年代：20世纪的文化与社会》。

2012年10月，这位享誉世界、备受推崇的近现代史大师辞世。英国权威媒体评价他是"我们这个时代重要的历史学家，更是启迪大众心智的思想巨匠"。英国前首相托尼·布莱尔盛赞他是"进步主义政治史界的巨人，影响了整整一代政治和学术领袖"。

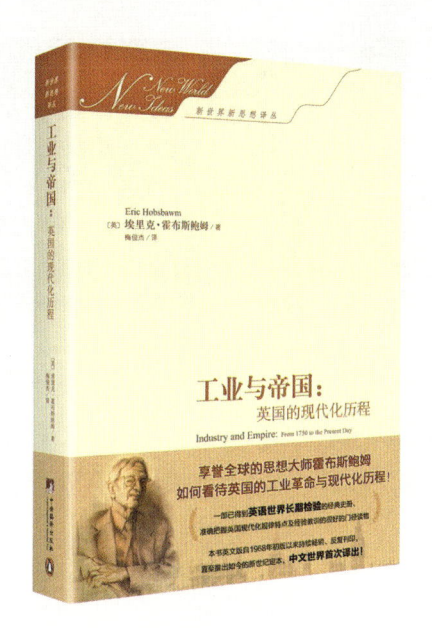

霍布斯鲍姆的著作近些年在中国有很多被翻译出版。图为《工业与帝国：英国的现代化历程》的中文版

霍布斯鲍姆"年代四部曲"。包括"漫长的19世纪"的三部曲（《革命的年代》《资本的年代》《帝国的年代》）和短短的20世纪的《极端的年代》

基辛格的经典著作《大外交》

> 网罗古今，议论纵横。
> 知识丰富，智慧幽默。

亨利·基辛格基于其国际事务的经验，运用丰富的历史知识及智慧幽默的文笔，创作了《大外交》一书，这部书描述了世界外交史上的重大事件，分析了各国外交风格的差异，重点揭示了美国外交政策的思想渊源，也是一部了解世界近代史的必读之作。

亨利·基辛格，德国犹太人后裔，美国著名外交家、国际问题专家，美国前国务卿。作为一位现实政治的支持者，1969—1977年，基辛格在美国外交政策中发挥了关键作用，并在中美建交中扮演了重要的角色

图书简介

《大外交》一书网罗古今，议论纵横，从17世纪欧洲的三十年战争，写到20世纪两次世界大战的人类浩劫，以及越南战争、柏林墙倒塌、苏联解体、冷战结束，将几百年间风云变幻的国际社会尽收笔下，力图从浩繁的世界历史中引申出自身的外交哲学来。因此，它既是一部自17世纪直至当代的国际关系史，又是一部探讨国际政治的理论著作。基辛格以广博精深的历史知识，练达圆熟的外交经验，解说国际关系领域中的治乱分合。行文之际，他时时不忘做外交哲学上的理论提升，让读者在感受那些风云人物言谈风采，辨析不同国家外交风格差异的同时，领略其背后蕴含的深邃的外交智慧。

《大外交》同时体现了那些对现代世界格局的形成起举足轻重作用的各国领袖——罗斯福、斯大林、丘吉尔、戴高乐、尼克松、毛泽东、周恩来、里根、戈尔巴乔夫等政治家的风采。《大外交》一书完全采用了传统学派的研究方法，它对历史事件和人物进行的是深入细微的政治历史描述，以追求对事物本质的直觉把握。

作品特色

在风格上，《大外交》是一本理论与实践相结合的佳作。西方国际关系理论著作多数为学者所撰写，理论色彩较浓，往往力求通过演绎思维过程推导出概括性的结论。另有一大类则是著名政界人物的回忆录，其特点是对个人的从政实践进行经验性的、归纳性的总结。而基辛格本人既曾是在哈佛大学的"象牙塔"中面壁苦读20年的"学术隐士"，又曾是20世纪70年代叱咤国际外交舞台的政界高手，于是人们自然可以在阅读这本著作的过程中，既领悟到逻辑的缜密，又体会到来自实践的"灵感"。

从材料运用上看，这本书依据的事实主要是欧美的历史经验，非西方世界外交实践的经验没有在书中得到应有的反映，这与一般的西方国际关系著作并无不同。但是，与其他美国作者相比，《大外

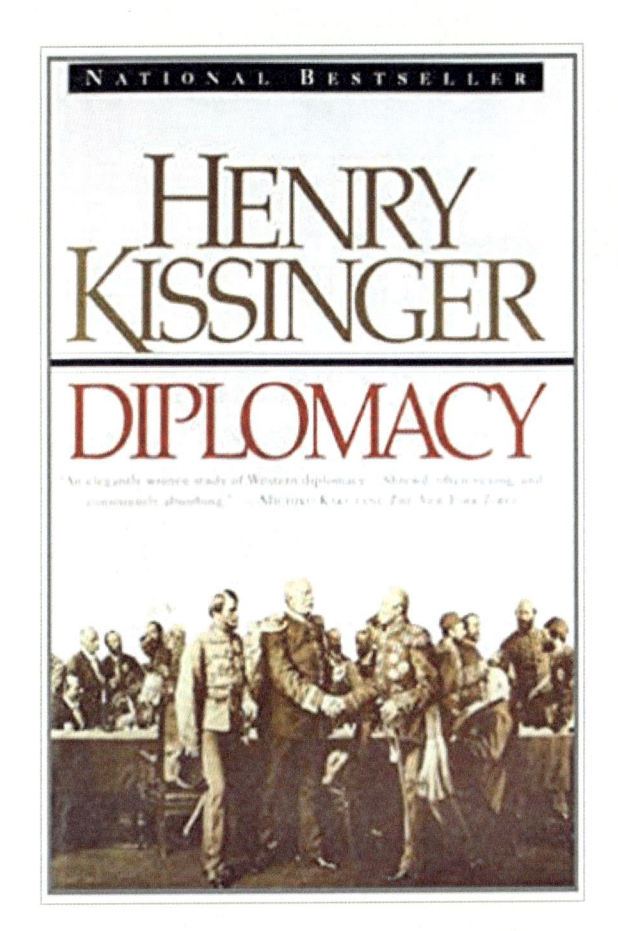

《大外交》是一部有浓厚理论色彩和深厚历史哲学底蕴的外交著作。书中将外交家居于中心地位，包含关于外交家的战略意识、领导才能、个人特性等的分析

> **知识链接："传统学派"**
>
> 传统学派（又称"古典派"）强调社会科学研究对象与自然科学研究对象存在着根本差异，认为社会科学的研究者与研究对象的界限无法截然分开，价值中立是很困难的。传统主义者崇奉的历史、政治依赖研究者个人的判断。他们一般对单个事件感兴趣，力图对涉及该事件的所有变量进行考察，深入理解其细节的微妙之处，借此来获得对事物的整体"感觉"。
>
> 当然，传统主义者也经常把不同的事例放在一起进行比较；他们偶尔也运用定量数据来说明一个论点。比如，在有关战争的统计中，大国间的一场冲突与小国间的一场冲突可能同样被当成一个统计数字来处理，而实际上两者对国际关系的影响是完全不可同日而语的。传统主义者嘲笑科学论者迷信计量方法，往往通过煞费苦心的统计分析来论证看似显而易见的结论。他们坚信，社会科学的精髓在于发现事物质的差别，这种精细和微妙的差别只能用一字一句来表达，而不能靠同一化的数量统计来说明。

交》显然有更多的"欧洲特征"。这不仅表现在书中论述欧洲外交的篇幅远大于美国外交，而且还表现在作者对欧洲外交传统的认同上。

从内容上看，《大外交》一书蕴含真诚的现实关切。除了第一章"世界新秩序"和第三十一章"关于世界新秩序的重新思考"直接触及冷战后世界新秩序这个论题之外，基辛格在描述和分析历史的过程中，不断地把历史经验与当今现实相对照，其说明现实的取向是十分明显的。作者认为，美国虽然较之任何其他国家都更有力量，但并不能操控一切，只是"几个大国中的头号"。冷战后世界新秩序的整体性质还不明朗。总之，基辛格在其经典著作《大外交》中凭借他长期的外交经验与扎实的理论功底，向读者展示了美国外交数十年的遏制政策的制定、实施与影响。

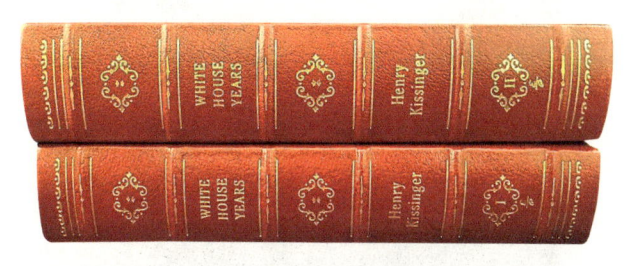

基辛格这部不朽的回忆录《白宫岁月》，记载了当时众多国际大事件和众多政治人物。文风时而微妙，时而坦率到近乎无情，精彩纷呈。本书获得1980年美国国家图书奖，也是基辛格对这一重大历史时期恒久而宝贵的贡献

冷战时代

爱智慧
法兰克福学派

创立于二战之前，繁荣于冷战之巅。哲学双壁霍克海默和哈贝马斯，学术贡献青史留名。

法兰克福学派是以德国法兰克福大学的"社会研究中心"为活动基地的一群社会科学学者、哲学家、文化批评家所组成的学术社群，被认为是新马克思主义学派的一支。

学派的奠基时期

法兰克福学派创立于20世纪三四十年代。该时期学派的代表人物为其创始人霍克海默（Max Horkheimer，1895—1973年）。1930年7月，霍克海默担任法兰克福大学社会研究所所长，法兰克福学派的历史由此展开。霍克海默一改前任所长格吕堡的实证性研究风格，创立"社会批判理论"。这一时期的经典文献为霍克海默于1930年创作的《传统理论与批判理论》与《哲学的社会功能》。在这两篇文献中，霍克海默论述了"唯物主义的批判"，为社会批判理论的发展奠定了基础。霍克海默在学派创立形成期创作发表的文献在20世纪六七十年

赫伯特·马尔库塞，美籍犹太裔哲学家和社会学家，法兰克福学派的代表人物之一，出生于柏林一个富裕的犹太人家庭，他一生都在美国从事社会研究与教学工作

代即该学派的繁荣期重新汇编出版。

发展繁荣期

20世纪40年代至70年代初是法兰克福学派的发展繁荣期。该时期的代表人物是阿多诺（Adorno，1903—1969年）和马尔库塞（Herbert Marcuse，1898—1979年）。霍克海默和阿多诺合著的《启蒙辩证法》（1947年）、马尔库塞所著的《单向度的人》（1964年）以及阿多诺著的《否定的辩证法》（1966年），是法兰克福学派发展繁荣期最重要的三部文献。《启蒙辩证法》一书批判了作为传统人本主义理论基础的启蒙精神，为法兰克福学派一直所主张的社会批判提供了一定的思路。《否定的辩证法》将《启蒙辩证法》中对人类文化内在逻辑的检视批判发展到了理论的顶峰。马尔库塞在《单向度的人》一书中对发达工业社会中的异化现象，尤其是对技术统治进行了深入的文化批判。

1964年4月，法兰克福学派的理论家们在海德堡留影，霍克海默（左前方），阿多诺（右前方），当时还年轻的哈贝马斯在后面，正在用手梳理头发

哈贝马斯，德国作家、哲学家、社会学家，法兰克福学派的第二代"旗手"

重要转折期

20世纪70年代至80年代初是法兰克福学派的重要转折期。这一时期法兰克福学派培养出新一代学者，以哈贝马斯最具代表性。哈贝马斯（Jürgen Habermas，1929—　）对法兰克福学派第一代学者的学术思想进行了修正和重建，哈贝马斯开启了法兰克福学派的新时代。哈贝马斯在此阶段内出版了《合法性危机》《交往行为理论》等著作，阐述了其交往行为理论的合法性危机理论。两卷本的《交往行为理论》是哈贝马斯思想的最系统表达，构建了一个具有内在思想逻辑的框架。在该书中，哈贝马斯"以理论建设与经典思想家的思想进行历史重建和组合的方式"阐释自己的思想。这本书对马克思、韦伯、杜尔凯姆（Durkheim，1858—1917年）、米德（Mead，1863—1931年）、卢卡奇（Lukács，1885—1971年）、霍克海默、阿多诺和帕森斯（Parsons，1902—1979年）的著作进行了分析，实现了他自身思想逻辑与历史的统一。

法兰克福学派的学术发展也为同时期的其他学者所关注，包括马丁所著的《辩证的想象：法兰克福学派和社会研究所的历史，1923—1950》、戴维所著的《批判性理论导言：从霍克海默到哈贝马斯》以及托马斯所著的《哈贝马斯批判理论研究》。20世纪80年代末，法兰克福学派第三代代表学者霍耐特、南希·弗雷泽（Nancy Fraser，1947—　）等登上学术舞台。

> **知识链接：马克斯·霍克海默**
>
> 1895年，马克斯·霍克海默生于斯图加特。年轻时先后在慕尼黑大学、弗莱堡大学、法兰克福大学学习哲学，1922年获哲学博士学位。1925年起在法兰克福大学任教，后兼任哲学系主任。1930年出任法兰克福大学社会研究所第二任所长，一直到1953年退休。霍克海默在担任社会研究所所长期间，吸收了一批经济学家、哲学家、心理学家和历史学家到研究所工作，旨在对现代资本主义社会进行多学科的综合研究，并对研究工作进行了重大改革。从此，社会研究所开创了一个新时期，法兰克福学派诞生了。1932年，社会研究所创办了《社会研究》杂志，先后在法兰克福和巴黎用德文出版，霍克海默任主编。1933年希特勒上台执政，霍克海默开始了流亡生涯。二战后，霍克海默曾担任法兰克福大学校长。

> **知识链接：哈贝马斯**
>
> 哈贝马斯是德国当代最重要的哲学家之一。1929年他生于杜塞多夫，曾先后在哥廷根大学、苏黎世大学、波恩大学学习哲学、心理学、历史学、经济学等，并获得哲学博士学位，博士论文题为《论谢林思想中的矛盾》。历任海德堡大学教授、法兰克福大学教授、法兰克福大学社会研究所所长以及德国马普协会生活世界研究所所长。由于思想庞杂而深刻，体系宏大而完备，哈贝马斯被公认是"当代最有影响力的思想家"，威尔比把他称作"当代的黑格尔"和"后工业革命的最伟大的哲学家"，在西方学术界占有举足轻重的地位。

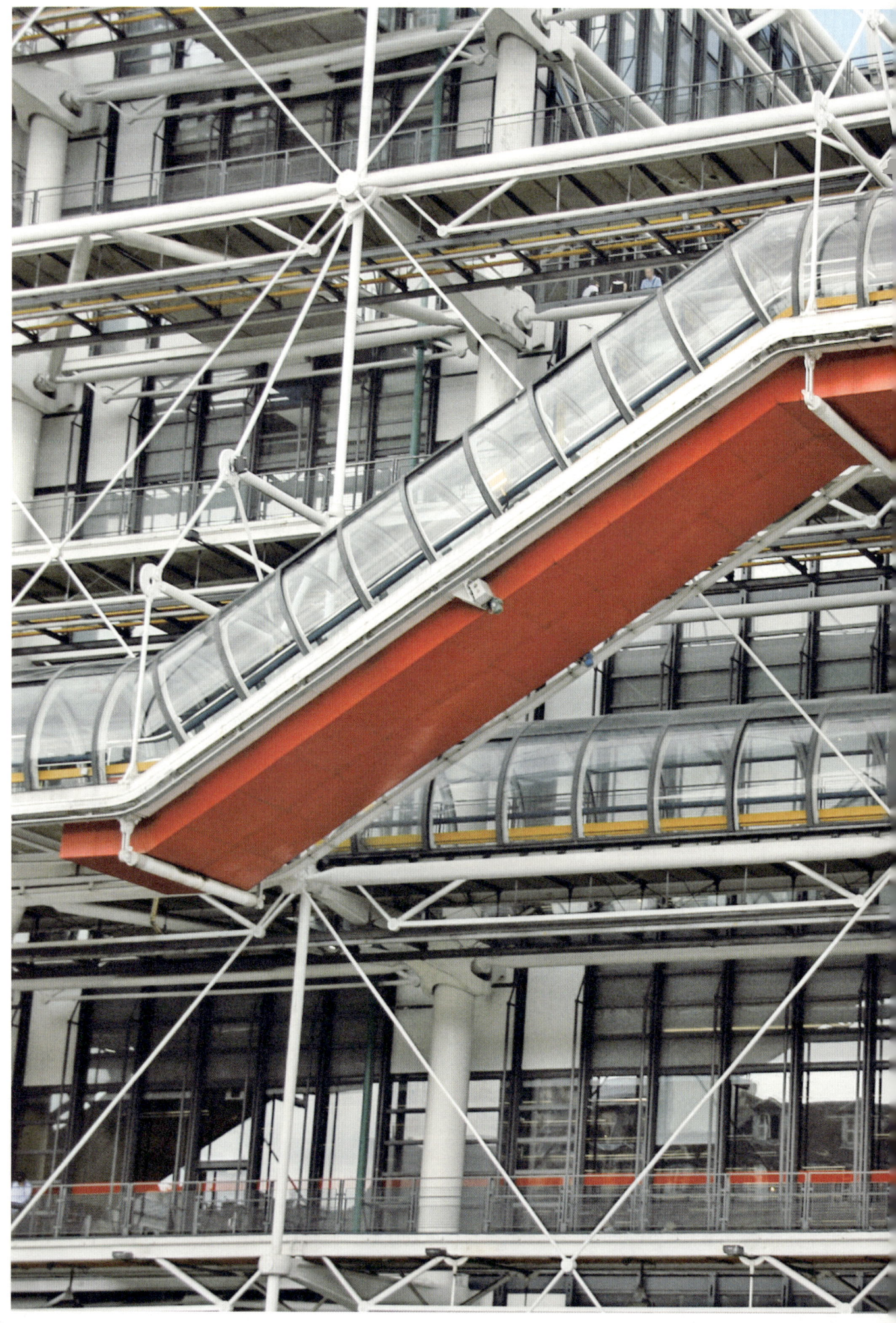

话说世界

现代性的艺术

冷战时期，世界处于以美苏为首的两大阵营的对峙时期。艺术也成为冷战时期美苏斗争的武器之一。美国政府在文化艺术的发展、宣传上投入了大量的资源。在整个冷战时期，美国政府资助下的现代艺术全线出击，成为美国称霸世界的一个重要方面。

与美国对待现代艺术的态度相比，苏联政府对非主流的现代艺术的态度较为审慎。冷战初期，苏联在斯大林领导下只允许有一种艺术风格即现实主义艺术风格存在。斯大林逝世后，赫鲁晓夫对政治、思想文化领域进行了文化"解冻"。"解冻"打破了斯大林时期存在的严重思想禁锢，对苏联的文化艺术界产生了强大的冲击。勃列日涅夫以后，虽然美苏仍处于冷战之中，但外交关系已相对缓和，这种局面为美国对苏联进行文化渗透创造了有利条件。

从文化战略的视角来看，冷战时期美国较之苏联在现代艺术上的投入更大，涉及的领域更广、产生的影响更持久。关于冷战年代的艺术代表作，本文选取了镜头里的冷战、伦敦画派、兰斯顿·修斯（Langfton Hughes，1902—1967年）的诗歌、《地下世界》、迈克尔·杰克逊、摇滚乐与嘻哈乐、战后重建的城市等内容展开论述，试图描绘出一幅冷战时期的艺术图画。

冷战时代

重回历史现场

镜头里的冷战
柏林墙纪实

一墙分割东西,铁幕徐徐落下;
民族隔墙对立,上演几多悲剧。

德国是两次世界大战的策源地,战争不仅给被侵犯国家带来巨大的创伤,对本国城市的毁灭也是难以避免的。

二战后,观众很少能够看到电影中展示的柏林古都之貌。苏德两军在柏林展开的血肉搏杀让整个城市几乎被夷为平地。不过,柏林还是留给世人许多历史的记忆,而其中最著名的则是战后出现的那道柏林墙。

冷战的象征

二战后,战败国德国的首都柏林被分割为东柏林与西柏林。柏林墙建在两者分界线上,一墙分割东、西柏林乃至两大阵营。柏林墙是冷战期间美国和苏联两大阵营之间冲突的产物,是德国分裂的象征,也是被东西欧分割的一个象征,成为冷战的重要标志性建筑。

柏林墙修筑前,约有250万民主德国居民逃离家园,他们中的许多人通过西柏林前往联邦德国和其他西欧国家。民主德国政府根据人民议院1961年8月12日通过的法令,一夜间筑起柏林墙。柏林墙全长155公里,最初是以铁丝网和砖石为材料的边防围墙,后期加固为由瞭望塔、混凝土墙、开放地带以及反车辆壕沟组成的边防设施。

一墙分割东西

修建柏林墙的目的是阻止大量民主德国居民包括熟练技工返回联邦德国。柏林墙建成后,1961年至1989年逃亡人口数量大幅下降,不过仍然有近5000人在此期间尝试翻越柏林墙。1960年起,民主德国边防军将翻越柏林墙视为非法越境,并向越境者开枪射击。1961年8月24日,发生第一次枪击逃亡者事件。1982年民主德国下达开枪射击令,枪击穿越柏林墙者被合法化。截至1989年,共有61人因翻越柏林墙被民主德国边防哨兵枪杀。

1970年,尽管民主德国和联邦德国之间关系有所改善,但是民主德国政府依然把柏林墙加高到3米以进一步阻止居民外逃。1971年9月,美、苏、英、法四国签署《柏林协议》,允许放弃任何单方面改变柏林现状的尝试,给西柏林人一个自由出入城市和往东柏林探亲的国际法保证。1971年12月20日,民主德国和联邦德国签署《通

满是涂鸦的柏林墙倒下后,德国政府将它拆成多个不同大小的石板,约有600块散落在全球140个纪念场地,也有不少墙壁被分拆出售

一话一说一世一界

现代性的艺术

柏林墙的涂鸦始于20世纪70年代，当时联邦德国人在墙的西侧墙体上进行涂鸦，用颜料表达对民主德国的挑战和戏谑。现在修复的柏林墙两侧都有涂鸦，涂鸦的水平参差不齐，更像是为满足游客猎奇的一种展示

行协议》，人员往来限制略有放宽。1972年5月，美、苏、英、法四国又签署《中转协议》，以缓解西柏林局势和方便东西柏林的居民通行。1980年，柏林墙的围墙、电网和堡垒总长达1369千米。

1989年11月9日，民主德国政府宣布允许公民申请访问联邦德国以及西柏林，柏林墙被迫开放。1990年6月，民主德国政府正式决定拆除柏林墙。至此，被一堵墙壁分割数十年的柏林合二为一，曾经因此上演的一幕幕骨肉分离的人间悲剧也终于画上了休止符。

现在柏林墙原址拥有柏林墙遗址纪念公园以及世界上最大的露天画廊——东边画廊

🦉 **知识链接：《柏林墙——分裂的世界》**

这本书的作者是美国著名作家弗雷德里克·泰勒。泰勒使用大量的官方记录、史料、口述实录等材料，证明柏林墙从来不只是一座钢筋混凝土的建筑物，也不仅是东德为了阻止居民外逃而修建那么简单，而是一个大舞台。二战之后核俱乐部成员们的危险游戏、意识形态领域的尖锐斗争、政治作秀，竞相借柏林墙事件登台亮相。

新的艺术家群体崛起
"伦敦画派"

卫护与复归，伦敦画派的心理相变。
实验与创新，秉承新精神的伦敦画派。

整个20世纪70年代是西方绘画彷徨、困惑的时期。许多艺术家放弃绘画转行寻求其他出路，使架上绘画开始处于边缘状态。艺术家贾德干脆宣布绘画已经死亡。直到20世纪80年代，西方绘画尤其是欧洲绘画终于出现新的转机，这就是"绘画再生"的开始。绘画新精神首先始于德国的新表现主义和意大利的超前卫派，标志着创造精神又回到了欧洲。紧跟其后的是英国新绘画、法国新自由形象和美国的新意象。其后，迅速发展衍化为国际性的艺术运动。新绘画的特征强调地域特质：德国绘画探究德意志文化的根底，代表画家是巴塞利兹（Baselitz，1938— ）、基弗（Kiefer，1945— ）、伊门道夫（1945—2007年）、彭克、卢皮兹等；意大利画派强调古典因素，代表画家是克莱门特、契卡、库奇、马瑞阿尼等；美国推崇游戏性的实用主义，代表画家是施纳贝尔、萨利、费谢尔、朗格、戈卢布、博罗夫斯基等；英国注重表述民族的特征，代表画家是弗兰克·奥尔巴赫（frank anerbach，1931— ）、莱昂·科索夫（Leon Kossoff，1926—2019年）等。

伦敦画派的崛起

新西方绘画中最具代表性的是英国"伦敦画派"，20世纪70年代末诞生的伦敦画派，重新确立了英国绘画中的一种本土传统。艺术家们共同的目标是保留民族特色。遵循英国现代绘画之父弗朗西斯·培根的观念，通过绘画行为在画布上集聚人类的情感，在绘画领域里彻底倾心投入和实验，将

伦敦画派第一代艺术家莱昂·科索夫自画像

一种多样化的艺术潮流引入略显沉闷的英国。20世纪80年代后新的一代艺术家开始摆脱以往"与世隔绝"的态度，在艺术上首先考虑的是大文化问题。画家在个人视觉之上的问题与广义的文化、社会和传统关联，引导出"关注问题"的美学共识。

莱昂·科索夫——伦敦画派的第一代艺术家

莱昂·科索夫于1926年出生于英国，是一位荷兰裔的英国画家。19岁至22岁在法国、比利时、荷兰、德国等地服役，他是伦敦画派的第一代艺术家，他创作的题材大多源自伦敦市井生活中偶遇的、有意义的东西，然后直接进行改造。让原始题

现代性的艺术

莱昂·科索夫的画作：《儿童游泳池，秋日下午》。科索夫画作主题大多是他的直系亲属和朋友以及他最了解的伦敦部分。20世纪60年代，他在伦敦北部的威尔斯登（Willesden）建立了一个工作室，并在1967年开了一个游泳池。他开始带他的儿子去游泳，游泳池和它的空间为他提供了一个新的课题。他在1969—1972年创作了四幅游泳池的大型画作，这是其中一幅。作品都以轻盈的触感和运动感、喧闹音和空间来区分画面

材接受随意的创造，不仅要在绘画中捕捉现实，而且还要在画布上重新创造现实。他主要描绘自己身边的人物和当地风景，画中的人物通常显现出孤独和无可奈何之感，他的画面粗犷，表层极其厚重，相互积压，并用粗厚的色线勾勒，显示出特殊的力度之感。科索夫的艺术是坚持在画布上传达强烈情感以及存留转瞬即逝的体验。他认为艺术家与日常实际的关系才是最重要的。1995年，科索夫代表英国参加威尼斯双年展，整个英国馆挂满了他当时创作的系列都市风景。

科索夫的绘画思想深受其老师大卫·邦勃格（David Bombery，1890—1957年）的影响。邦勃格时常教诲学生不要将目标定在精确、正确测量或完美之上，而要定在一种有机结构上，这种结构表现了他称之为"压缩入一个小小空间的宇宙力量的不可理解之密度"的东西，或更简单地说，就是"总体精神"——你捕捉画图对象的非常特殊、非常精确的表情。你在最不自觉时最有可能画对它，在你已经放弃了产生一种可被认同接受的形象的最后一丝希望时，便可得到它，因为此时你已经和你所画的对象融为一体。线条的运动要相当于扫视对象时眼睛的运动，并由此表现艺术家潜心于此。不仅如此，邦勃格对科索夫最大的影响是，他教会了科索夫去另辟蹊径。当科索夫还是学生时就选择了锲而不舍、默默无闻，打造扛鼎之作，相信有恒心就能改变一切。

科索夫的作品继承并发扬了邦勃格的艺术思想，其大部分素描作品都是反复推敲，精心雕琢，使之既展示出作者的身心投入，又展示与描摹对象的血肉相连。科索夫相信艺术家所见的组合形式无穷无尽，也许在外人看来那肖像画了20遍之后，和最初半小时的效果没太大差异，但实际上那幅画中已具有了20多个灵魂，他已经将他所要表现的事物表达出来。

莱昂·科索夫的素描作品

艺术与政治的互动
兰斯顿·休斯的诗歌

> 紧紧抓住梦想
> 如果梦想死亡
> 生命就是一只折翅的鸟儿
> 不能飞翔。
> ——《美国梦三部曲选段》

兰斯顿·休斯在美国文坛，尤其是黑人文学方面，是一个举足轻重的人物。他写过小说、戏剧、散文、传记等各种文体作品，但他主要以诗歌著称，被誉为"黑人民族的桂冠诗人"。

兰斯顿·休斯的生平

1902年2月1日，休斯生于密苏里州的乔普林市，他从小父母离异，跟随外祖母、母亲和亲友生活。他在美国中部受中等教育，18岁曾在墨西哥担任英文教师，1922年进入哥伦比亚大学学习，第二年便辍学。辍学后，他曾在一艘远洋货船上充当水手，到达西非海岸；其后流落巴黎，当过夜总会的看门人和饭馆厨师。回国后又做过洗衣房工人和旅馆侍者。休斯生活经验非常丰富。流落巴黎期间，他勤奋写作，在《危机》《机会》等黑人报刊上发表了不少诗作，参加哈莱姆文艺复兴运动，开始在黑人文艺界崭露头角。1926年出版了第一部诗集《萎靡的布鲁斯》。1929年，他进入林肯大学深造，三年后取得硕士学位。

休斯的创作始于"哈莱姆文艺复兴"时代，他受到"新黑人运动"的影响，早期创作带有民族主义和唯美主义倾向。20世纪30年代初，美国经济大萧条和举世闻名的诬害黑人案件"斯考茨勃罗案"提高了他的觉悟。通过接近工人运动，休斯的立场转向革命一边，他不仅前往苏联和中国，又以记者身份参加西班牙内战，路过巴黎时还出席了第二届国际作家大会。

二战后，休斯的创作虽削减了斗争精神，但很快又转向现实，写出了歌颂工人运动、反对种族歧视的作品，如诗篇《新的歌》《让美国重新成为美国》，长篇小说《辛普尔这样主张》等。20世纪50年代初麦卡锡主义盛行时期，休斯受到传讯，此后他的创作中又出现了为艺术而艺术的倾向。这一时期他主要写作爵士诗和幽默小品，代表作为《问你的妈妈——爵士十二式》（1961年）。因这部作品探索诗歌的新形式，被认为是先锋派诗歌的一种。

2002年2月1日是美国黑人诗人兰斯顿·休斯诞辰100周年纪念日。美国邮政总局发行了一枚休斯头像的纪念邮票并为此举行首发式等活动

哈莱姆的桂冠诗人

休斯写过多种体裁的文学作品，尤以诗歌闻名，被称为"哈莱姆的桂冠诗人"。他的主要诗集还有《犹太人的好衣服》（1927年）、《梦乡人》（1932年）、《哈莱姆的莎士比亚》（1942年）等。他的长篇小说《不是没有笑的》（1930年），主要描写一个黑人孩子在成长过程中所经历的崎岖的道路，反映了作者早期重视教育作用的思想。他的其他作品还有：短篇小说集《白人的行径》（1934年）、《共同的东西及其他故事》（1963年）；幽默小品集《辛波尔说出他的思想》（1950年）、《辛波尔孤注一掷》（1957年）等；自传《茫茫大海》（1940年）和《我漂泊，我彷徨》（1956年）。休斯晚年编选了不少黑人作家的选集、短篇小说集和诗文集。他的优秀诗作大部分收录在他亲自选辑的《诗选》（1965年）中。

休斯成名后没有离开哈莱姆黑人聚居区，他的创作始终描写黑人（尤其是下层劳动人民）的生活。他的诗歌从黑人民间音乐和民歌得到借鉴，有爵士乐的韵律和节奏，格调清新，热情奔放，用以表达对种族歧视的抗议，歌颂黑人民族的进步，对美国与非洲黑人诗歌的发展产生了积极而深远的影响。

总的来说，休斯一生的文学活动都是同他所处时代的美国黑人运动紧密相连，同广大黑人的命运息息相关。休斯的创作真实而深刻地反映了美国黑人的社会生活，倾诉了他们的苦难与辛酸、欢乐与希望，以及对自由、民主的追求与渴望。热爱自己的民族，为自己种族的文明和尊严而骄傲，这种感情充分体现在休斯那首著名的诗篇《黑人谈河流》中。

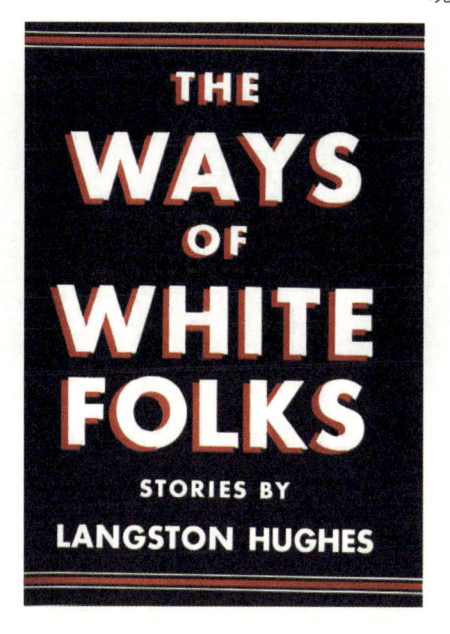

休斯的第一部短篇小说集《白人的行径》

乔治·马纳汉在指挥一首基于兰斯顿·休斯作品的音乐和视觉声乐诗《问你的妈妈——爵士十二式》。女高音杰西·诺曼（Jessye Norman，1945—2019年）与劳拉·卡普曼共同创作

冷战史诗小说《地下世界》

聚焦20世纪下半叶美国社会,跨越五十多年的历史。
情节复杂、力透纸背,发人深省。

唐·德里罗(Don DeLillo,1936—)是美国当代著名作家之一,诺贝尔文学奖热门候选人。他的创作体裁丰富多样,其中小说成就最大,为他赢得了"美国全国图书奖""福克纳笔会小说奖""索尔·贝娄笔会奖""耶路撒冷奖"等数十种重量级文学奖项。

聚焦唐·德里罗

1936年11月20日,唐·德里罗出生在纽约市布朗克斯区一个意大利移民家庭。童年曾随父母迁居宾夕法尼亚州东部的波维尔市。从小受到的天主教教育一直影响着他,在教堂的神秘气氛、仪式、教义中,他看到虚构的现象、教条、信条如何操纵人的思想与行为,并驱使他们走向极端,这一点深刻地影响了德里罗后来的创作。1954年,德里罗进入福特汉姆大学学习神学、哲学和历史。读书期间,现代派绘画、爵士乐、欧洲电影和格林尼治村的先锋艺术带给他乐趣和教益。1958年大学毕业后,德里罗就职于一家广告代理公司,并利用业余时间从事文学创作。

德里罗著述颇丰,已出版14部长篇小说、3本剧作及诸多短篇小说、散文。他的作品题材广泛,多以反映美国当代历史、政治、文化危机为主,尤为关注美国的大众媒体、消费文化、意识形态等对人的行为、思想、心理和情感等方面的影响。2005年美国《纽约时报书评》杂志评选了自1980年以来美国最佳的小说,其中,德里罗有3部小说入选,《白色噪音》《天秤星座》和《地下世界》。

巅峰之作

《地下世界》被公认为是这位当代美国社会最深刻讲述者的巅峰之作。《地下世界》讲述了20世纪下半叶的美国故事,它以摄像机般极富画面感的语言,捕捉现代社会的荒诞和痛楚,探寻存在于个体身上的历史的真实力量。透过唐·德里罗的笔触,读者依稀听到其中先知般的诉说。

《地下世界》的背景设在当时两个超级大国的对峙期。小说中的主人公是美国的几个中产阶级:一对兄弟,哥哥是垃圾处理专家(尼克),弟弟是

唐·德里罗被认为是美国当代最优秀的小说家之一,近年来一直是诺贝尔文学奖的热门人选之一

现代性的艺术

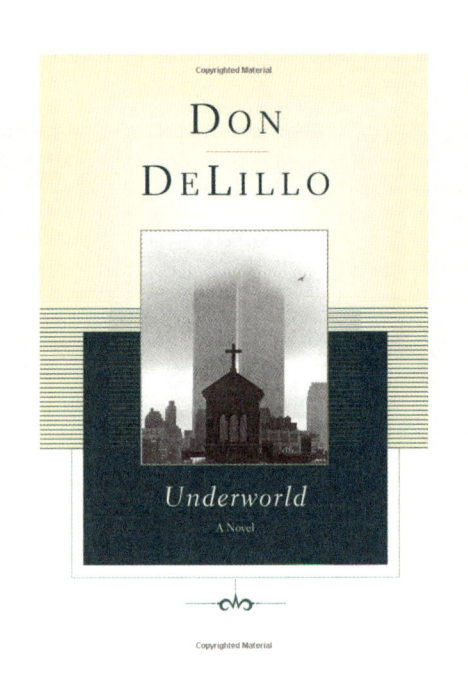

唐·德里罗的巅峰之作《地下世界》。德里罗另一部享誉文坛的作品是于 1985 年创作的小说《白噪音》，这部小说获得美国国家图书奖，被誉为后现代主义文学的巅峰之作

研制核武器的科学家（马特）；一位女艺术家（克拉拉），她最知名的作品是一件大地艺术——给数百架被废弃在沙漠的飞机重新绘制涂色。

从写法上来说，这本小说的结构别出心裁，以不按规则出牌的后现代方式挑战读者对"花样阅读"的接受能力。它的序幕是 20 世纪 50 年代，尾声是 20 世纪 90 年代，但主体的六个部分则是从 20 世纪 90 年代倒叙到 20 世纪 50 年代，就像一正一反两个反扣半环。中间还将一个黑人的故事分三次插入其间。全书 800 多页，皆由短小精悍、简洁圆满的故事情节组成，就像一场大型电视直播。每个分场景都安排一个摄影机，画面在不同的场景中来回切换，作家就是导演。

《地下世界》通过一只棒球（在一个重要赛事的终局使比分实现大逆转）几易其主的历程，将几个家庭的故事编制成二战后美国 50 年的世俗生活史；并且以一系列通常隐蔽于官方历史之下的主题："黑帮打手、街痞、城市浪人、涂鸦艺术家、连环杀人狂、地下情、各地下非法交易、垃圾和废料生意"等，作为这些普通家庭故事的背景，提供一个深度剖析美国社会肌理的切片。或者说它过滤掉那层由摇滚乐、垮掉派文学、好莱坞电影和帝国政治组成的美国文化表皮，努力呈现美国世俗生活的真相。

《地下世界》的创作过程很特别，德里罗总是等到故事里的形象成熟到要从他的头脑里滑落出来才开始动手写。因而这部小说的情节很有镜头感，但是有些章节既没有写出人名，也没有时间点，只是两个人在那里肆意聊天，聊他们两人（和他们的熟人）才清楚的事实。作为影像，我们可以立刻明了他们是谁，在聊什么；作为文本，只通过两个字"他"或"她"，理解就有一定的困难。

如果读者不想挑战难度，可以看完序幕，从第六部看起，先理清人物关系。而那些执意从头看到尾的人必定会重头再看一遍，只有看过第二遍，才会明白所有的叙述都是清楚的，前面让人如坠云雾的情节片段实际如蜻蜓点水一样轻盈。

唐·德里罗也创作过电影剧本，他创作的剧本《第六场》（游戏 6）是由迈克尔·霍夫曼执导的，2005 年首次在美国圣丹斯电影节上映

冷战时代

舞动奇迹
迈克尔·杰克逊

黑人歌者,独特的MJ乐风。柔美灵动的嗓音,精美绝伦的太空舞步,吸引全球亿万歌迷。

迈克尔·杰克逊被誉为流行音乐之王。他在全球范围内拥有亿万歌迷,其专辑 Thriller 的销量排名世界第一,其唱片总销量数以亿计(2006年底统计,其正版专辑销量已超过7.5亿),被载入"吉尼斯世界大全"。杰克逊不仅唱功出众,更是罕见的音乐全才,在作词、作曲、场景制作、编曲、演唱、舞蹈、乐器演奏方面都有着卓越的成就。

流行音乐之王杰克逊的音乐生涯

1958年8月29日,迈克尔·杰克逊出生于美国印第安纳州。1963年,5岁的杰克逊便显露其在歌唱及舞蹈方面的才华,在父母的有心促成下与四位兄长共同组成了杰克逊五兄弟乐团。在接下来的几年,随着年龄的增长,他愈加展现出表演的天赋,褪去组团初期的稚嫩,脱颖而出成为乐团中的

1987年9月,杰克逊展开个人首次全球巡演。通过舞台和视频的表演,杰克逊普及了一些像机械舞和太空步等舞蹈技术

灵魂人物。

1971年,迈克尔·杰克逊发行个人首支单曲 Got To Be There。1978年,杰克逊与传奇制作人昆西·琼斯(Quincy Jones,1933—)在电影音乐剧 The Wiz 中首次合作。此后不久,由琼斯在幕后为杰克逊倾力打造的个人专辑就诞生了,曾经轰动一时的有 Off The Wall 和 Triller。杰克逊的"奇才队"中还有他的良师益友黛安娜·罗斯(Diana Ross,1944—),1969年正是罗斯把"杰克逊五兄弟"演唱组推向了世界舞台。

1979年以后是迈克尔·杰克逊的音乐辉煌年代,专辑 Off The Wall 在 Epic 旗下发行,造就了其首支冠军单曲 Don't Stop' Til You Get Enough,并为其赢得格莱美奖的"最佳蓝调男歌手奖";此专辑仅在美国一地便销售超过700万张,在 Billboard 榜上直到1984年才下榜。

1982年,迈克尔·杰克逊着手专辑 Thriller 的准备工作,这是迈克尔·杰克逊音乐生涯中最具代表性的专辑,亦是他的巅峰之作。此专辑不仅在美国专辑榜上蝉联了37周冠军,而且在世界各国皆成为冠军专辑,拥有7首TOP10单曲、获得12项格莱美奖提名及7项音乐大奖,其全球销售量到1989年更已超过4430万张(美国2100万张),且仍在陆续增加中。

1983年,由迈克尔·杰克逊所谱写的 Billie Jean 登上了美国音乐榜第一的宝座,并蝉联冠军

现代性的艺术

七周之久，其中一周同时在英国登顶，成为英美单曲排行榜的双料冠军，并成为他个人第三支白金单曲。此外，专辑亦同时登上了榜首，使他成为Billboard榜上有史以来第一位同时在流行及黑人榜的专辑与单曲榜上获得冠军的人，更令人吃惊的是他还赢得了舞曲榜冠军。迈克尔·杰克逊魔幻般的舞步让无数的明星效仿。2006年，吉尼斯世界纪录颁发了一个最新认证：世界历史上最成功的艺术家。

杰克逊歌迷的必读书《太空步》

迈克尔·杰克逊的自传《太空步》是每个杰克逊歌迷的必读之书。它发行于1988年，是迈克尔·杰克逊在他朋友——美国前第一夫人杰奎琳·肯尼迪·欧纳西斯（Jacqueline Kennedy Onassis，1929—1994年）的鼓励下写成的。这本书讲述了杰克逊从小到大（至1988年）所有鲜为人知的故事（当时他还与家人一起住在加州恩西诺的赫文哈斯特家里）。这本精彩绝伦的自传，以积极的笔触写满了6章，并配有许多漂亮的彩色和黑白照片。该书一经出版，立刻轰动世界，并在各大畅销书榜上独占鳌头。杰克逊将此书献给舞王弗雷德·阿斯泰尔。

"太空步"这一称谓是迈克尔·杰克逊第一个提出来的。其中后滑步是一种视觉幻象效果，给人一种明明在行走却向后退的魔幻般视觉。后滑步因迈克尔·杰克逊在表演《比莉·简》歌曲时的运用而风靡世界，并成为他的标签之一。1988年出版的迈克尔·杰克逊自传亦取名《太空步》

《太空步》是迈克尔·杰克逊首次用自己的语言来讲述他自己的故事，记录了他的生活、思想和对一些问题的看法，使读者能够真实地了解到是什么驱使着他成为世界级巨星。在给读者再现真实的迈克尔·杰克逊的同时，通过浅显语言讲述故事的方式去感化读者的灵魂。引发读者对人生的思考和感悟，教化读者在走向成功的路上，虽然有鲜花、掌声和喜悦，但必定会面对种种挫折，经受种种磨难以及不公正的指责，如何按照自己的方式生活，如何坚定地按照预定的人生目标去努力，从而实现梦想，超越自我。

2009年6月25日，杰克逊突然辞世，人们以鲜花和明信片来悼念他

风靡全球
摇滚乐与嘻哈乐

摇滚的精髓在于态度——
离经叛道，我行我素。反抗主流文化，声讨政治权威。
把最真实的情感表达出来，不带掩饰。

摇滚乐，英文全称为 Rock and Roll，兴起于 20 世纪 50 年代中期，主要受到节奏布鲁斯、乡村音乐和叮砰巷音乐的影响发展而来。早期摇滚乐很多都是黑人节奏布鲁斯的翻唱版，因而节奏布鲁斯是其主要根基。摇滚乐分支众多，形态复杂，主要风格有：民谣摇滚、艺术摇滚、迷幻摇滚、乡村摇滚、重金属、朋克等，代表人物有：埃尔维斯·普莱斯利（猫王）、鲍勃·迪伦（Bob Dylan，1941— ）、披头士乐队、滚石乐队等，是 20 世纪美国大众音乐走向成熟的重要标志。

莱米·凯尔密斯特（Lemmy Kilmister，1945—2015 年）是重金属音乐巨头，摩托头乐队主唱

摇滚乐诞生的历史背景

20 世纪 50 年代初，美国出现了一个生育高峰期，青少年的数量空前增长。当时，孩子们在课余生活里，一般都与家人待在一起。电视节目比较健康，在音乐趣味上也没有太大的鸿沟。青少年与老年人欣赏的音乐也基本相同，都是 40 年代和 50 年代的"大乐队"演奏的音乐，以及延续了几十年的叮砰巷歌曲，歌词经常表达单纯的爱情，音乐也不带刺激性，尽量给人一种舒适、安宁的感觉。

到了 50 年代中期，这批青少年由于生活条件优越，没有像父辈那样经历过战争和苦难，同时又深受家庭的宠爱。因此，他们开始不理解父母们的思维方式和生活方式，不愿意走父母为自己安排好的道路，不再跟随父母欣赏那些多愁善感的流行歌曲。他们有了自己的追求和爱好，而且由于人多势众，形成了一股强大的力量。这时，他们正好在摇

早期的摇滚音乐来源非常广泛，主要包括布鲁斯音乐、乡村音乐、福音音乐、传统的流行乐、爵士乐和民间音乐

滚乐中找到了自己的声音。摇滚乐简单、有力、直白，特别是它那强烈的节奏，与青少年精力充沛、好动的特性相吻合。摇滚乐无拘无束的表演形势，与他们的逆反心理相适应。摇滚乐歌唱的题材，与他们所关心的问题密切相关。

摇滚乐的诞生与被误解的 Hip-Hop

摇滚乐的正式产生是在 20 世纪 50 年代中期，但是这个名词却在 50 年代初期就已出现。1951 年，克利夫兰电台唱片节目主持人艾伦·弗里德（Alan Freed，1921—1965 年）从一首节奏布鲁斯歌曲《我们要去摇，我们要去滚》（We're Gonna Rock, We're Gonna Roll）中创造出了"摇滚乐"这个名词。1955 年，电影《黑板丛林》的上映对摇滚乐的产生带来了巨大的影响。它讲述的是一群叛逆学生的故事。一位中学教师面对这群学生唱起了一首歌，这首歌就是影片的插曲《昼夜摇滚》。这首歌曲在青少年中引起了极大的轰动。1955 年 7 月，《昼夜摇滚》在 Billboard 排行榜上获得第一名，标志着摇滚时代的到来。它的演唱者比尔·哈利（Bill Haley，1925—1981 年），也因此成了青少年崇拜的第一个摇滚乐偶像。从此，摇滚乐开始风靡全美国。

嘻哈即"Hip-Hop"，源自美国黑人社区，其渊源可上溯至 20 世纪 70 年代。Hip-Hop 是一种由多种元素构成的街头文化的总称，它包括音乐、舞蹈、说唱、DJ 技术、服饰、涂鸦等。Hip-Hop 是街头的文化，是一种生活态度。该词被认为产生于 20 世纪 70 年代纽约市，尤其是这个时期的 DJ 俱乐部。霹雳舞在 20 世纪 80 年代成为一种非常流行的 Hip-Hop 舞蹈。今天这个词被人们普遍认为是 rap 音乐的同义词。嘻哈音乐发展至今，一直在跌跌撞撞中成长，直到现在流传到全世界，我们都可以感受到它的影响力。

> **知识链接：黄土高坡上最早的摇滚——华阴老腔**
>
> 华阴老腔诞生于明末清初，最初是陕西省华阴市双泉村张家户族的家族戏（只传本姓本族，不传外人）。其声腔具有刚直高亢、磅礴豪迈的气魄，非常追求自在、随兴的痛快感，听起来颇有关西大汉咏唱大江东去之慨，此类表演方式也被誉为黄土高坡上"最早的摇滚"。华阴老腔落音又引进渭水船工号子曲调，采用一人唱众人帮和的拖腔（民间俗称为拉波），伴奏音乐不用唢呐，独设檀板的拍板节奏，构成了该剧种的独有之长，使其富有突出的历史和文化价值。2006 年，华阴老腔入选我国第一批国家级非物质文化遗产名录。

嘻哈首先在纽约市北部布朗克斯市区的非裔及拉丁裔青年中间兴起，继而发展壮大，并席卷全球。图为 2012 年美国一场嘻哈演唱会

冷战时代

破败与新生
战后德国重建的城市

战争，没有胜利者，特别是战败国。毁于战火的德国历史名城，如何浴火重生？

1945年二战结束后，德国人开始在废墟上重建家园。

毁于战火的德国名城

二战期间，盟军因战争需要对德国展开的地毯式战略轰炸之惨烈已经堪与纳粹的野蛮行径相比，达到史无前例的程度。德国主要城市80%以上的历史建筑在炸弹爆炸声中变成废墟。被战火夷为废土的德国城市不胜枚举，柏林、科隆、莱比锡、马格德堡、汉堡、基尔、吕贝克、明斯特、慕尼黑、法兰克福、维尔茨堡、美因茨、纽伦堡、克桑滕、沃尔姆斯、不伦瑞克、汉诺威、弗赖堡以及德累斯顿等主要城市均无一幸免。

战争结束时整个德国几乎都被埋在瓦砾之下，其中的4亿立方米废砖断瓦将成为日后重建的基础。那些在轰炸中幸存下来、摇摇欲坠的危房和其他一些建筑，不久后也在随之而来的重建浪潮中被推倒。重建工作的任务最早落在"清砾妇"身上。战争吞噬了太多德国男人的生命，以至于盟军不得不征发所有年龄在15—50岁的妇女从事繁重的废墟清理工作。

浩劫之后的德国百废待兴，住房问题迅速凸显出来。很多无家可归的德国人不得不栖身于应急棚屋中，另外一些人则在他们千疮百孔的住所中艰难度日。

战后漫漫重建之路

对于很多城市规划师而言，德意志的战毁是他们突破原有城市逼仄混乱的布局，打造林荫夹道清新宜人新格局的一个机会。无论东德还是西德，重建规划者们都在进行着激进的改造。

图为从著名的米凯利斯塔上眺望汉堡的城市风景

现代性的艺术

早在二战中，纳粹的城市规划师们开始设想一种特定的城区分划方案，以降低德国城市对空袭战损的敏感度。现代设计师们也同样着力寻求一种新构思，以求有别于自中世纪以来一直统治着德国城市规划的陈旧思路。这些新设计的美观程度往往不尽如人意。战后德国的住房压力很快化为行动动力，各地的住宅区在短时间内如雨后春笋般矗立起来。20 世纪 60 年代，西德平均每年新建 57 万套住房。东德在随后 10 年间也加快了居民住房的建设步伐，德累斯顿市中心的众多老式公寓楼便是那个时代的产物。时至今日，不论是在原东德还是原西德，德国的城市景观线已经被新型现代化高层公寓楼群覆盖。然而，很多原住民现在却又开始怀念二战前那种邻里相闻、绵密无间的宅居风格了。

阿尔伯特·斯皮尔作为希特勒最器重的建筑设计师，为战争结束后重建德国描绘建筑蓝图。数千名设计师加入了这一工程，共同构建了一幅现代化新德国的未来图景。二战结束后，其中的不少设计师为德国的重建工作提供了巨大的帮助，应用的也正是这些蓝图中所蕴含的现代思想。希特勒喜欢大林荫、高屋顶的建筑风格，他偏爱的这些设想从来没有实现。但在战后重建德国时，一些成形于纳粹

德累斯顿圣母大教堂是位于德国德累斯顿老城的一座路德教教堂，既是巴洛克建筑的名作，又是当地的城市标志。教堂建筑由砂岩构成，曾于二战期间毁于战火。东德时期将遗址列为纪念地，将残余建材全部分类整理，并完成复原设计。两德统一后，使用原有材料并补充相近石料后在原址重建

"清砾妇"担起重建德国城市的重任

时期的现代建筑设计理念还是被加以吸收利用。很多德国人发现对这些经过战后重建而重新屹立起来的城市很难萌生爱意。一些异常丑陋的战后建筑在日渐增长的公众压力下面临被拆毁再建的命运。法兰克福市政厅就是其中之一，于 2010 年初开始拆除，取而代之的是 9 座战前德国传统风格的新建筑。

在重建过程中，一些德国城市的尺度规模已经恢复到和战前一模一样的水平，德累斯顿是其中的第一座，这座城市的一些历史性建筑如德累斯顿圣母大教堂已经完成重建。

苏联第三大城市
基辅

基辅，第聂伯河上的千年古城
索菲亚教堂和赫梅利尼茨基塑像承载着你的荣光
苏联的第三大城市，闻名于核武器和粮仓。

基辅地处乌克兰中北部，第聂伯河中游两岸及其最大支流普里皮亚季河与杰斯纳河汇合处附近，是乌克兰经济、文化、政治的中心。第二次世界大战期间，基辅遭受战火蹂躏，但战后快速的复原，成为苏联第三大城市。

地理位置优越的苏联名城

基辅的历史已有1500多年。1934年，基辅取代哈尔可夫成为乌克兰苏维埃社会主义加盟共和国的首都。但苏德战争爆发后，基辅的厄运也随之而来。作为乌克兰最主要的城市，它是德军南线进攻的重点。由于朱可夫放弃基辅的建议被斯大林拒绝，苏联红军西南方面军遭到德军合围歼灭，基辅沦陷，苏军则以66.5万人伤亡和被俘的惨重代价为莫斯科保卫战赢得了时间。蒙古入侵的悲剧没有重演，苏联最终战胜了德国，基辅也没有再与乌克兰分离。

基辅是乌克兰首都，地处乌克兰中北部，第聂伯河中游两岸。图为基辅城市一角

战后重建中，基辅工业基础不断扩展。该市接近顿巴斯和第聂伯河沿岸钢铁基地，周围是富饶的农业区，机械制造业和轻工业发达。机械制造业门类较多，大多与运输业相联系，还有机床、仪器、化工和机械等。轻工业有照相机、食品、编织品等。化学工业和印刷出版业也很发达。是乌克兰的交通枢纽。东郊设有国际机场，河运直达黑海，市内建有地下铁道。

现代花园城市

基辅市内数十条林荫大道纵横交错，上百个花园星罗棋布，一幢幢现代化的建筑掩映于绿树和繁花之中，难以分辨是花园处于城市之中，还是城市建在花园之内。基辅因此赢得了"花园城市"的美誉。

基辅中心是地势较高的旧城区，也称为"上城"，大部分历史建筑皆集中于此。这里的很多街道保留着旧有的容貌，往来的行人常心生思古幽情。历史建筑中以索菲亚大教堂和基辅彼切尔洞窟修道院最为有名，但最吸引人的还是城市的标志性建筑——"祖国母亲"雕像。这座雕像高62公尺，是为纪念在卫国战争中牺牲的英雄而建，"母亲"手持盾牌和宝剑，象征着乌克兰人民保卫祖国的坚强决心。基辅的卫国战争纪念馆与雕像有相同的寓意。馆内不仅有雄伟雕塑，还陈列着8000多件二战时期的展品和许多反映二战题材的油画，这些艺术品记载着乌克兰人民在战争中建立的不朽功

现代性的艺术

金门是古代基辅城的正门，门扇和门楼上的教堂圆顶装饰有镀金的铜箔，金门因此而得名。门高12米，宽6.4米。金门建于11世纪，是现存不多、保留完好的雅罗斯拉夫大公时代的建筑之一

> **知识链接：彼切尔洞窟修道院**
>
> 修道院是基辅著名古迹之一，内有许多教堂及博物馆，其中彼切尔洞窟教堂历史最为悠久。洞窟教堂始建于1051年，由二条洞穴（高2米、宽1.2米）组成，它们彼此相距400米，分别向第聂伯河延伸，总长500余米。洞穴两壁各向里挖出高1米、长2米、深0.5米的浅穴，最早作为修道室，教士死后尸体保存在洞穴内，由于洞穴内特殊的气候环境，这些尸体自然风干成木乃伊。木乃伊被认为是奇迹，是神的力量的体现，修道院因此声名远播。洞窟内现保存有125具木乃伊。

勋。市中心还有一处耀眼的建筑，就是著名的基辅大学——乌克兰最好的高等教育机构。基辅大学成立于1834年，它的教学和科研水平世界一流，在欧洲及世界各地都享有良好的声誉。校园的建筑宏伟、设施完备，如水文观测站、天文观测站和博物馆等，都是值得参观的地方。学校周围环境优美，其附属的植物园尤其值得称赞，交通也十分便捷，地铁有专为其设立的"大学站"。

从地势较高的"上城"至地势较低的"下城"，有一条古道距离最近，那就是有名的安德列斜坡，它得名于街上的安德列教堂。基辅罗斯时代，这条道路是手工业商品的交易场所。直到今天，这种传统仍然保留着。道路两旁到处是手工艺作坊和艺术沙龙，出售各种具有乌克兰民族特色的工艺品。基辅市内最繁华的地区当属中央大街，即"克列夏季克"大街，语意为"十字架"。中央大街横穿乌克兰第一广场——"独立广场"，街道两旁绿树成荫、商店林立，独立广场下有大型地下商城，是基辅商业的黄金地段。

此外，基辅还有很多其他景观。弗拉基米尔大街上的乌克兰国家大剧院是欧洲著名的四大剧院之一，建于1897年至1901年，由著名的设计师尼古拉·瓦西里设计；第聂伯河右岸的基伊三兄弟雕像，1982年为纪念基辅建城1500周年而建造；米哈伊尔教堂，一座具有纯粹乌克兰民族风格的建筑，建于1713年，教堂的正面是各式各样的壁柱和拱形正门，正门上方的三角墙上雕刻着形形色色的图案，教堂前广场上还矗立着基辅女大公奥莉加和圣安德列的雕像。

基辅圣索菲亚大教堂建于11世纪，巴洛克式建筑风格，是智者雅罗斯拉夫（约978—1054年）为庆祝古罗斯军队战胜佩切涅格人而建。"索菲亚"是希腊语"智慧"的意思。该教堂建成后，很快成为基辅罗斯的宗教、政治和文化中心

冷战时代

文化工厂
蓬皮杜国家艺术文化中心

如果说卢浮宫博物馆代表着法兰西的古代文明，那么蓬皮杜国家艺术文化中心便是现代巴黎的象征。

蓬皮杜国家艺术文化中心坐落在巴黎拉丁区北侧、塞纳河右岸的博堡大街，当地人常称之为"博堡"。文化中心的外部钢架林立、管道纵横，并且根据不同功能分别漆上红、黄、蓝、绿、白等颜色。因这座现代化的建筑外观非常像一座工厂，故又有"炼油厂"和"文化工厂"之称。

现代艺术博物馆

1969年，法国总统乔治·蓬皮杜为纪念二战时带领法国击退希特勒的戴高乐总统，倡议兴建一座现代艺术馆。经过国际竞标，从600多个参与竞标的作品中选出一个作为兴建的建筑造型风格。乔治·蓬皮杜于1974年因癌症离世，所以此建筑完

蓬皮杜国家艺术文化中心的支架由两排间距为48米的钢管柱构成，楼板可上下移动，楼梯及所有设备完全暴露。东立面的管道和西立面的走廊均为有机玻璃圆形长罩所覆盖。中心打破了文化建筑所应有的设计常规，突出强调现代科学技术同文化艺术的密切关系，是现代建筑中高技派的最典型的代表作

工启用后就命名为蓬皮杜国家艺术文化中心，以兹纪念。蓬皮杜国家艺术文化中心是坐落于法国首都巴黎的现代艺术博物馆。

蓬皮杜国家艺术文化中心的设计者是从49个国家的681个方案中胜出的意大利人伦佐·皮亚诺（Renzo Piano，1937— ）和英国人理查德·罗杰斯（Richard Rodgers，1902—1979年）。该中心于1972年正式动工，1977年建成并开馆。整座建筑占地7500平方米，建筑面积共10万平方米，地上6层。中心大厦南北长168米，宽60米，高42米。整座建筑共分为工业创造中心、公共参考图书馆、现代艺术馆以及音乐音响协调与研究中心四大部分。

蓬皮杜国家艺术文化中心大厦的支架由两排间距为48米的钢管柱构成，楼板可上下移动，楼梯

> **知识链接："公共参考图书馆"**
>
> "公共参考图书馆"完全不是传统意义上的旧式图书馆，它拥有当代书籍30万卷，期刊2400种，幻灯片20万张，微缩胶卷15000个，唱片1万张及各种电影、录像、地图、磁带等。馆内设施一律开放，读者可随意翻阅开架图书；也可以通过录像机随意选看介绍各国文学艺术、科技、民俗等情况的电影、录像；音乐爱好者可以戴上耳机自由欣赏自己挑选的唱片。馆内到处都设有放大阅读机和复印机，读者可随时用以查阅微缩胶卷和复制资料。该馆还附设有语言学习室，共有40个小房间。房间内摆放着与40种语言有关的教材、资料，人们在此可以听录音、看教材，选学各种语言。

蓬皮杜国家艺术文化中心设有全透明的扶梯，乘着扶梯上到顶部可以俯瞰巴黎美景，远处的蒙马特高地和白色的圣心大教堂尽收眼底，宛若时空长廊

冷战时代

及所有设备完全暴露。东立面的管道和西立面的走廊均为有机玻璃圆形长罩所覆盖。蓬皮杜国家艺术中心打破了文化建筑所应有的设计常规，突出强调现代科学技术同文化艺术的密切关系，是现代建筑中高技派的最典型的代表作。

特色与争议

蓬皮杜国家艺术文化中心建筑物最大的特色，就是外露的钢骨结构以及复杂的管线。建筑兴建后，引起极大争议，由于一反巴黎的传统建筑风格，许多巴黎市民无法接受，但也有文艺人士大力支持。有人戏称它是"市中心的炼油厂"。

这些外露复杂的管线，其颜色实际上是有规则的。空调管路是蓝色、水管是绿色、电力管路是黄色，而自动扶梯是红色。

尽管有这些争议，开馆20多年来，蓬皮杜国家文化艺术中心仍吸引参观者不计其数。蓬皮杜国家文化艺术中心像一个夺目的瑰宝，镶嵌在巴黎市内。初建时，也像埃菲尔铁塔一样，因为它与众不同而遭受许多非议。今日人们已经习以为常了，反而因其实用性大加赞赏。从1977年2月揭幕后的两年内共接待了大约1400万参观者。其参观人数远远超过了埃菲尔铁塔，居法国首位。仅开架式图书馆一处，平均每天接待参观者达1

设计师英国人理查德·罗杰斯和意大利人伦佐·皮亚诺用钢构件作为建筑的骨架，用玻璃装饰了大部分立面空间。他们把通常放在室内的很多设施都搬到了室外。空调管路是蓝色、水管是绿色、电力管路是黄色，而自动扶梯是红色，颜色很醒目也很搭配，尤其是那几根粗粗的白色出风管道最为醒目

现代性的艺术

蓬皮杜国家艺术文化中心附近的喷泉与现代艺术。在冷战时期，马戏团是一个非常流行的主题，而这座超现实主义的喷泉与小丑的形象非常契合。当1983年这座喷泉正式投入使用时，它位于法国音乐家皮埃尔·布列兹（Pierre Boulez，1925—2016年）的地下音乐研究中心的上方。《法国世界报》认为这座喷泉有着"18世纪机械音乐盒的特点"

万人。现在蓬皮杜国家艺术文化中心不仅是一个名副其实的文化中心，而且是巴黎的一大名胜。

西班牙超现实主义画家萨尔瓦多·达利（Salvador Dali，1904—1989年）作品回顾展在巴黎蓬皮杜国家艺术文化中心开幕。达利的作品以探索潜意识的意象著称，他与毕加索、马蒂斯一起被认为是20世纪最有代表性的三位画家。图为在法国巴黎蓬皮杜国家艺术文化中心，人们在达利作品回顾展上参观

冷战时代

欢乐之城
布加勒斯特

布加勒斯特绿荫如盖，花木成林，湖水荡漾，堪称一座花园城市。

布加勒斯特是罗马尼亚的首都，位于东部瓦拉几亚平原中部，多瑙河支流登博维察河畔。布加勒斯特面积605平方公里，有人口210万（2018年统计）。布加勒斯特，在罗马尼亚语中音为"布库尔什蒂"，意为"欢乐之城"（"布库尔"是欢乐的意思）。布加勒斯特城风景优美，城中用草坪、玫瑰花、月季花组成的色彩缤纷的花坛随处可见，北郊更有著名的伯尼亚萨森林吸引着往来的游客。

布加勒斯特是一座历史悠久的古城，见诸于历史文献已有500多年。图为布加勒斯特老城区

古城新貌

布加勒斯特是一座历史悠久的古城，见诸于历史文献已有500多年。据史料记载，早在1459年罗马尼亚大公国时期，"布加勒斯特"已成为要塞。1477年，罗马尼亚民族战胜土耳其人侵略后，便将这个城堡命名为布加勒斯特。1574年，这座"欢乐之城"发展成为拥有40座教堂、修道院和大片楼阁的城市。1659年，布加勒斯特成为瓦拉几亚公国的首府。1859年，瓦拉几亚和摩尔达维亚两公国合为罗马尼亚国家，布加勒斯特从1862年起遂成为罗马尼亚首都。1878年罗马尼亚独立后，首都的经济得到迅速发展，一战后，布加勒斯特已成为一个重要的经济、政治和文化中心。

布加勒斯特是罗马尼亚最大的工业中心，其工业多分布于市郊。工业方面以机械制造、化学、电子和纺织工业等为支柱产业，另外食品工业种类繁多。电力、冶金、服装、制鞋、玻璃、造纸和印刷等工业有较大发展。布加勒斯特还是罗马尼亚最大的商业中心，城内有国家和合作性质的贸易机构约5900个。同时，布加勒斯特也是全国

布加勒斯特面积约605平方公里，人口约210万（2018年），是罗马尼亚最大的城市，也是全国的政治、经济和文化中心

布加勒斯特的西斯米吉乌公园，处处鸟语花香

最大的铁路、公路枢纽和航空中心，并有油、气运输管道，市内建有地下铁道。

布加勒斯特更是全国文化中心，市内设有10余所高等院校和几十所科研机构，还有众多的图书馆、歌舞剧院、博物馆等。二战期间，布加勒斯特遭到严重破坏。战后重建的欢乐之城，尽管建筑式样单一，但城市建筑群比之前更加壮美，城市面貌焕然一新。

花园城市

布加勒斯特遍布公园、花园和绿地，环境优美，景色迷人，有"花园城市"之称。它有50多个公园，仅市区就有10多个大型公园。可以说在布加勒斯特能和伯尼亚萨森林相媲美的，就是公园了。布加勒斯特除了色彩缤纷的花坛随处可见，还有街道旁、马路边的菩提树、栗子树浓绿青翠；街心公园里的玫瑰、石竹姹紫嫣红；住宅楼群之间的李子树、樱桃树果实累累；庭院内外的草坪郁郁葱葱……每逢丁香花盛开的季节，驾车行驶在这座花园之城，一阵阵花香沁人心脾，好不惬意。这座欢乐之城还有许多喷水池、纪念碑和雕像。

海勒斯特勒乌文化休息公园是布加勒斯特最

知识链接：欢乐之城的历史传说

相传在13世纪，有一个名叫布库尔的牧羊人从边远山区赶着羊群来到登博维察河边，发现这里水草肥美，气候温和，因而定居下来。此后，来此定居的人逐渐增多，商业贸易也日益兴隆，逐渐发展成为城镇。如今，在登博维察河畔依然矗立着一座以牧羊人名字命名的蘑菇形塔顶的小教堂。

知识链接：《罗马尼亚史》

尼古拉·克莱伯所著的《罗马尼亚史》一书，对于渴望了解罗马尼亚历史的人来说是一本不错的读物。克莱伯首先展示了这片土地与希腊罗马古典世界的紧密联系。进入到中世纪时期，他讨论了罗马尼亚民族的发展，以及几位在罗马尼亚乃至世界历史上具有重要影响的人物，包括弗拉德三世和斯特凡大公。到近代时期，克莱伯着眼于现代罗马尼亚民族国家的建立并涵盖了整个20世纪的胜利与悲剧。其中包括国家统一的完成，在二战后罗马尼亚加入社会主义阵营，一直到1989年罗马尼亚恢复了它在世界上自由国家的正当地位。克莱伯积数年研究之功写作了本书，调查总结了罗马尼亚历史上最重要的人物与事件，使得这个国家和民族复杂的历史对于所有人而言都是简明易懂的。

著名的一座公园。园门口有两个喷出高高水柱的大喷泉，泉水散落后水珠变成雾状，到盛夏时节，随着微风吹拂，令人心旷神怡，如入仙境。公园里有一个小湖，湖水碧绿清澈，湖畔生长着茂密的垂柳。

话说世界

生活百态

二战后，以美苏为首的东西方阵营国家的生活水平大幅度提升。西欧国家获得马歇尔计划的援助后，经济逐渐复苏。经济状况改善，使得资本主义国家人民用于休闲和娱乐的时间普遍增多，这时舞蹈、电影、博物馆丰富着人们的业余生活。

同时期，苏联职工的闲暇生活也是丰富多彩的。苏联人每天看报纸、杂志，听广播，看电视电影来获得大众信息。休息、娱乐和学习，几乎占去了大部分空闲时间。学习、交往、体育活动也是人们空闲时间的重要内容。各种补习学校、函授学校、夜校和训练班，都为在闲暇时间里开展学习活动提供了可能和条件。苏联许多博物馆、艺术画廊，基本上每天开放。苏联各城市附近都建有大片别墅。每逢盛夏、假日、周末，常常有城内市民携家带口，提着东西，乘车到郊外别墅度假。

冷战时代

休闲与娱乐
二战后苏联人的业余生活

业余生活，丰富多彩，
休闲娱乐，不忘学习。

冷战时代，苏联人的闲暇时间普遍增多，为人们进行休息、娱乐和学习提供便利条件。苏联工人除了每年有一两个月较长的休假外，每周工作从6天缩短至5天，每天工作从8小时缩短到7小时甚至6小时。人们有更多的时间和精力安排自己的业余生活。

休息与学习

苏联人每天通过看报纸、杂志、听广播、看电视电影来获得大众信息，并借此进行休息、娱乐和学习。其中看电视占去的时间最多，每周人均达12小时以上。

莫斯科国家历史博物馆是莫斯科最具代表性的博物馆。1872年由亚历山大二世下令建馆，1883年在亚历山大三世加冕仪式举行的同时开馆。博物馆的所在地原本是莫斯科大学的一个校舍，1881年由建筑师塞缪诺夫和谢尔布特设计建成现在的国家历史博物馆

学习、交往、体育活动也是人们闲暇生活的重要内容。苏联人用于学习的时间比较多，男子平均每天约40分钟，女子平均每天约20分钟。各种补习学校、函授学校、夜校和培训班，都为在闲暇时间里开展学习活动提供了可能和条件。

苏联拥有诸多的博物馆和艺术画廊，基本上每天开放。每逢星期六和星期日，人们纷纷去参观。在入口处往往排起很长的参观队伍，有老人、青年、学生，也有全家一起的。人们在这里启迪智慧、增加知识、享受艺术熏陶。

除此之外，业余艺术活动给人们的生活增添许多色彩。全国参加业余创作的人数达3000万。民间剧团数量大大超过专业剧团，他们大多在没有专业剧团的城市，在偏僻的山村演出。每个工厂、乡镇都设有俱乐部或文化馆。他们能满足工人、集体农庄庄员及其家属的业余爱好需求，集多种休息形式于一体。据统计，有上亿人在俱乐部听讲座，参加舞会、专题晚会、辩论会、音乐会，观看戏剧、电影。业余美术创作在各地尤为活跃，经常举办大型业余美术展览，参加展览的业余画家达50万人。人们对诗歌的爱好几乎入迷。很多人会写诗。有人说："苏联诗人何其多，每片树叶都有人去讴歌。"

苏联人非常喜欢度假，在苏联各城市附近都建有大片别墅。每逢盛夏、假日、周末，往往有城内

市民携家带口，提着东西，乘车到郊外别墅度假。一座座别墅设计别致，院落里种着各种各样的花草，令人赏心悦目。

苏联电影

二战后，苏联拍摄了大量优秀影片，给世界留下了许多经典的荧幕形象。其中有反映伟大历史事件的，如《宣誓》《斯大林格勒血战》《攻克柏林》；有表现苏联人民现实生活的，如《乡村女教师》《西伯利亚交响乐》《库班哥萨克》；有表现保卫和平的，如《俄罗斯问题》《易北河会师》《被揭露的阴谋》；有文学作品改编的，如《真正的人》《青年近卫军》；还有以著名科学家、艺术家为题材的科教片。

20世纪50年代后期，苏联电影艺术进入高潮。1957年摄制的影片比1951年增加14倍。《列宁的故事》《共产党人》《静静的顿河》《列宁在波兰》（三部曲）《第四十一》《沙漠的白太阳》《6月6日》《乐观的悲剧》《奔跑》等，从各方面反映了苏联的革命和历史。《全部留给人们》《一年中的九天》《你的同时代人》《灭火》《平常的故事》等，表现了当代人的内心世界。《湖畔》《恋人》《落叶时节》《我们将活到星期一》等，提出了对青年进行教育的现实问题。电影工作者一直对战争题材的影片情有独钟，从各种角度和形式进行探索。同时，一批古典文学名著，如《哈姆雷特》《战争与和平》《卡拉马佐夫兄弟》《堂吉诃德》《奥赛罗》等，也被搬上银幕。

《攻克柏林》剧照：走投无路的希特勒和妻子爱娃

20世纪70年代，故事片《红莓》展现了一个刑满释放人员开始重新做人却遭到黑社会成员杀害的经历。这部电影在苏联评论界引起了长时间的讨论。根据舞台剧改编的电影《办公室的故事》《两个人的车站》受到观众的欢迎。

20世纪80年代初的电影，比较注意表现正面人物的性格、个性、意志和智慧，如《大地，你的儿子》塑造了一个善于对每一个决策和行动缜密思考的优秀党员干部的形象。《希望与支柱》中的集体农庄主席、《第二梯队开始行动》中的"临时"厂长也各具鲜明的正面性格特征。《白露村》的主人公费多斯老人则集幽默和智慧于一身，表演极其生动。

《战争与和平》剧照

时尚与美味
苏联人服饰与饮食

人生归有道，衣食固其端。
衣装常整洁，食物品类多。
时尚与经典并存，艺术与美味共享。

二战后，由于苏联国民经济的恢复与发展，民众在服饰和饮食质量方面有了很大提高。

苏联风格的服饰

冷战时期，苏联人穿着一向注意整齐、合身、美观。衣服如果有褶皱都必须熨平。男子常穿整套西服，裤子初以大裤腿为时尚，为方便出行后改为小裤腿。女士上衣和裙子多为一种颜色，也有用若干布艺精心缝制的，女士们常穿连衣裙，或上穿毛衣（长袖或短袖）下穿裙子。女士们只有在干力气活的时候才穿长裤。

到戏院看戏时，男士们西装革履，爱美的女士则常带一双讲究的高跟鞋在盥洗室换好才进入剧场，看完戏后再换旧鞋回去。女士化妆品的使用多了起来，她们常在皮包内放一个胭脂小盒，在宴会或集会中途拿出来搽用、补妆。

随着对外关系的发展，西方时装逐渐在苏联流行起来。20世纪60年代，年轻人对不折裤脚、紧致腰身的裤子产生兴趣。70年代，超短裙和喇叭裤风靡起来。20世纪80年代，穿牛仔裤、尼龙衫、人造革上衣出入电影院、俱乐部和漫步公园习以为常。有人为了买到牛仔裤，整天在城里奔跑。皮夹克、旅游鞋也成为抢手货。女士以戴珍珠项链为时髦。在冬天，过去城市女子大多包一块方头巾，20世纪80年代则戴花样繁多的皮帽。年轻女子还讲究帽子与大衣领口的色调和谐一致，脚上穿长筒靴子，格外漂亮。戈尔巴乔夫的夫人赖莎对服饰的选择堪称内行。她头戴着的金铜色头巾颇受苏联女性的青睐。1987年美苏首脑会议期间，赖莎穿闪闪发光的紧身上衣，配以紧身背心和有花边的衣饰，外加黑色缎子花裙，落落大方。

从1967年起，苏联开始举办"国际时装展览会"，吸引了许多苏联姑娘，参加展会者亦络绎不绝。模特个个身材苗条，她们迈着猫步，姿势和西

莫斯科街头穿着复古风格裙装的苏联女孩

红色鱼子酱是苏联人家庭聚会时餐桌上的主角，在有特殊意义的日子更不可或缺

方模特一样风姿绰约。

苏联人的饮食

冷战时期，苏联人在饮食搭配方面有了很大的变化。食物不仅种类很多、花样也多。凉菜就有鱼子、鱼子酱、鲟鱼肉、鲑鱼肉、冻鲈鱼、五香鲱鱼、腌青鱼、香肠、火腿、凉牛犊肉、洋姜拌乳猪肉、冷野味、酸黄瓜、凉拌菜等。还有一种西伯利亚的冻白鱼，将生鱼切成细条，上面撒精盐、胡椒面以及蒜泥，风味别致。据说这是斯大林最爱吃的菜。1957年，赫鲁晓夫宴请尼克松时就有厨师也曾做过这道菜。苏联人食不可无汤，汤类有什锦汤、鲜鱼汤、肉清汤、肉杂拌汤、甜菜肉汤、白菜汤、肉丸豌豆汤、马铃薯浆汤、细面条鸡汤等。热菜为按各种方式制作的鸡鸭鱼肉，如铁扒笋鸡、清汤炖母鸡、煎鱼、煎牛排、炸肉饼、煎白菜卷肉等。饭后常喝的饮料为果子冻、煮水果、橙汁、柠檬茶、牛奶咖啡等。矿泉水、格瓦斯受到广大顾客的喜爱。酒类有伏特加（白酒）、白兰地、香槟酒、果汁酒、啤酒。酗酒在当时已受到抑制，苏联政府出台的系列反对酗酒的措施产生一定的效果。

公共饮食业以从未有的速度发展起来。1957年，公共饮食企业已达12.87万处。1958年，食堂、餐厅、咖啡厅、茶馆达5.6万处，点心店和食品小卖部达7.1万处。公共食堂可满足居民日常生活的需要。顾客早、中、晚常在此就餐。工作人员下班后以及他们的家属都可利用公共食堂，在咖啡厅和餐厅可以吃东西，也可以休息。专营烤肉、饺子、糕点的店铺，以独特的风味赢得人们的赞誉。城市学生约有一半在学校食堂和食品小卖部吃饭。莫斯科市内每天供应学生早点14万份。为了方便群众，公共食堂除了扩大自身经营规模外，改进了供应方式，实行顾客自取制。由于减少了用餐等待时间，午餐供应量因而增加一倍。工厂食堂还实行午餐预售，把热饭菜送到工作地点。

苏联长期工农业生产严重失调。虽然食品价格几十年不变，如肉、牛奶等从1961年到20世纪80年代没有提价，面包、粮食、植物油、食糖30年没有调价。但是，食品运输、加工、销售、管理过程中也存在不少问题。这种情况给食品供应带来困难。因此，到20世纪80年代以后苏联一些食品不得不实行配给制。

苏联红伏特加是使用苏联500年古老的双蒸馏法来酿制而成，并且经过四次过滤后酿制出来的真正的苏联伏特加家族中品质最好的伏特加酒。口感绵软纤细，香味清淡。"列巴"是俄语面包的译音，是俄罗斯人的主食面包

冷战时代

住房与交通
苏联人们日常的生活

从住房到交通，从生产方式到生活方式，变化无处不在。

衣食住行是有关国计民生发展的重要因素。冷战时期，苏联的国民生活水平较二战时期有较大的提升。该时期苏联百姓最关心的首先是住房和交通问题。

战后积极改善居民住房条件

二战后，随着苏联国民经济的恢复和发展，人民的生活获得不断地改善。战后苏联住宅主要仍由国家和企业投资建设。为解决住房紧张问题：一是苏联有计划地修建了一批4—5层的公寓；二是在城市郊区和农村建造单层或两层的住宅；三是在工矿企业区形成广大的工人村。这些住宅明亮通透，有自来水、暖气、煤气、电等设施。附近还设有食堂、商店、医务室、阅览室等生活、活动场所。

20世纪50年代初，为保证房屋分配给有需要的人，政府禁止个人多占房。如莫斯科，每人居住面积不得超过9平方米。在此限额内按统一的标准收房租。超过此数，所超面积收较高的房租。居民中科学家、作家、艺术家、工程师等的居住环境略宽敞，但差别不大。

1957年，经过试验后，苏联政府提出了展开大规模住房建设，以改善住房不足的问题。住房建设顺利开展。平均每年新增住宅达200万套。1957—1987年，共建住宅约6000万套，全国2/3以上居民搬进新居。同时，开展老旧小区改造，住

苏联将碱激发胶凝材料的应用推向了一个新的高度，以碱激发胶凝材料制备的砌块用于公寓楼修建（面板公寓），以该胶凝材料配制混凝土铺设了重载道路，甚至将其用作结构材料建造了24层的高楼

老房子的居民也扩大了居住面积。大规模住房建设后，城市公寓设施比较完善，卧室、厨房、厕所、储藏室、存衣室等一应俱全。最新的住宅均有电视

天线、电炉、电话，隔音、通风、保暖也有改善。住房的间数一般比家庭总人口数少一间。

在农村，由集体农庄和国家盖的砖瓦房并不亚于城市的住宅，生活设施齐全，家家装有电灯，通自来水。有的集体农庄有公共的大楼作为招待所，亲朋来访也有足够的空间解决住宿问题，还有公共食堂、音乐厅和舞场。集体农庄庄员的住宅，一般四周用木板钉成围墙，墙内有一小花园，中间为传统的木屋或小洋房，进门是客厅，放着圆桌、椅。客厅旁边是卧室，内摆钢丝床。卧室里被单洁白，绘有各式各样的花纹。此外还有书橱、穿衣镜、衣柜、梳妆台等家具。

多渠道解决居民住房不足问题

苏联成立后，一直实行低房租制。根据1928年8月31日定的租价，住户每月收入在450卢布以上者，每平方米月租1.32卢布；收入不足450卢布者，其房租按比例递减。房租一般占职工家庭收入的3%—4%，最多不超过10%。军人、军属、军功受勋者、苏联英雄、劳动英雄受到优待，可减免部分房租。

修建公寓的同时，苏联政府还鼓励职工个人建房。第四个五年计划中，有专项拨款长期低息借给拟建造住宅的职工个人。国家低价供应一切建筑材料，免收地租。住宅建筑合作社可以较快地建造较好的住宅。国家为合作建房和个人建房提供相当于房价70%—80%的贷款，期限20—25年，年息为5%。

二战后，随着人口迅速增加，苏联住宅供应仍严重不足。1987年，莫斯科有50万人向地区住房委员会申请新的住房。1989年，苏联政府通过了"关于向居民出售国家住宅的决定"，向住房改革迈出重要的一步。

苏联时代保存下来的公寓属"纳康芬公寓楼"最值得一提。它由建筑师莫伊塞·金兹伯格设计。"纳康芬公寓楼"位于诺文斯基大街。这座6层的混凝土建筑物以梁柱支撑。这种设计影响了瑞士建筑师勒·柯布西耶（Le Corbusier，1887—1965年）在法国马赛设计的"组合住宅"。"纳康芬公寓楼"反映了共产主义传入引起的社会变化。图为莫斯科的廉价楼房

四通八达的交通线路

冷战时期，苏联交通获得飞速发展。铁路、公路、水路、航空出行便利。1956—1990年，全国铁路从12.07万公里增加到14.5万公里。铁路干线延伸到雅库梯亚永冻土地带。莫斯科9个火车站每天接送旅客200多万人次。没有铁路的地方，汽车是主要交通工具。汽车奔跑在帕米尔高原、哈萨克斯坦和中亚辽阔的草原上。水路方面，商队在水上航线上可达120多个国家。白海—波罗的海运河、

苏联铁路自1984年3月1日起在莫斯科—列宁格勒铁路线运行ER200型客运电动车组，其最高速度达每小时200公里。这种新型列车每周运行一次，全程约需时间5小时，平均旅行速度为每小时130公里。ER200型电动车组由8节车厢组成，包括两端的操纵车和6节动车，两端的操纵车设有驾驶室和就餐室，每节车厢定员64人

莫斯科运河、伏尔加—顿河把苏联欧洲部分河道和海道连接起来。内河通航里程超过14万公里。苏联航空总长度达100多万公里，居世界第一。从勘察加到莫斯科，航程8000公里，乘喷气式客机不到一昼夜的时间就可抵达。

城市轨道交通的发展尤为迅速。旧的公共汽车、无轨电车和有轨电车都换成新式、容量更大、更舒适的汽车。公共汽车"伊卡罗斯180型"可载220人。莫斯科市区和郊区共有公交线路300多条，无轨电车和有轨电车线路100多条。候车过程中拥挤、排长队等车的现象变得罕见。列车采用无人售票机制，乘客一般预先买好10张1叠的车票，每次乘车时取出1张（5戈比）在车窗旁的机器上打孔作废。

地铁在市内运输乘客方面发挥着重大作用。冷战时期，莫斯科、列宁格勒、基辅等苏联大城市均有地铁，最方便的还属莫斯科地铁。在上下班高峰时段，地铁站乘客像潮水般流动，秩序井然。莫斯科地铁每间隔50秒钟便有1辆列车进站。因此，它被称之为"世界上最快的地铁"。苏联地铁出行收费低廉，仅为5戈比。起初还有售票、检票工作人员，后来都由机器代替。你只要拿1个5戈比的硬币投入1个小孔，就可顺利通过，否则便会有两只铁手从两边伸出来，挡住你的去路。

在城市大街上，不计其数的私人汽车、面包车、出租汽车快速穿梭。私人汽车在增多，不但城里人有，农村私家车数量也很多。苏联大城市没有自行车，只在乡间路上有自行车穿行。

地下艺术殿堂——莫斯科地铁

莫斯科地铁全称为"列宁莫斯科市地铁系统"，冷战时期便是世界上规模最大的地铁系统之一，还是世界上使用效率第二高的地下轨道系统（第一是纽约）。莫斯科地铁全长277.9公里，共有12条线

苏联"国家公路设计院"于1972年制定了全苏公路网发展总图，莫斯科四通八达的交通成为公路发展的枢纽

生活百态

莫斯科的地铁绝对是一条靓丽的风景线，绿线的马雅可夫斯基站，明亮通透的大厅，仰头都是一幅幅鹅蛋型的马赛克屋顶画，表现的是苏联国土上的 24 小时

和历史题材的浮雕画面。还有不少地铁站是以俄国大文豪命名，如"普希金""契诃夫""屠格涅夫"等。其中名气最响的是"马雅可夫斯基"站。"马雅可夫斯基"站是为了纪念苏联革命诗人马雅可夫斯基。这个地铁站的建筑风格被归入当时的"斯大林式新古典主义"。大厅两侧的每座大理石拱门都镶着不锈钢。一盏盏照明灯围成圆形嵌在穹顶。地面中央的红色大理石"通道"。地铁站最吸引人的地方是天花板，天花板的设计方案还在 1938 年纽约国际展上获得大奖。

路及 171 个车站。线路结构呈由中心向四周辐射状，所有的线路按照其开通顺序的先后获得 1 至 12 的编号，其中最重要的线路是长约 20 公里的 5 号线（环线），它负责连接起其余绝大部分分支线路。莫斯科地铁最初为战备而建，大部分线路都建在离地 50 米以下。另外，还有几条特殊线路。1 号线、2 号线、4 号线这三条线路因需要通过铁桥而穿越了莫斯科河。4 号线沿途中有 7 个车站，3 号线和 7 号线各有 1 个车站是建在地面上的。

莫斯科地铁的建筑造型各异、华丽典雅。每个车站都由国内著名建造师设计，各有其独特风格，内部格局也别具一格，多用五颜六色的大理石、花岗岩、陶瓷和五彩玻璃镶嵌。除各种浮雕、雕刻和壁画装饰，照明灯具十分别致，好像富丽堂皇的宫殿，享有"地下的艺术殿堂"之美称。

莫斯科地铁各个地铁站以民族特色、名人、历史事迹、政治事件为主题而建造，其中最突出的就是以爱国主义为主题的地铁站如革命广场站的雕塑，是以十月革命胜利和苏联红军反法西斯战争为主题。共青团车站里面金碧辉煌如同沙皇宫殿。还有些是以著名文学家为主题，配上各种人物的雕塑

莫斯科地铁不仅是艺术的殿堂，更是一幅幅激情澎湃的历史画卷。马赛克镶嵌画多以俄罗斯民族特色、历史、文化名人和重大事件为蓝本，糅合其精巧细致和斑斓色彩，才能将画面表达得如此栩栩如生，让人们等车的时候既有视觉上的艺术享受，更能从中获得精神的教益

冷战时代

特写

天使在人间
奥黛丽·赫本

1999年，她被美国电影学会评为"百年来最伟大的女演员之一"。

1929年5月4日，奥黛丽·赫本出生于比利时布鲁塞尔的一个贵族后裔家庭。1935年至1938年，她就读于英国肯特郡埃尔海姆乡的密斯利登贵族寄宿学校。10岁这年，奥黛丽·赫本进入荷兰安恒音乐学校学习芭蕾舞。二战爆发后，1940年荷兰安恒被纳粹侵占，赫本家族中的多位亲人被残害。其后数年间，因为食物匮乏，赫本只能以郁金香球茎充饥，导致健康状况迅速恶化。到二战中后期，赫本通过芭蕾舞的表演为荷兰游击队秘密募捐，并利用自身的孩童身份多次为荷兰地下党传递情报。

影坛崭露头角

1948年，赫本在一部时长仅39分钟的荷兰风光纪录片《荷兰七课》中出镜，开始其电影生涯。1954年，她在影片《罗马假日》中第一次出演女主角，便获得奥斯卡最佳女主角奖。《罗马假日》是1953年由美国派拉蒙公司拍摄的浪漫爱情片，故事讲述了一位欧洲某公国的公主与一个美国记者在意大利罗马一天之内发生的浪漫故事。影片由格利高里·派克和奥黛丽·赫本联袂主演。该片不仅成为好莱坞黑白电影的经典之作，也是奥黛丽·赫本一鸣惊人的处女作。她不但凭借此影片当选奥斯卡影后，而且以其清新典雅的风格在20世纪50年代掀起了"赫本热"。就影片的娱乐效果和艺术价值而言，本片也是一部值得称道的经典作品。导演怀勒融罗马名胜风光于剧情之中，英俊潇洒的派克亦与赫本十分般配，使这部浪漫爱情喜剧拍得十分温馨悦目。

同年，奥黛丽·赫本因在舞台剧《美人鱼》中的表演，获得托尼奖的最佳女主角。1955年，她凭借电影《龙凤配》再度获得奥斯卡

时尚杂志封面中的奥黛丽·赫本

"真理之口"是一个大理石雕刻，类似人的面孔，有鼻有眼，张着一张大嘴，位于意大利罗马希腊圣母堂的门廊。相传，若谁不说真话，它就会咬住他的手。这里是影片《罗马假日》的一个精彩桥段

最佳女主角奖的提名。1956年，赫本出演歌舞剧《甜姐儿》，饰演女主角乔·斯托克顿，在剧中她与弗雷德·阿斯泰尔共舞，这也是奥黛丽·赫本参演此片的重要原因。这部电影也称得上是奥黛丽·赫本50年代电影的代表作之一。同时，这部电影被影评人称为"派拉蒙歌舞片时代最后的辉煌"。不久，她出演电影《黄昏之恋》，奥黛丽·赫本在剧中扮演怀春少女艾莲·查维斯，男主角是比她大28岁的加里·库伯。1961年，她主演了电影《蒂凡尼的早餐》。1963年，她主演了歌舞片《窈窕淑女》。1965—1978年，她先后出演了电影《丽人行》《盲女惊魂》《血统》《哄堂大笑》《罗宾汉与玛丽安》。1988年，奥黛丽·赫本客串出演生平最后一部电影——《直到永远》。

奥黛利·赫本一生中共获得五次奥斯卡最佳女主角提名。1999年，她被美国电影学会评为"百年来最伟大的女演员"之一。

时尚名人和慈善大使

每当我们回忆起奥黛丽·赫本的影坛生涯时，会发现她总是保持着非凡的气质。赫本参演的影片有别于20世纪五六十年代的黑色电影、史诗巨片和都市情节片，她的影视作品多是在优美的音乐、华丽的服装陪衬下，以其特有的魅力完美地展现了每一个银幕形象，是对冷战时代人们生活面貌的一种美化。

影片中赫本穿着简单黑色小洋装、配有领结的白衬衫、俏丽的七分裤、多种编结的围巾，甚至于平底芭蕾舞鞋、大框黑色太阳眼镜等，都成为经典的"赫本模式"。赫本的影响之所以深远，是因为她的穿着会随着时代变迁而改变，却又保持她个人独特的风格。赫本对冷战时期人们的审美与时尚潮流的影响受到追捧，有"时装圣经"之称的杂志VOGUE曾以高得票率将赫本评为"世界时尚名人"，时尚杂志ELLE将其评选为"有史以来最美丽的女人"。

晚年时，奥黛丽·赫本投身慈善事业，成为联合国儿童基金会的亲善大使，为第三世界妇女与儿童争取权益。自1988年担任亲善大使以来，赫本一直奔走于非洲、拉丁美洲、亚洲等多个国家。她参与了联合国儿童基金会的各种援助项目：土耳其的小儿麻痹症疫苗项目、委内瑞拉妇女培训计划、厄瓜多尔流浪、打工儿童救助项目、为危地马拉和洪都拉斯提供饮用水的项目、越南的儿童营养项目等，赫本用自己的爱温暖着世界。据此，联合国总部为她树立起一座塑像，并命名为"奥黛丽精神"。1993年1月20日，奥黛丽·赫本因病逝世，当听闻噩耗时，伊丽莎白·泰勒伤感地说，天使回到了天国。

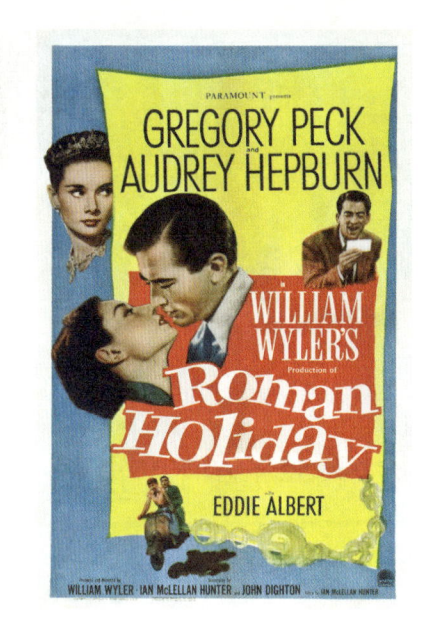

一代女星奥黛丽·赫本主演的《罗马假日》电影海报

奥黛丽·赫本的肖像画

冷战时代

漫画界的传奇之作
《守望者》

情节错综复杂，画面华丽优美，具备史诗般宏大的主题，称得上是图画小说的里程碑。

《守望者》是一部故事情节错综复杂、充满神秘性的漫画，作品当中有不少打斗场面，但细细品味，漫画中更多的是富有玄妙性的哲理。

冷战虚幻漫画《守望者》

《守望者》是美国 DC 漫画公司创作的漫画作品。其创作者阿兰·摩尔是图画小说史上最受欢迎的作家之一，摩尔创作的《守望者》《V 字仇杀队》《来自地狱》《奇迹人》以及《沼泽怪物》等许多作品均获得了漫画界的各大奖项。他同时策划了全美最佳漫画公司的整个产品线，包括《汤姆·斯壮》《十佳警队》《明日奇谈》和《普罗米修斯》等。作为 20 世纪 80 年代引领美国漫画变革的重要人物，他的作品影响了许多漫画创作者。

《守望者》是一部 12 集的限期系列漫画书，由 DC 漫画公司于 1986 年至 1987 年单期出版，并在后来数度发行结集成独册的单行本。《守望者》不论在漫画界还是在主流媒体都备受赞誉，被视为漫画中的经典作品。这部漫画的情节错综复杂，画面华丽优美，主题如史诗般宏大，称得上是图画小说的里程碑。《守望者》反映出了冷战时期美国民众的焦虑情绪，并对传统的超级英雄观念进行了批判。

《守望者》描绘了一段美国 20 世纪 40 年代至 80 年代之间的虚构历史，此时的美国正处于与苏联爆发核战争的危机边缘。那样一个特殊的年代，虽然超级英雄曾帮助美国赢得了越南战争，但自发性的蒙面英雄已被法律明文禁止，蒙面英雄被宣布为不法分子，他们的一切侠义行为都成了不法行为。因此，大多数超级英雄纷纷退休，少数则继续为政府工作。漫画中的故事聚焦于几位主人公的个人挣扎与奋斗，他们因一起前任同僚的被害案件而不得不再次出山。然而，调查显示这一切仅仅是阴谋的开始，在谋杀案的背后还隐藏着另一个阴谋……最终，他们将不得不做出一个关于正义、关于拯救、关于未来的决定。

漫画特色

《守望者》在其结构上有很大的创新。戴夫·吉

《守望者》创作者阿兰·摩尔

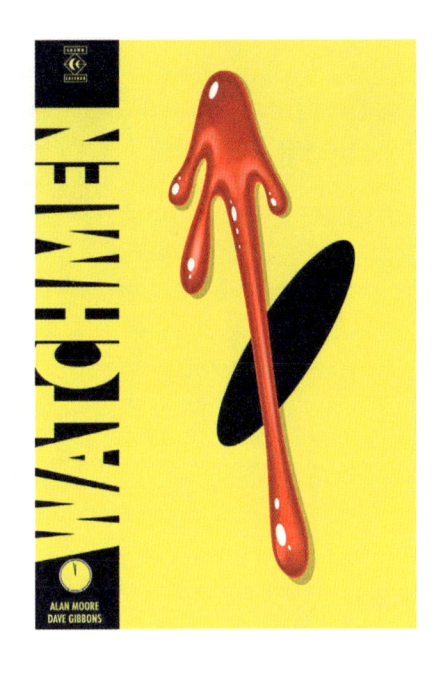

生活百态

漫画《守望者》的原版封面

> **知识链接：电影《守望者》**
>
> 《守望者》是一部由扎克·施奈德执导，帕特里克·威尔森（Patvick Wilson，1973— ）、玛琳·阿克曼（Malin Akerman，1978— ）、马修·古迪（Matthew Goode，1978— ）等主演的动作片，于2009年3月6日在美国上映。
>
> 该片背景设定在1985年，在那个并不遥远的年代，美国各地爆发了大规模的骚乱，而一群身怀异能的超级英雄则协助政府镇压了叛乱，这群超级英雄平时都有着各自的普通人身份，并不以其真面目示人，而他们都有着各自的代号。这群超级英雄曾经帮助美国政府在数十年里处理了许多难以解决的大大小小的事件。
>
> 那时超级英雄们因为受到政府的限制打压而逐渐销声匿迹。直到他们中的一位突然被谋杀，已经处于隐退状态的超级英雄们又重新聚集了起来，对这起谋杀案展开调查，然而调查显示这一切仅仅是个阴谋，这起谋杀案的背后还隐藏着一个更大的阴谋。2010年，该片获第36届土星奖——最佳奇幻电影奖、最佳特别版DVD奖。

本斯也是《守望者》漫画作家之一，他在整部漫画中均使用一页九分格的基本结构，并不时重复一些元素，比如沾有血迹笑脸这样的符号。除第12集外，本漫画上下两册的每一章最后都会有不同形式的附录。这既是对《守望者》世界观的补充，也为漫画正篇中出现或提及的一些事件提供了来自不同角度的叙述和见解。全篇故事的叙事则又与另一个故事相交错，这个名为《黑货船怪谈》的漫画以戏中戏的形式出现。

2009年3月，经过数度将本漫画改编为电影的尝试后，导演扎克·施奈德（Zack Snyder，1966— ）（曾执导《超人：钢铁之躯》《斯巴达300勇士》）终于将同名电影搬上银幕。这部电影立刻引起一大批粉丝关注。

作为DC公司的经典巨著，制作精良的《守望者》漫画采用大开本、全彩印刷、画质十分精美。对漫画爱好者来说极具收藏价值，受盗版、跟风同类出版物的影响相对较小。

《守望者》电影剧照

责任编辑：刘可扬　王新明
助理编辑：薛　晨
图文编辑：胡令婕
责任校对：余　佳
封面设计：林芝玉
版式设计：汪　莹

图书在版编目（CIP）数据

冷战时代 / 刘国菊 著 . —北京：人民出版社，2023.9
（话说世界 / 陈晓律，颜玉强主编）
ISBN 978－7－01－021175－6

I. ①冷… II. ①刘… III. ①冷战－国际关系史－通俗读物 IV. ① D819-49

中国版本图书馆 CIP 数据核字（2020）第 015173 号

冷 战 时 代
LENGZHAN SHIDAI

刘国菊　著

人民出版社 出版发行
（100706　北京市东城区隆福寺街 99 号）

北京华联印刷有限公司印刷　新华书店经销

2023 年 9 月第 1 版　2023 年 9 月北京第 1 次印刷
开本：889 毫米 ×1194 毫米 1/16　印张：15
ISBN 978－7－01－021175－6　定价：90.00 元

邮购地址 100706　北京市东城区隆福寺街 99 号
人民东方图书销售中心　电话（010）65250042　65289539

版权所有·侵权必究
凡购买本社图书，如有印制质量问题，我社负责调换。
服务电话：（010）65250042